# LE BOILEAU

DES

COLLÉGES.

Les cinq exemplaires voulus par la loi ont été déposés à la Direction de l'imprimerie.

Tous les exemplaires non revêtus de nos signatures seront réputés contrefaits, et tout contrefacteur ou débitant de contrefaçons de cet ouvrage sera poursuivi suivant la rigueur des lois.

CLERMONT-FERRAND. — IMPRIM. DE THIBAUD-LANDRIOT,
IMPRIMEUR DU ROI.

# LE BOILEAU

DES

## COLLÉGES,

OU

*Boileau réduit à ce qu'il peut avoir de plus utile pour les jeunes étudians, et accompagné d'un Commentaire propre à en faire un véritable livre de classe.*

Par M. FONTANIER.

PARIS,

A LA LIBRAIRIE CLASSIQUE

DE MAIRE-NYON,

GENDRE ET SUCCESSEUR D'AUMONT, Vᶜ NYON JEUNE,
QUAI DE CONTI, Nᵒ 13.

1825.

# AVERTISSEMENT.

SI, pour bien entendre Boileau, plein d'allusions de tout genre, il faut un *commentaire* au lecteur même le plus instruit, à plus forte raison en faut-il un au jeune étudiant à peine entré dans la carrière des Belles-Lettres. Et que serait-ce encore pour lui qu'un *commentaire* purement *historique*, qu'un *commentaire* tout en simples notes sur les personnes, les lieux ou les faits ? il lui en faut sans doute un qui soit de plus *grammatical*, *littéraire*, et qui, à des observations de détail sur les tours et les expressions les plus remarquables du langage poétique, en joigne de générales sur le mérite de chaque sorte d'ouvrage. Tel est celui qu'on va trouver dans cette édition du grand législateur du Parnasse français. Il a été fait d'après tous les autres, d'après les plus connus du moins, tels que ceux de Brossette, de Saint-Marc, de Le Brun, de M. Daunou, de M. de Saint-Surin; et il est cependant tout nouveau, parce qu'il offre en effet bien des choses toutes nouvelles, et qu'il a son caractère propre et particulier.

Mais, dans Boileau, à ne le considérer même que comme poëte, tout est-il également utile à apprendre? tout est-il même utile à voir, au moins dans les premiers temps? Est-ce donc tout Boileau qu'il fallait offrir aux colléges avec un commentaire? L'*Art Poétique* en entier, la *neuvième satire* et la *sixième épître*, voilà tout ce qu'avait cru devoir indiquer pour une telle destination la savante commission qui fut chargée, il y a vingt ans, d'arrêter la liste des livres classiques. On n'a pu qu'adopter ce choix en ce qui concerne l'*Art Poétique*, qui est sans contredit ce que Boileau a de plus essentiel. Mais, tout en reconnaissant que la *neuvième satire* mériterait la préférence sur toutes les autres, et que la *sixième épître* n'est pas celle de toutes qui la mériterait le moins, on a pensé qu'il valait encore mieux ne donner aucune de ces pièces en entier, et choisir dans toutes les meilleures des deux genres, les morceaux les plus dignes d'orner la mémoire, ou les plus propres à former la raison et le goût.

Et le *Lutrin*, ce charmant chef-d'œuvre de poésie, l'un de ceux qui font le plus d'honneur à notre langue, pouvoit-on le laisser tout-à-fait de côté? On en a joint quelques morceaux à ceux des *satires* et des *épîtres*. De la réunion de tous ces divers morceaux, résulte un recueil encore assez étendu (1); mais aussi d'autant plus varié, et d'autant plus intéressant. Ce qu'on a sacrifié en totalité, et ce qui, certes, ne doit pas exciter de très-grands regrets, ce sont les petites poésies et les odes, qui ne sont pas précisément sans mérite, mais qui n'eussent jamais par elles seules immortalisé leur auteur.

Une particularité du nouveau *commentaire* qui sera sûrement remarquée, c'est cet *argument* détaillé qui précède chaque chant, et en présente les divers objets principaux sous des numéros par lesquels se trouvent distinguées les parties corres-

---

(1) Ce recueil, joint à l'*Art Poétique*, est en tout d'environ 2789 vers : 1100 pour l'*Art Poétique*; 594 pour les *Satires*; 581 pour les *Epîtres*; 508 pour le *Lutrin*. C'est un peu plus que le tiers du nombre total des vers de ces quatre sortes d'ouvrages : car le nombre total est d'environ 7008 : *Satires*, 2954; *Epîtres*, 1736; *Art Poétique*, 1100; *Lutrin*, 1228.

pondantes du chant. Il n'est pas besoin de dire combien ces *argumens*, qui sont autant d'analyses exactes et précises, seront utiles au jeune étudiant pour suivre l'ordre et la suite des idées du Poëte, en saisir les rapports et l'ensemble, et s'en graver dans l'esprit le tableau fidèle.

Plusieurs des observations grammaticales ou littéraires de détail eussent pu être beaucoup plus développées qu'elles ne le sont; mais ces développemens ne pouvaient avoir lieu sans des discussions qui eussent entraîné fort au delà des bornes d'un livre de classe. Il a donc fallu en faire le sacrifice pour le moment. Le commentateur pourra suppléer à ce qui manque à cet égard dans un autre travail dont il s'occupe sur Boileau, et qui, tout-à-fait dans le genre de ses *Études sur Racine*, paraîtra de même séparé des ouvrages qui en font l'objet.

# NOTICE
## SUR BOILEAU.

Nicolas BOILEAU-DESPRÉAUX fut le onzième enfant de Gilles Boileau, greffier de la grand'chambre du parlement de Paris. Il naquit le 1er novembre 1636, et à Paris même, selon la plupart des biographes, mais, selon quelques-uns, au village de Crône, où son père avait une maison de campagne. Son surnom de *Despréaux* lui venait, à ce qu'on croit, d'un petit pré situé au bout du jardin de cette maison. Privé de sa mère à l'âge de onze mois, il fut abandonné aux soins d'une vieille servante, qui le traitait avec dureté. Mais de plus grandes épreuves l'attendaient plus tard. Vers l'âge de huit ans, il fut attaqué de la pierre, et il eut à subir une opération cruelle, qui lui laissa pour toute sa vie une très-grande incommodité : c'était pendant qu'il faisait sa quatrième au collége d'Harcourt. De ce collége, il passa à celui de Beauvais, aussi à Paris, pour y continuer ses études.

Dès ses classes d'humanités on put prévoir, à son goût pour la poésie et à son talent pour les vers, qu'il paraîtrait un jour avec gloire sur le Parnasse (1). Sa famille le destinant au barreau, il lui fallut étudier en droit et se faire recevoir avocat. Mais il laissa bientôt là cette profession, qu'il n'aimait point (2) : ce fut pour essayer de la théologie. Il en fit un cours en Sorbonne, et se vit même

(1) Il se livrait avec autant d'ardeur que d'assiduité à la lecture des poëtes anciens et modernes, et plus d'une fois il avait été surpris au milieu de la nuit sur Virgile ou sur Horace, pour lesquels il avait une prédilection marquée. On était souvent obligé de l'appeler pour les repas, quoique la cloche du collége fût précisément attachée à la fenêtre de sa chambre.

(2) On raconte qu'il avait été placé chez son beau-frère Dongois, greffier du Parlement, pour apprendre la procédure, et que n'ayant fait que dormir au lieu d'écrire, pendant que Dongois lui dictait emphatiquement un arrêt qu'il composait avec une sorte d'enthousiasme, le greffier indigné le renvoya à son *père* comme un jeune homme sans émulation, sans ressort, presque sans instinct, et qui ne serait qu'un sot tout le reste de sa vie. Mais c'était donc avant d'être avocat, et avant même d'avoir fini ses études au collége ; car, d'après ce qu'il dit lui-même dans son Épître à ses vers, il avait à peine dix-sept ans quand il perdit son père.

pourvu d'un assez bon prieuré. Mais enfin, après huit ou neuf ans d'épreuve, se jugeant trop peu digne pour un ministère aussi saint que celui des autels, il renonça tout-à-la-fois à l'état ecclésiastique et à son bénéfice, en donnant l'exemple d'un désintéressement et d'une délicatesse bien rares : il s'imposa la restitution de tous les revenus qu'il avait perçus comme bénéficier, et en employa le montant en œuvres de piété et de bienfaisance. Du reste, ne voulant plus être désormais que poëte, il se livra dès-lors tout entier à la poésie.

La France, à cette époque, avait déjà eu Malherbe, et elle voyait briller dans des genres divers Pascal, Molière, Lafontaine et Corneille; mais une foule d'esprits vains ou faux, s'élevant à côté de ces grands génies, offusquaient leur éclat, et nuisaient d'autant plus aux progrès de la saine littérature, qu'ils surprenaient par leurs sottes et plates productions l'admiration de la multitude. La raison et le goût demandaient à être vengés ; le Parnasse avait besoin d'un législateur : Boileau comprit quelle était sa mission (1);

(1) Ce n'est pas celle que son père avait soupçonnée, s'il faut en croire l'anecdote suivante. On rapporte que

il s'appliqua à la remplir, sans en redouter les périls, et il en fit l'objet de tous ses ouvrages tant en vers qu'en prose.

Les ouvrages de Boileau, en vers, sont des *Satires*, des *Épîtres*, l'*Art Poétique*, le poëme héroï-comique du *Lutrin*, et quelques petites poésies, avec une *ode sur la prise de Namur*. Mais ni ces petites poésies, ni cette ode elle-même, quoiqu'elle ait fait dans le temps quelque bruit, n'eussent pu lui assurer une réputation. Ses *Satires* avaient paru les premières, d'abord, en 1666, au nombre de sept, avec un discours en vers adressé au Roi; puis en 1668, au nombre de neuf. En 1674, il y joignit dans une nouvelle édition quatre *Épîtres*, l'*Art Poétique* commencé en 1669, et les quatre premiers chants du *Lutrin*, commencé, à ce qu'il paraît, vers 1672. Les autres *Satires* et les autres *Épîtres*, ainsi que les deux derniers chants du *Lutrin* et les autres poésies, ne parurent qu'à des époques plus ou moins postérieures.

le père Boileau, quelques jours avant sa mort, disait de ses enfans, en examinant leur caractère : « *Gillot*
» est un glorieux ; *Jacquot* est un débauché, et *Colin*,
» c'est-à-dire *Nicolas*, un bon garçon : il n'a point
» d'esprit, il ne dira de mal de personne. »

Les principaux ouvrages en prose sont, 1°. *les Héros de roman ;* 2°. une *dissertation critique sur Joconde ;* 3°. le *traité du sublime, de Longin, traduit du grec en français ;* 4°. des *réflexions critiques sur Longin.* Mais, quoique ces ouvrages, et surtout les deux derniers, ne soient pas sans mérite ni sans importance, ce n'est pourtant pas par la prose, il faut le dire, que Boileau a brillé ; et s'il n'eût été que simple prosateur, on peut douter qu'il fût aujourd'hui compté parmi nos grands écrivains, tandis qu'il est incontestablement l'un de nos plus grands poëtes.

Cette guerre constante et implacable que fit Boileau aux mauvais auteurs, ne put, comme on le pense bien, que les soulever contre lui : ils l'accablèrent de libelles et d'infâmes calomnies. Mais ils ne purent nuire ni à son bonheur, ni à sa réputation, tant il avait l'âme noble et forte ! et tant il était généralement reconnu pour un homme plein d'honneur et de probité ! Il put même se flatter d'avoir de nombreux amis, et d'en avoir parmi les personnages les plus illustres de son temps. Son mérite pouvait-il échapper au grand roi qui avait tant à cœur de faire fleurir les lettres, et qui allait au-devant du génie pour l'encourager? Louis XIV voulut le voir, le combla de bienfaits, et le chargea, conjointement avec Racine, d'écrire l'histoire de son règne.

Ce ne fut pourtant qu'assez tard (en 1684), et que d'après le désir formel du Roi, que l'Académie française lui ouvrit ses portes. Il entra aussi, comme son ami Racine, dans l'Académie naissante des inscriptions et belles-lettres : sa traduction de Longin lui méritait ce dernier honneur.

Boileau, avec une santé frêle et délicate, poussa cependant sa carrière jusqu'à l'âge de soixante-quinze ans. Mais, dans les dernières années de sa vie, une surdité entière et de grandes infirmités l'obligèrent de renoncer à toute espèce de travail. Alors, loin de la cour, loin du grand monde, qu'il n'avait jamais aimé, il ne voyait plus qu'un petit nombre d'amis, et il partageait sa retraite entre la ville et la campagne, attendant en sage et en chrétien sa dernière heure, que lui annonçaient chaque jour des douleurs aiguës, de fréquens évanouïssemens, et une fièvre presque habituelle. Elle arriva enfin le 13 mars 1611. Peu de jours auparavant il avait dit : « C'est une grande consolation pour un poëte qui va mourir, que de n'avoir jamais offensé les mœurs. »

Mais Boileau pouvait plus encore que se rendre ce doux et consolant témoignage. Loin *d'avoir jamais offensé les mœurs*, il s'en était fait toute sa vie le vengeur public : il n'avait pas combattu avec moins de force ni avec moins de constance les vices que la sottise. Et quel n'avait pas été toujours non-seulement son respect, mais même son zèle pour la religion ! Quelle vraie et solide piété n'avait-il pas toujours fait briller, et dans ses écrits, et dans sa conduite ! On aurait sûrement quelque peine à dire quels poëtes ont été et plus religieux et plus chastes.

# SUPPLÉMENT
## A LA NOTICE SUR BOILEAU.

Boileau *peint par lui-même dans son épître à ses Vers.*

Que si mêmes un jour le lecteur gracieux (1)
Amorcé par mon nom, sur vous tourne les yeux,
Pour m'en récompenser, mes Vers, avec usure,
De votre auteur alors faites-lui la peinture :
Et surtout prenez soin d'effacer bien les traits
Dont tant de peintres faux ont flétri mes portraits.
Déposez hardiment qu'au fond cet homme horrible,
Ce censeur qu'ils ont peint si noir et si terrible,
Fut un esprit doux, simple, ami de l'équité,
Qui, cherchant dans ses vers la seule vérité,
Fit, sans être malin, ses plus grandes malices,
Et qu'enfin sa candeur seule a fait tous ses vices.
Dites que, harcelé par les plus vils rimeurs,
Jamais, blessant leurs vers, il n'effleura leurs mœurs;
Libre dans ses discours, mais pourtant toujours sage,
Assez faible de corps, assez doux de visage,

1. Aujourd'hui il ne serait pas permis d'ajouter la lettre S à *même* employé, comme ici, à titre d'adverbe.

# A LA NOTICE.

Ni petit, ni trop grand, très-peu voluptueux,
Ami de la vertu plutôt que vertueux. (1
   Que si quelqu'un, mes Vers, alors vous importune
Pour savoir mes parens, ma vie et ma fortune, (2
Contez-lui qu'allié d'assez hauts magistrats,
Fils d'un père greffier, né d'aïeux avocats,
Dès le berceau perdant une fort jeune mère,
Réduit seize ans après à pleurer mon vieux père,
J'allai d'un pas hardi, par moi-même guidé,
Et, de mon seul génie en marchant secondé,
Studieux amateur et de Perse et d'Horace,
Assez près de Regnier m'asseoir sur le Parnasse;
Que, par un coup du sort au grand jour amené,
Et des bords du Permesse à la Cour entraîné,
Je sus, prenant l'essor par des routes nouvelles,
Élever assez haut mes poétiques ailes;
Que ce roi dont le nom fait trembler tant de rois
Voulut bien que ma main crayonnât ses exploits; (3
Que plus d'un grand m'aima jusques à la tendresse;
Que ma vue à Colbert inspirait l'allégresse :
Qu'aujourd'hui même encor, de deux sens affaibli, (4
Retiré de la Cour, et non mis en oubli,
Plus d'un héros, épris des fruits de mon étude,
Vient quelquefois chez moi goûter la solitude. (5

  1. L'homme le plus *vertueux* ne croit jamais l'être assez.

  2. *Savoir*, ici dans le sens de *connaître*; sens qu'on ne pourrait lui donner en prose, en parlant des personnes.

  3. Il l'avait chargé avec Racine d'écrire son histoire.

  4. La vue et l'ouïe.

  5. A Auteuil près Paris.

Mais des heureux regards de mon astre étonnant,
Marquez bien cet effet encor plus surprenant,
Qui dans mon souvenir aura toujours sa place :
Que de tant d'écrivains de l'école d'Ignace (1
Étant, comme je suis, ami si déclaré,
Ce docteur toutefois, si craint, si révéré,
Qui contre eux de sa plume épuisa l'énergie,
Arnauld, le grand Arnauld, fit mon apologie. (2

1. Les jésuites Rapin, Bourdaloue, Bouhours. Saint Ignace a été le fondateur de la *Société de Jesus*.

2. Le célèbre docteur Arnauld avait écrit pour la défense de la satire contre les femmes.

BOILEAU *racontant dans sa cinquième épître comment il préféra le Parnasse au Palais.*

Mon père, soixante ans au travail appliqué, (1
En mourant me laissa, pour rouler et pour vivre, (2
Un revenu léger (3), et son exemple à suivre.
Mais bientôt amoureux d'un plus noble métier,
Fils, frère, oncle, cousin, beau-frère de greffier,
Pouvant charger mon bras d'une utile liasse, (4

1. Suivant Brossette, le père de Boileau mourut en 1657, âgé de soixante-treize ans. Est-ce donc pendant *soixante ans* qu'il pouvait avoir travaillé? Sans doute il ne faut pas prendre ce nombre à la lettre; et peut-être ne faut-il pas non plus prendre à la lettre ce que dit Boileau dans sa dixième épître, qu'il perdit son père *seize ans* après sa mère : car, si, comme on le prétend, il avait perdu sa mère à onze mois, il aurait eu alors à peine *dix-sept ans*, tandis qu'il devait en avoir vingt et un ; son père étant mort en 1657, et lui étant né en 1636.

2. *Rouler* se dit figurément pour *subsister*, mais seulement dans le style familier.

3. Environ douze mille écus de patrimoine. Boileau en plaça environ le tiers à fonds perdu sur l'hôtel-de-ville de Lyon, qui lui fit une rente de quinze cents francs pendant sa vie.

4. On appelle *liasse*, un amas de papiers liés ensemble et ordinairement relatifs à un même objet, tels, par exemple, que les papiers d'un procès.

J'allai loin du palais (1), errer sur le Parnasse.
La famille en pâlit, et vit en frémissant
Dans la poudre du greffe un poëte naissant :
On vit avec horreur une muse effrénée (2
Dormir chez un greffier la grasse matinée.
Dès-lors à la richesse il fallut renoncer.
Ne pouvant l'acquérir, j'appris à m'en passer :
Et surtout redoutant la basse servitude,
La libre vérité fut toute mon étude.
Dans ce métier funeste à qui veut s'enrichir, (3
Qui l'eût cru que pour moi le sort dût se fléchir ?
Mais du plus grand des rois la bonté sans limite,
Toujours prête à courir au-devant du mérite,
Crut voir dans ma franchise un mérite inconnu,
Et d'abord de ses dons enfla mon revenu.
La brigue ni l'envie à mon bonheur contraires,
Ni les cris douloureux de mes vains adversaires,
Ne purent dans leur course arrêter ses bienfaits. (4
C'en est trop : mon bonheur a passé mes souhaits.

1. Le *palais*, pour le lieu où se rend la justice, ou encore pour le barreau : en d'autres termes, *j'allai loin des affaires, loin de la chicane, me livrer à l'art des vers.*

2. *Effrénée*, c'est-à-dire, qu'on ne pouvait dompter, maîtriser, réduire : *muse*, ici par métonymie, pour Poëte.

3. Le métier de dire la vérité, que les hommes n'aiment pas à entendre, quand elle les blesse personnellement.

4. La bonté du Roi *courant* au-devant du mérite, la *course de ses bienfaits* n'a plus rien de bien étonnant ; mais la métaphore, parce qu'elle est naturellement amenée, n'en est précisément que plus belle.

Qu'à son gré désormais la Fortune me joue,
On me verra dormir au branle de sa roue. (1

1. La Mythologie représente la Fortune, chauve, aveugle, debout, avec des ailes aux deux pieds, l'un en l'air, et l'autre sur une roue qui tourne.

Le grand Corneille avait dit dans sa pièce intitulée l'*Illusion comique*:

Ainsi de notre espoir la fortune se joue :
Tout s'élève ou s'abaisse au branle de sa roue.

## Jugement *de Boileau sur ses propres vers, dans son épître sur le Vrai.*

Sais-tu pourquoi mes vers sont lus dans les provinces,
Sont recherchés du peuple, et reçus chez les princes ?
Ce n'est pas que leurs sons agréables, nombreux,
Soient toujours à l'oreille également heureux ;
Qu'en plus d'un lieu le sens n'y gêne la mesure,
Et qu'un mot quelquefois n'y brave la césure ;
Mais c'est qu'en eux le Vrai, du mensonge vainqueur,
Partout se montre aux yeux, et va saisir le cœur ;
Que le bien et le mal y sont prisés au juste ;
Que jamais un faquin n'y tient un rang auguste ; (1
Et que, mon cœur toujours conduisant mon esprit,
Ne dit rien aux lecteurs, qu'à soi-même il n'ait dit.
Ma pensée au grand jour partout s'offre et s'expose ;
Et mon vers, bien ou mal, dit toujours quelque chose.

1. C'est-à-dire, n'y est traité avec honneur. *Rang auguste*, pour Rang honorable.

Vers *mis au bas d'un portrait de Boileau, et qu'on a cru pouvoir lui attribuer, parce qu'on l'y fait parler lui-même.*

Au joug de la raison asservissant la rime
Et, même en imitant toujours original,
J'ai su dans mes écrits, docte, enjoué, sublime,
Rassembler en moi Perse, Horace et Juvénal.

Réponse *de Boileau aux vers précédens.*

Oui, Le Verrier, c'est là mon fidèle portrait;
    Et le graveur, en chaque trait,
A su très-finement tracer sur mon visage
De tout faux bel-esprit l'ennemi redouté.
Mais dans les vers pompeux qu'au bas de cet ouvrage
Tu me fais prononcer avec tant de fierté,
    D'un ami de la vérité
    Qui peut reconnaître l'image?

# L'ART POÉTIQUE.

La réputation de *l'Art poétique* de Boileau est faite depuis long-temps : c'est en son genre le premier des livres classiques ; c'est le code même du goût, s'il faut le dire, et celui-là ne serait pas censé avoir fait ses études, qui sortirait du collége sans le savoir par cœur ; celui-là ne serait pas censé les avoir bien faites, qui en méconnaîtrait les principes, ou dédaignerait de s'y conformer. On ne sera pas fâché de voir l'éclatant hommage rendu à cet immortel chef-d'œuvre (1) par un homme bien en état de l'apprécier,

---

(1) On sent bien que *chef-d'œuvre* ne se prend pas ici dans un sens rigoureux, pour un ouvrage absolument parfait et sans le moindre défaut, mais seulement dans un sens étendu, pour un ouvrage extrêmement beau, et qui approche singulièrement de la perfection, ou qui en approche plus qu'aucun autre ouvrage du même genre.

et qui, certes, n'était point aveuglé par un fol enthousiasme pour l'auteur. Voici donc ce que dit Voltaire.

« L'*Art poétique* de Boileau est admirable,
» parce qu'il dit toujours agréablement des
» choses vraies et utiles, parce qu'il donne
» toujours le précepte et l'exemple, parce
» qu'il est varié, parce que l'auteur, en ne
» manquant jamais à la pureté de la langue,

» . . . . . Sait d'une voix légère,
» Passer du grave au doux, du plaisant au sévère.

» Ce qui prouve son mérite chez tous les
» gens de goût, c'est qu'on sait ses vers par
» cœur, et ce qui doit plaire aux philosophes,
» c'est qu'il a presque toujours raison.

» Puisque nous avons parlé de la préfé-
» rence qu'on peut donner quelquefois aux
» Modernes sur les Anciens, on oserait pré-
» sumer ici que l'*Art poétique* de Boileau est
» supérieur à celui d'Horace. La méthode
» est certainement une beauté dans un poëme
» didactique (1) : Horace n'en a point. Nous

(1) Le *poëme didactique* est un tissu de préceptes, ou une suite de principes, revêtus de l'expression et

» ne lui en faisons pas un reproche, puisque
» son poëme est une épître familière aux
» Pisons, et non pas un ouvrage régulier
» comme les *Géorgiques* (1); mais c'est un

de l'harmonie de la poésie. *Didactique*, en grec, διδακτικὸς, qui est propre à instruire, qui sert à expliquer les choses : de διδάσκω, enseigner, instruire.

(1) Cependant il s'est trouvé des littérateurs distingués qui ont cherché à justifier l'*Art poétique* d'Horace du reproche d'irrégularité. « Il est vrai, dit Brueys
» entre autres, qu'Horace, dans ce poëme, ne garde
» pas un ordre si méthodique que ceux qui écrivent
» en prose quelque traité de rhétorique; mais néan-
» moins il n'a pas semé ses préceptes à l'aventure,
» comme on se l'imagine. Pour le faire voir, voici en
» deux mots l'économie de ce poëme. Horace se pro-
» pose d'y traiter trois choses : premièrement, qu'un
» ouvrage doit plaire à l'esprit; secondement, qu'il
» doit toucher le cœur, et en troisième lieu, qu'il
» doit chatouiller l'oreille. Il donne au commence-
» ment les préceptes qu'il faut garder pour rendre un
» ouvrage agréable, afin de plaire à l'esprit. Il enseigne
» ensuite ce qu'il faut observer pour rendre un ou-
» vrage pathétique, afin de toucher le cœur; et enfin
» il instruit de ce qu'il faut pour le rendre harmo-
» nieux, afin de chatouiller l'oreille. »

» mérite de plus dans Boileau, mérite dont
» les philosophes doivent lui tenir compte.

» L'*Art poétique* latin ne paraît pas, à beau-
» coup près, si travaillé que le français.
» Horace y parle presque toujours sur le
» ton libre et familier de ses autres épîtres.
» C'est une extrême justesse d'esprit, c'est
» un goût fin, ce sont des vers heureux et
» pleins de sel, mais souvent sans liaison,
» quelquefois destitués d'harmonie ; ce n'est
» pas l'élégance et la correction de Virgile.
» L'ouvrage est très-bon, celui de Boileau
» paraît encore meilleur ; et si vous en excep-
» tez les tragédies de Racine, qui ont le mé-
» rite supérieur de traiter les passions, et de
» surmonter toutes les difficultés du théâtre,
» l'*Art poétique* de Despréaux est sans con-
» tredit le poëme qui fait le plus d'honneur
» à la langue française (1). »

(1) Voltaire mettait donc l'*Art poétique* de Boileau
au-dessus de son *Lutrin*. C'est l'avis de bien d'autres.
» L'*Art poétique*, disent Brossette et Saint-Marc,
» passe communément pour le chef-d'œuvre de notre
» auteur. Trois choses principalement le rendent con-

Ce jugement de Voltaire sur l'*Art poétique* français ne peut qu'être celui de tous les gens éclairés. Cependant, tout en l'adoptant dans toute son étendue, j'oserais croire que la grande perfection du chef-d'œuvre qui en fait l'objet, est moins dans la méthode que dans le style, que dans ces vers si vrais, si naturels, si précis, si faciles à retenir, et qui, une fois dans la mémoire, y restent à jamais comme les oracles de la raison, comme les maximes du goût, toujours prêts à se présenter, au besoin, pour nous indiquer les beautés à rechercher, les défauts à fuir dans nos propres ouvrages, et ce qui, dans les ouvrages des autres, est digne d'éloge ou digne de censure. Le mérite de la méthode est très-réel, sans doute, et même très-re-

» sidérable : la difficulté de l'entreprise, la beauté des
» vers, et l'utilité de l'ouvrage. »

L'entreprise étoit en effet bien grande, bien difficile : elle l'était au point que le célèbre Patru, ami de l'auteur, en avait, avant l'exécution, cru le succès impossible.

marquable; mais n'eût-il pas pu être porté encore un peu plus haut? Qu'on examine attentivement le Poëme, et quant à l'invention, et quant à la disposition, on verra si, sous l'un et sous l'autre rapport, il ne laisse rien à désirer; s'il n'offre pas dans plus d'un chant d'assez étonnantes lacunes; si dans tel chant ne se trouvent pas des objets qui eussent été mieux à leur place dans tel autre; si certains genres de poésie ne sont pas traités avec trop d'importance, et d'autres avec trop peu. C'est ce que je pourrai indiquer d'une manière plus précise à la suite des divers chants, selon qu'il y aura lieu (1).

Voltaire s'est contenté de comparer l'*Art*

---

(1) Boileau lui-même, s'il faut en croire Saint-Marc, avait senti dans son ouvrage un défaut d'ordre, et il l'appelait l'*endroit fatal d'Achille*, sans doute par allusion à cette partie du corps (le talon) par laquelle seule Achille était vulnérable; mais il n'a jamais voulu dire en quoi consistait ce défaut, et ses ennemis, avec toute leur malice, n'ont jamais pu le deviner. Serai-je plus heureux qu'eux, moi qui suis loin assurément de partager leur haine?

*poétique* de Boileau avec celui d'Horace : c'est en effet le seul en vers avec lequel on doive le comparer, puisque c'est le seul de ce genre avec lequel il fasse loi au Parnasse, c'est-à-dire, en poésie et en littérature (1). L'italien Vida (2), dans le quinzième siècle, en a fait

(1) Pourquoi Aristote n'a-t-il donné sa *Poétique* qu'en prose ? quoiqu'il se soit borné à l'Épopée et à la Tragédie, on le mettrait sans contredit à côté de Boileau et d'Horace. Marmontel caractérise ainsi ces trois maîtres de l'art : « *Aristote*, le génie le plus pro-
» fond, le plus lumineux, le plus vaste, qui jamais
» ait osé parcourir la sphère des connaissances hu-
» maines; *Horace*, à-la-fois poëte, philosophe et cri-
» tique excellent; *Despréaux*, l'homme de son siècle
» qui a le plus fait valoir la portion de talent qu'il
» avait reçue de la nature, et la portion de lumière et
» de goût qu'il avait acquise par le travail. »

(2) *Vida*, né à Crémone, en 1470, dut à son talent pour la poésie la faveur des papes Léon X et Clément VII, dont le dernier le fit évêque d'Albe, sur le Tanaro. Il a composé, entre autres ouvrages, outre son *Art poétique*, un poëme sur Jésus-Christ, intitulé *la Christiade*, et où il a mêlé les fictions de la mythologie avec les oracles des prophètes.

un en vers latins, qui a bien son mérite, et qui même fut comme l'aurore du bon goût, à l'époque de la renaissance des lettres ; mais, il s'en faut qu'il puisse être mis au rang des deux premiers, et d'ailleurs c'est bien plutôt l'art d'imiter Virgile, que l'art d'imiter la nature elle-même. Vauquelin de la Fresnaye (1) en a fait un en vers français, qu'un des commentateurs de Boileau, Saint-Marc, semble se faire un plaisir d'opposer sans cesse à celui de ce poëte ; mais si cet ouvrage a pu, alors que la langue n'était pas encore formée, être regardé comme un assez heureux essai, il ne peut plus aujourd'hui que paraître à moitié barbare pour le style, et Saint-Marc, en rapprochant l'un de l'autre nos deux législateurs du Parnasse, n'a fait, contre son

---

(1) Vauquelin de la Fresnaye, né en Basse-Normandie, vers l'an 1534 ; mort en 1606, lieutenant-général et président au présidial de Caen. C'est le premier poëte français qui ait fait des satires : mais, quoique non sans mérite dans ce genre, il y est au-dessous de Regnier, venu après lui dans le même siècle.

intention, que rendre plus sensible l'incomparable supériorité du dernier venu sur son prédécesseur (1).

L'*Art poétique* ne donnera pas le talent des vers : son premier soin est de prévenir que ce talent est un pur don du Ciel, un don qu'il faut avoir reçu en naissant, et qui ne peut s'acquérir par l'étude et par le travail. Mais il apprendra à ceux qui l'ont en partage à le bien connaître, à le régler, à le perfectionner : il leur montrera le but où ils doivent tendre, la véritable route qu'ils ont à suivre pour y arriver, et les détournera des chemins trompeurs où ils ne pourraient que s'égarer et se perdre. Il apprendra à ceux que le Ciel n'a point favorisés de ce don, d'ailleurs si rare, d'abord à sentir qu'ils l'espéreraient en vain pour eux-mêmes, puis à savoir du moins l'apprécier, le juger dans les autres.

(1) L'abbé Batteux a rapproché et mis ensemble, sous le titre des *Quatre poétiques*, les *poétiques* d'Aristote, d'Horace, de Vida et de Boileau : il n'eût sûrement pas manqué de leur associer celle de Vauquelin, s'il l'eût jugée digne de cet honneur.

Et supposons qu'il n'eût pu rien apprendre à un Racine, n'aura-t-il pas toujours fait, comme le dit Laharpe, un bien très-essentiel, en enseignant à tout le monde pourquoi Racine est admirable?

# L'ART POÉTIQUE.

## CHANT PREMIER.
### RÈGLES GÉNÉRALES DE LA POÉSIE.

### ARGUMENT.

I. *Point de succès à espérer au Parnasse, pour qui n'est pas né avec le génie poétique.*

II. *Tous les esprits non également propres à tous les genres de poésie ; et nécessité pour chacun de bien connaître son talent.*

III. *Dans tous les sujets, comme dans tous les genres, la raison, le bon sens toujours avant la rime, et jamais la rime sans le bon sens.*

IV. *Ne point épuiser son sujet, et ne rien dire de trop, mais savoir se renfermer dans de justes bornes.*

V. *Tous les extrêmes à éviter également ; et l'uniformité, la monotonie, non moins à éviter que les extrêmes.*

VI. *Jamais de bassesse dans le style même le moins noble ; mais le style burlesque et le style emphatique aussi à rejeter l'un que l'autre.*

VII. *Le nombre, la cadence et l'harmonie, d'une grande importance dans le style.*

VIII. *Comment la poésie française, si long-temps privée de ces avantages, est enfin parvenue à les acquérir. Son histoire depuis Villon jusqu'à Malherbe, encore aujourd'hui digne modèle de pureté et de clarté tout ensemble.*

IX. *La clarté et avec elle la correction, les premières et les plus essentielles des qualités que doit avoir le style.*

X. *Travailler à loisir, corriger sans cesse, et faire que toutes les parties de l'ouvrage, bien soignées, bien polies, chacune en particulier, et heureusement assorties entre elles, forment l'ensemble, le tout le plus parfait possible.*

XI. *Se censurer soi-même avec sévérité, et avoir dans ses amis, non des approbateurs complaisans, des flatteurs, mais des censeurs sages, éclairés, inflexibles: moyens de distinguer ceux-ci de ceux-là.*

XII *Mais combien peu d'auteurs savent aimer la critique! et combien peu reçoivent de bonne grâce les plus sages avis qu'on leur donne!*

# L'ART POÉTIQUE.

## CHANT PREMIER.

1. C'EST en vain qu'au Parnasse (1) un téméraire auteur
Pense de l'art des vers atteindre la hauteur, (2
S'il ne sent point du ciel l'influence secrète, (3
Si son astre en naissant ne l'a formé poëte : (4
5 Dans son génie étroit il est toujours captif ;
Pour lui Phébus est sourd, et Pégase est rétif. (5

1. Le *Parnasse* n'est point ici, on le pense bien, cette montagne célèbre de la Phocide, consacrée par la Mythologie à Apollon et aux Muses : ce n'est qu'un simple *mythologisme*, c'est-à-dire, qu'une simple fiction ou allégorie empruntée de la Mythologie, pour exprimer tout ce qui se rapporte à la poésie : le *Parnasse français*, pour dire La poésie française, et quelquefois Les poëtes français.

2. L'art des vers est un art sublime, un art au-dessus des esprits vulgaires ; et d'ailleurs, le Parnasse fictif n'a-t-il pas ses *hauteurs*, comme le Parnasse réel ?

3. C'est-à-dire, l'inspiration : on a toujours pensé que les poëtes devaient être, en quelque sorte, inspirés d'en haut, comme les prophètes : cette opinion les a même fait regarder autrefois comme des personnes sacrées.

4. Pour dire, S'il n'est pas né poëte : allusion au vieux préjugé qui fait dépendre la destinée des hommes de l'astre sous lequel ils sont nés ; peut-être aussi allusion à cette espèce de proverbe, que *c'est la nature qui fait les poëtes, et l'art les orateurs* : NASCUNTUR POETÆ, FIUNT ORATORES.

5. On sait que *Phébus* ou Apollon est le dieu de la poésie ; et

O vous donc qui, brûlant d'une ardeur périlleuse,
Courez du bel-esprit la carrière épineuse, (1
N'allez pas sur des vers sans fruit vous consumer,
10 Ni prendre pour génie un amour de rimer : (2
Craignez d'un vain plaisir les trompeuses amorces,
Et consultez long-temps votre esprit et vos forces.
  II. La Nature, fertile en esprits excellens,
Sait entre les auteurs partager les talens :
15 L'un peut tracer en vers une amoureuse flamme ; (3
L'autre d'un trait plaisant aiguiser l'épigramme : (4
Malherbe d'un héros peut vanter les exploits ; (5
Racan, chanter Philis, les bergers et les bois. (6

*Pégase*, cheval ailé, le coursier qui porte les poëtes : ce n'est qu'aux poëtes du premier ordre, dit-on, que ce coursier merveilleux prête son dos et ses ailes. Dans ce vers, deux *allégorismes mythologiques*.

1. La poésie est le premier des *beaux-arts*, et elle est particulièrement l'*art de l'esprit*. On pourrait donc la dire le *bel art de l'esprit*, et c'est ce qu'il est permis d'entendre par *bel-esprit*, quoique ce puisse ne pas être précisément ce que le Poëte a voulu dire. Le Brun et Laharpe voudraient qu'il eût dit, *La carrière du talent ou du génie*; mais n'est-ce qu'en poésie qu'il peut y avoir du *génie* ou du *talent*?

2. *Génie*, ici pour faculté de créer, de produire ; au lieu que dans le cinquième vers, il est pour la portée ou la mesure de l'esprit.

3. Comme, par exemple, dans l'Élégie.

4. *D'un trait plaisant*, pour Avec ou par un trait plaisant. *Plaisant*, pour Propre à divertir, à faire rire : l'*Épigramme*, petite pièce de poésie qui n'est souvent qu'un bon mot rimé.

5. C'est ce qu'il a fait dans ses Odes. Malherbe, né à Caen, en 1556, et mort à Paris en 1628. On verra son éloge dans ce même chant.

6. Racan, né en 1589 à la Roche-Racan, en Touraine, mort en 1670 : c'est surtout dans la poésie pastorale qu'il s'est distingué.

## CHANT PREMIER.

Mais souvent un esprit qui se flatte et qui s'aime,
20 Méconnaît son génie, et s'ignore soi-même : (1
Ainsi tel (2), autrefois qu'on vit avec Faret (3
Charbonner de ses vers les murs d'un cabaret,
S'en va, mal à propos, d'une voix insolente,
Chanter du peuple hébreu la fuite triomphante, (4
25 Et, poursuivant Moïse au travers des déserts,
Court avec Pharaon se noyer dans les mers. (5

 III. Quelque sujet qu'on traite, ou plaisant (6), ou sublime,
Que toujours le bon sens s'accorde avec la rime :
L'un l'autre vainement ils semblent se haïr ;

---

 1. *Méconnaît son génie*, c'est-à-dire, s'abuse, s'aveugle sur son génie. *Esprit*, ici pour la personne même considérée particulièrement quant à son esprit. D'ailleurs, fût-il pour l'*esprit* même, le *génie d'un esprit* serait-il aussi bizarre que le prétend Le Brun ? Le *génie* et le *talent* n'appartiennent-ils pas à l'*esprit*, comme l'*esprit* appartient à l'homme ?

 2. Saint-Amand, auteur du poëme de *Moïse sauvé*, né à Rouen en 1594, mort en 1660.

 3. Faret, ami de Saint-Amand, fut l'un des premiers membres de l'Académie française, dont il rédigea les statuts. Né à Bourg, en Bresse, vers 1600, mort en 1646. Il avait fait, entre autres ouvrages, un livre intitulé : *L'honnête homme* ou *L'art de plaire*.

 4. *Fuite triomphante*, belle alliance de mots, qui se retrouve dans ce vers de Delille au sujet du célèbre ministre d'État Necker : L'IMAGINATION, chant VI :

  Un *exil triomphant* ajoute à tant d'éclat.

 5. *Noyer*, dans deux sens différens : au *propre*, à l'égard de Pharaon ; au *figuré*, à l'égard de Saint-Amand : *Syllepse de métaphore*.

 6. *Plaisant*, ici pour riant, gracieux.

30 La rime est une esclave, et ne doit qu'obéir. (1
Lorsqu'à la bien chercher d'abord on s'évertue, (2
L'esprit à la trouver aisément s'habitue ;
Au joug de la raison sans peine elle fléchit,
Et, loin de la gêner, la sert et l'enrichit.
35 Mais, lorsqu'on la néglige, elle devient rebelle,
Et, pour la rattraper, le sens court après elle. (3
Aimez donc la raison : que toujours vos écrits
Empruntent d'elle seule et leur lustre et leur prix. (4
La plupart, emportés d'une fougue insensée,
40 Toujours loin du droit sens vont chercher leur pensée ;
Ils croiraient s'abaisser, dans leurs vers monstrueux,
S'ils pensaient ce qu'un autre a pu penser comme eux.
Évitons ces excès ; laissons à l'Italie
De tous ces faux brillans l'éclatante folie. (5

1. La *Rime* personnifiée dans tout ce morceau, ainsi que la *Raison*, et cette personnification parfaitement soutenue.

2. *S'évertuer*, c'est s'appliquer avec ardeur et de toutes les forces de son âme : « Mot d'un emploi difficile, dit Le Brun, mais ici bien » placé. » Ce mot n'est guère en effet que du style familier, et ce n'est pas facilement qu'on le ferait entrer dans le style héroïque.

3. Le *Sens*, pour Le *bon sens*, qui ici ne fait qu'un avec la *raison*.

4. *D'elle seule* : seule paraît de trop, et on pourrait mieux aimer, *Empruntent surtout d'elle*. « Mais ce que l'auteur a voulu » dire, observe Laharpe, c'est que la raison seule, en dirigeant » toutes les parties de la composition, peut leur assurer leur valeur » et leur effet, parce que sans elle l'imagination ne produirait rien » que d'irrégulier et de vicieux. »

5. On reproche aux Italiens l'affectation, la recherche, les *faux brillans*, enfin ce qu'on appelle *concetti*, d'un mot emprunté de leur langue : il s'en trouve jusque dans leur admirable poëme de la *Jérusalem délivrée*.

45 Tout doit tendre au bon sens : mais pour y parvenir
Le chemin est glissant et pénible à tenir;
Pour peu qu'on s'en écarte, aussitôt on se noie :
La raison pour marcher n'a souvent qu'une voie.
 IV. Un auteur quelquefois trop plein de son objet,
50 Jamais sans l'épuiser n'abandonne un sujet. (1
S'il rencontre un palais, il m'en dépeint la face;
Il me promène après de terrasse en terrasse;
Ici s'offre un perron (2), là règne un corridor;
Là ce balcon s'enferme en un balustre d'or.
55 Il compte des plafonds les ronds et les ovales; (3
*Ce ne sont que festons, ce ne sont qu'astragales.* (4
Je saute vingt feuillets pour en trouver la fin;
Et je me sauve à peine au travers du jardin.

 1. C'est Scudéri que le poëte a particulièrement en vue. Scudéri, dans son poëme d'*Alaric* ou *Rome vaincue*, digne pendant de la *Pucelle* de Chapelain, n'emploie pas moins d'environ cinq cents vers à la description d'un palais. Né au Hâvre en 1601, mort à Paris en 1667.

 2. *Perron*, ouvrage de maçonnerie attaché par dehors au-devant d'un corps de logis, et servant d'escalier à l'appartement d'en-bas.

 3. *Ronds* et *ovales*, deux substantifs masculins, dont l'un désigne des figures rondes, circulaires, et l'autre des figures oblongues et arrondies comme des œufs.

 4. Vers de Scudéri, si ce n'est que Scudéri dit *couronnes*, au lieu d'*astragales*.

 Les *festons* en architecture sont des ornemens qui représentent des faisceaux de branches d'arbres, garnies de leurs feuilles, et entremêlées de fleurs, de fruits, etc.

 L'*astragale* est une petite moulure ronde qui entoure le haut du fût d'une colonne. Or, le *fût* d'une colonne en est la partie qui se trouve entre la base et le couronnement, qu'on appelle le *chapiteau*.

Fuyez de ces auteurs l'abondance stérile, (1
60 Et ne vous chargez point d'un détail inutile.
Tout ce qu'on dit de trop est fade et rebutant :
L'esprit rassasié le rejette à l'instant. (2
Qui ne sait se borner ne sut jamais écrire.
V. Souvent la peur d'un mal nous conduit dans un pire :
65 Un vers était trop faible, et vous le rendez dur :
J'évite d'être long, et je deviens obscur :
L'un n'est point trop fardé (3); mais sa muse est trop nue.
L'autre a peur de ramper, il se perd dans la nue.
Voulez-vous du public mériter les amours ?
70 Sans cesse en écrivant variez vos discours. (4
Un style trop égal et toujours uniforme
En vain brille à nos yeux, il faut qu'il nous endorme. (5
On lit peu ces auteurs, nés pour nous ennuyer,
Qui toujours sur un ton semblent psalmodier. (6

1. *Abondance stérile,* aussi heureux contraste de mots que *fuite triomphante :* expression *trouvée,* devenue une sorte de proverbe.

2. Voilà, sous une image aussi vraie que sensible, la grande règle, *Ne quid nimis* (Rien de trop).

3. Le *fard* du style consiste dans les faux ornemens dont il est chargé : le style ne doit pas plus être *fardé* qu'il ne doit être *nu.*

4. *Discours,* pour propos, pour phrases, tours ou tournures.

5. Il y a une *égalité* nécessaire, c'est celle qui consiste en ce que le style, dans sa variété, soit partout soutenu, d'accord avec lui-même, et ne sorte jamais du caractère propre à l'ouvrage; mais il y a aussi une égalité vicieuse et funeste : c'est le défaut de variété dans le ton, dans la couleur, dans la forme; c'est l'uniformité, la monotonie.

6. *Psalmodier,* c'est réciter des psaumes sans inflexion de voix, et toujours sur une même note. *Sur un même ton* peut donc pa-

75 Heureux qui, dans ses vers, sait d'une voix légère
Passer du grave au doux, du plaisant au sévère! (1
Son livre, aimé du ciel, et chéri des lecteurs,
Est souvent chez Barbin entouré d'acheteurs. (2

VI. Quoi que vous écriviez, évitez la bassesse :
80 Le style le moins noble a pourtant sa noblesse.
Au mépris du bon sens, le burlesque effronté (3
Trompa les yeux d'abord, plut par sa nouveauté :
On ne vit plus en vers que pointes triviales ;
Le Parnasse parla le langage des halles : (4

---

raître une sorte de pléonasme ; mais ce pléonasme, loin d'être un défaut, est une beauté, parce qu'il contribue à mettre la pensée dans tout son jour, et en fait ressortir une circonstance qui eût pu rester inaperçue.

1. *Plaisant* par opposition à *sévère*, veut dire gracieux. Au reste, Boileau veut bien qu'on varie le style, mais en conservant à chaque genre le sien : il n'eût point sans doute approuvé qu'on fît parler à la tragédie le langage de la comédie, ou à la comédie celui de la tragédie ; il n'eût pas plus approuvé que, *au milieu d'une églogue on embouchât la trompette.*

2. Barbin, fameux libraire, qui avait sa boutique dans les galeries du palais de justice.

3. Le *burlesque :* style d'une plaisanterie outrée et hors de nature. « Ce style, dit Boileau, fut extrêmement en vogue depuis le commen- » cement du dix-septième siècle jusque vers 1660 qu'il tomba. »

4. Le *Parnasse,* ici pour Les poëtes: le lieu fictif, par métonymie, pour les habitans. Le *langage des halles,* pour Un langage grossier, tel que celui des halles. Les halles sont des places publiques, ordinairement couvertes, où se tiennent les marchés, les foires. Une des places de Paris particulièrement désignée par le nom de *halle,* est fameuse par le jargon des *poissardes,* qui sont les marchandes de poissons.

85 La licence à rimer alors n'eut plus de frein; (1
Apollon travesti devint un Tabarin. (2
Cette contagion infecta les provinces,
Du clerc et du bourgeois passa jusques aux princes :
Le plus mauvais plaisant eut ses approbateurs ;
90 Et, jusqu'à d'Assouci, tout trouva des lecteurs. (3
Mais de ce style enfin la cour désabusée
Dédaigna de ces vers l'extravagance aisée,
Distingua le naïf du plat et du bouffon, (4

1. On la poussa jusqu'à mettre la Passion de Jésus-Christ en vers burlesques.

2. *Tabarin*, bouffon grossier, valet d'un fameux charlatan, nommé *Mondor*, qu'on vit à Paris vers le commencement du dix-septième siècle, et qui établissait son théâtre dans la place Dauphine. Le dieu du Parnasse, Apollon, travesti en *Tabarin !* Belle allégorie allusive, qui rappelle le *Virgile travesti* de Scarron.

3. *D'Assouci*, pitoyable auteur, bien inférieur dans son genre à Scarron, dont il était regardé comme le singe. Il avait mis en vers burlesques une partie des *Métamorphoses* d'Ovide, sous le titre d'*Ovide en belle humeur*. Né en 1604, mort en 1679.

D'Assouci fut extrêmement sensible au trait lancé contre lui par Boileau dans ce vers de l'*Art poétique*. « Ah ! cher lecteur, s'écrie-
» t-il dans la préface d'un de ses ouvrages, si tu savais comme ce
» *tout trouva* me tient au cœur, tu plaindrais ma destinée. J'en suis
» inconsolable, principalement quand je pense qu'au préjudice de
» mes titres, dans ce vers qui me tient lieu d'arrêt de la cour de par-
» lement, je me vois déchu de tous mes honneurs, et que ce Charles
» d'Assouci, d'empereur du burlesque qu'il était, premier de ce nom,
» n'est aujourd'hui, si on le veut croire, que le dernier reptile du
» Parnasse, et le marmiton des Muses. »

4. Le *naïf*, ce qui est simple, vrai et naturel avec cette grâce aimable de l'enfance ; le *plat*, ce qui n'est qu'insipide, sans aucun agrément et sans aucune élégance ; le *bouffon*, ce qui n'est que facétieux

# CHANT PREMIER.

Et laissa la province admirer le Typhon. (1
95 Que ce style jamais ne souille votre ouvrage.
Imitons de Marot l'élégant badinage (2,
Et laissons le burlesque aux plaisans du Pont-Neuf. (3
Mais n'allez point aussi (4), sur les pas de Brébeuf,
Même en une Pharsale, entasser sur les rives
100 *De morts et de mourans cent montagnes plaintives.* (5
Prenez mieux votre ton. Soyez simple avec art,
Sublime sans orgueil, agréable sans fard.

et propre à faire rire : le *plat* et le *bouffon* se trouvent dans le *burlesque.*

1. *Typhon,* ou la *Gigantomachie,* poëme burlesque de Scarron, publié en 1644, et qui a pour objet la guerre des géans contre les dieux. *Typhon,* horrible et épouvantable géant à cent têtes, qui touchait le ciel, et dont les cent bouches vomissaient des flammes dévorantes.

Paul Scarron, le premier et le plus spirituel des poëtes burlesques, né en 1611, mort en 1660 : premier mari de la célèbre Maintenon, qu'épousa ensuite Louis XIV.

2. Bien plutôt le *naïf* que l'*élégant,* comme le dit Voltaire, ou le *charmant,* comme le dit Laharpe. Mais *élégant* peut avoir été préféré comme plus opposé à *burlesque.*

3. Les vendeurs d'orviétan et les joueurs de marionnettes se plaçaient alors, comme il le font encore assez souvent, sur le Pont-Neuf.

4. Après une négation, n'est-ce pas *non plus,* au lieu d'*aussi,* qu'il faudrait ?

5. Ce vers ridiculement emphatique est de Brébeuf dans sa traduction de la *Pharsale* de Lucain. Brébeuf, né en 1618, à Thorigny, en Basse-Normandie, et mort en 1661, à Venoix près de Caen. Traducteur de l'ampoulé Lucain, il enchérit encore sur son modèle; mais il fit pourtant d'assez beaux vers dans un temps où l'on en faisait peu encore.

VII. N'offrez rien au lecteur que ce qui peut lui plaire.
Ayez pour la cadence une oreille sévère :
105 Que toujours dans vos vers le sens coupant les mots
Suspende l'hémistiche, en marque le repos. (1
Gardez qu'une voyelle à courir trop hâtée
Ne soit d'une voyelle en son chemin heurtée.
Il est un heureux choix de mots harmonieux.
110 Fuyez des mauvais sons le concours odieux ; (2
Le vers le mieux rempli, la plus noble pensée,
Ne peut plaire à l'esprit quand l'oreille est blessée.
VIII. Durant les premiers ans du Parnasse françois, (3
Le caprice tout seul faisait toutes les lois.
115 La rime, au bout des mots assemblés sans mesure,
Tenait lieu d'ornemens, de nombre et de césure.
Villon (4) sut le premier, dans ces siècles grossiers,

1. Voilà pour la césure du vers au bout du premier hémistiche, qui, dans le vers alexandrin, doit finir à la sixième syllabe pleine, et, dans le vers de dix syllabes, à la quatrième. On peut remarquer que l'auteur donne ici l'exemple avec le précepte. Il faut savoir, au reste, concilier ce précepte avec celui de varier les césures et les cadences pour éviter la monotonie.

2. C'est ce *concours* de voyelles appelé *hiatus* ou bâillement, parce qu'il force à tenir la bouche ouverte, *béante : bâiller*, c'est en latin *hiare*.

3. Le *Parnasse français*, ici pour La poésie française. Dans ce temps-là on croyait qu'il suffisait de rimer aux yeux : on a senti depuis qu'il fallait surtout rimer à l'oreille.

4. *Villon*, poète d'un esprit très-fin, et d'un goût très-remarquable pour son temps, mais d'une conduite assez peu honnête. Né en 1431, il vivait environ soixante ans avant Marot. Son nom, qui signifie en vieux langage, *fripon*, n'avait été qu'un surnom pour son père; mais il lui fut confirmé, à lui-même, par une sentence du Châtelet qui le

Débrouiller l'art confus de nos vieux romanciers. (1
Marot (2) bientôt après fit fleurir les ballades,
120 Tourna des triolets, rima des mascarades,
A des refrains réglés asservit les rondeaux, (3
Et montra pour rimer des chemins tout nouveaux.
Ronsard (4), qui le suivit, par une autre méthode,
Réglant tout, brouilla tout, fit un art à sa mode,
125 Et toutefois long-temps eut un heureux destin.
Mais sa muse, en français parlant grec et latin, (5

condamnait à mort. Heureusement pour lui, cette sentence fut, sur son appel, réformée par arrêt du Parlement, et la peine de mort commuée en un bannissement perpétuel.

1. « La plupart de nos anciens romans français sont, dit Boileau, » en vers confus et sans ordre, comme le roman de la *Rose* et plusieurs » autres. »

2. C'est de *Clément*, et non de *Jean Marot*, qu'il s'agit : *Jean* a été tellement éclipsé par *Clément*, son fils, que quand on dit *Marot* sans prénom, ce nom ne s'entend que du fils seul. *Clément Marot*, né à Cahors en 1495, et mort en 1544, à Turin, où ses opinions religieuses l'avaient forcé de se retirer. Celui de ses ouvrages qui a fait le plus de bruit est sa traduction en vers des psaumes : on la chante encore dans les églises protestantes.

3. Les *ballades*, les *triolets*, les *mascarades*, et les *rondeaux*, petits genres de poésie à forme régulière, qui autrefois étaient fort en usage.

4. *Ronsard*, prieur et abbé, né en 1524 dans le Vendômois, mort en 1585, a été regardé dans son temps, comme un prodige, et il en était un de savoir et, s'il faut le dire, d'imagination. Il passe pour le premier de nos poëtes qui se soit essayé dans le genre de l'épopée et de l'ode.

5. Boileau citait, pour exemple de cette affectation, ce vers de Ronsard à sa maîtresse :

    Êtes-vous pas ma seule *entéléchie ?*
*Entéléchie* en grec signifie *perfection.*

## L'ART POÉTIQUE.

Vit dans l'âge suivant, par un retour grotesque, (1
Tomber de ses grands mots le faste pédantesque.
Ce poëte orgueilleux, trébuché de si haut,
130 Rendit plus retenus Desportes et Bertaut. (2
　　Enfin Malherbe vint, et, le premier en France,
Fit sentir dans les vers une juste cadence,
D'un mot mis en sa place enseigna le pouvoir,
Et réduisit la muse aux règles du devoir. (3
135 Par ce sage écrivain la langue réparée
N'offrit plus rien de rude à l'oreille épurée.
Les stances avec grâce apprirent à tomber, (4
Et le vers sur le vers n'osa plus enjamber. (5

---

1. *Grotesque*, ici moins pour *ridicule* que pour *bizarre*.

2. Philippe Desportes, abbé de Tiron, et Jean Bertaut, évêque de Seez, poëtes assez estimés dans leur temps, et qu'on pourrait lire encore. L'un fut appelé le *Tibulle français*; l'autre est un peu moins naturel, et on lui reproche d'avoir introduit en France le goût des pointes. Ils vécurent tous deux sous le règne de Henri III et de Henri IV, et Desportes surtout fut tellement comblé des faveurs de la cour, qu'on eût pu dire de lui ce que Boileau a dit de Chapelain,

　　Qu'il fut le mieux renté de tous les beaux esprits.

3. La *Muse* ici par métonymie pour la poésie, comme dans ces vers de la satire première :

　　Il est vrai que du roi la bonté secourable
　　Jette enfin sur la *muse* un regard favorable.

4. *Stances*, couplets d'une pièce de poésie : dans l'ode on les appelle *strophes*.

5. On dit qu'*Un vers enjambe sur le vers suivant*, lorsque le sens d'un vers n'est achevé qu'au commencement ou qu'au milieu du vers qui suit. « L'enjambement, dit le Dictionnaire de l'Académie, » est un défaut, quand il ne produit pas une beauté. »

Tout reconnut ses lois; et ce guide fidèle
140 Aux auteurs de ce temps sert encor de modèle. (1
Marchez donc sur ses pas; aimez sa pureté,
Et de son tour heureux imitez la clarté.
  IX. Si le sens de vos vers tarde à se faire entendre,
Mon esprit aussitôt commence à se détendre; (2
145 Et, de vos vains discours prompt à se détacher,
Ne suit point un auteur qu'il faut toujours chercher. (3
  Il est certains esprits dont les sombres pensées
Sont d'un nuage épais toujours embarrassées;
Le jour de la raison ne le saurait percer.
150 Avant donc que d'écrire, apprenez à penser. (4
Selon que notre idée est plus ou moins obscure,
L'expression la suit, ou moins nette, ou plus pure.
Ce que l'on conçoit bien s'énonce clairement,
Et les mots pour le dire arrivent aisément.
155 Surtout qu'en vos écrits la langue révérée
Dans vos plus grands excès vous soit toujours sacrée.
En vain vous me frappez d'un son mélodieux,
Si le terme est impropre, ou le tour vicieux :

---

 1. Balzac avait, dès avant Boileau, porté ce même jugement sur Malherbe, dans une de ses lettres latines à M. de Silhon.

 2. *A se détendre,* c'est-à-dire, à se relâcher de son attention : l'attention tient l'esprit *tendu*.

 3. *Qu'il faut toujours chercher,* parce qu'il se cache et se perd dans les ténèbres.

 4. Cette maxime n'est pas seulement une Poétique, elle est une Rhétorique toute entière; elle comprend tout l'art d'écrire soit en vers, soit en prose : *écrire* est ici, on le sent bien, pour composer.

Mon esprit n'admet point un pompeux barbarisme, (1
160 Ni d'un vers ampoulé l'orgueilleux solécisme. (2
Sans la langue, en un mot, l'auteur le plus divin
Est toujours, quoi qu'il fasse, un méchant écrivain.

X. Travaillez à loisir, quelque ordre qui vous presse,
Et ne vous piquez point d'une folle vitesse : (3
165 Un style si rapide, et qui court en rimant,
Marque moins trop d'esprit, que peu de jugement.
J'aime mieux un ruisseau qui, sur la molle arène,
Dans un pré plein de fleurs lentement se promène,
Qu'un torrent débordé qui, d'un cours orageux,
170 Roule, plein de gravier, sur un terrain fangeux.

1. Le *barbarisme* est l'emploi d'un mot, d'un tour ou d'un sens inusité dans la langue, et qui par conséquent lui est étranger : les Grecs et les Romains appelaient *Barbares*, c'est-à-dire, étrangers, les autres peuples.

2. Un vers *ampoulé* est un vers qui a la vaine enflure d'une *ampoule*: les *ampoules* sont, comme on sait, de petites enflures, pleines d'eau et d'air, qui viennent sur la peau. Et qu'est-ce qu'un *Solécisme*? c'est, à proprement parler, une faute contre les règles de la syntaxe.

Mais le mot de *solécisme* et celui de *barbarisme* doivent probablement s'entendre ici dans un sens beaucoup plus étendu : il est à croire que, par ces deux termes, le Poëte a voulu désigner toutes ces fautes contre le droit sens et la vérité, toutes ces figures forcées, extravagantes, que les esprits faux et bizarres prétendent faire accueillir et admirer comme autant d'expressions de génie.

3. Boileau n'a jamais manqué de mettre ce précepte en pratique. Il avait soin de choisir, pour travailler, le moment de l'inspiration, et il ne publiait ses ouvrages que long-temps après les avoir finis, parce qu'il tenait à les corriger et à les perfectionner à loisir. Lorsqu'on le pressait, au nom du public, d'en mettre quelqu'un au jour, « Le » public, disait-il, ne s'informera pas du temps que j'y aurai em- » ployé. »

Hâtez-vous lentement (1); et, sans perdre courage,
Vingt fois sur le métier remettez votre ouvrage :
Polissez-le sans cesse et le repolissez;
Ajoutez quelquefois, et souvent effacez. (2
175 C'est peu qu'en un ouvrage où les fautes fourmillent,
Des traits d'esprit semés de temps en temps petillent.
Il faut que chaque chose y soit mise en son lieu; (3
Que le début, la fin, répondent au milieu;
Que d'un art délicat les pièces assorties
180 N'y forment qu'un seul tout de diverses parties; (4
Que jamais du sujet le discours s'écartant
N'aille chercher trop loin quelque mot éclatant.

1. Maxime d'un grand sens, et qui était familière à plusieurs grands hommes, tels que l'empereur Auguste et l'empereur Titus : *festina lente*. La force du sens consiste dans le contraste des mots, qui est ce qu'on appelle un *paradoxisme*.

2. C'est ce que n'ont jamais manqué de faire les écrivains jaloux de leur gloire. Le célèbre Buffon pourrait être cité particulièrement pour exemple. Il employa souvent plusieurs heures pour ordonner et polir une période. « Il écrivait, dit Vicq-d'Azyr, il effaçait, il écrivait
» de nouveau, pour effacer encore : rassemblant, accordant avec le
» même soin, le même goût, le même art, toutes les parties de son
» discours; il le prononçait à diverses reprises, se corrigeant à chaque
» fois; et content enfin de ses efforts, il le déclamait de nouveau pour
» lui-même, pour son plaisir, et comme pour se dédommager de ses
» peines. »

3. C'est-à-dire, à la place qui lui convient relativement aux autres parties de l'ouvrage.

4. Oui, tout ouvrage d'esprit doit former un tout régulier, dont toutes les parties se tiennent et soient faites l'une pour l'autre : sans cet ensemble et cette unité, ce ne peut être que l'espèce de monstre dont parle Horace au commencement de son *Art poétique*.

XI. Craignez-vous pour vos vers la censure publique ?
Soyez-vous à vous-même un sévère critique :
185 L'ignorance toujours est prête à s'admirer. (1
    Faites-vous des amis prompts à vous censurer :
Qu'ils soient de vos écrits les confidens sincères,
Et de tous vos défauts les zélés adversaires :
Dépouillez devant eux l'arrogance d'auteur.
190 Mais sachez de l'ami discerner le flatteur :
Tel vous semble applaudir, qui vous raille et vous joue.(2
Aimez qu'on vous conseille, et non pas qu'on vous loue.
    Un flatteur aussitôt cherche à se récrier : (3
Chaque vers qu'il entend le fait extasier.
195 Tout est charmant, divin ; aucun mot ne le blesse ;
Il trépigne de joie, il pleure de tendresse ;
Il vous comble partout d'éloges fastueux.
La vérité n'a point cet air impétueux.
    Un sage ami, toujours rigoureux, inflexible,
200 Sur vos fautes jamais ne vous laisse paisible :
Il ne pardonne point les endroits négligés ;
Il renvoie en leur lieu les vers mal arrangés ; (1

    1. L'*ignorance* pour L'*ignorant* : *synecdoque* d'abstraction, et *synecdoque* personnificative.

    2. Cette même idée est exprimée plus au long dans la satire VII :

      A peine quelquefois je me force à les lire,
      Pour plaire à quelque ami que charme la satire,
      *Qui me flatte peut-être, et d'un air imposteur*
      *Rit tout haut de l'ouvrage, et tout bas de l'auteur.*

    3. Se *récrier* c'est faire une exclamation sur quelque chose qui surprend, et qui paraît extraordinaire, soit en bien, soit en mal. Il se dit donc en bonne et en mauvaise part.

    1. Les vers *mal arrangés*, c'est-à-dire, les vers qui ne sont pas

Il réprime des mots l'ambitieuse emphase ;
Ici le sens le choque, et plus loin c'est la phrase : (2
205 Votre construction semble un peu s'obscurcir :
Ce terme est équivoque ; il le faut éclaircir.
C'est ainsi que vous parle un ami véritable.
XII. Mais souvent sur ses vers un auteur intraitable
A les protéger tous se croit intéressé,
210 Et d'abord prend en main le droit de l'offensé. (3
De ce vers, direz-vous, l'expression est basse.
Ah ! monsieur, pour ce vers je vous demande grâce,
Répondra-t-il d'abord. — Ce mot me semble froid,
Je le retrancherais. — C'est le plus bel endroit ! —
215 Ce tour ne me plaît pas. —Tout le monde l'admire! (4
Ainsi toujours constant à ne se point dédire,
Qu'un mot dans son ouvrage ait paru vous blesser,
C'est un titre chez lui pour ne point l'effacer.
Cependant à l'entendre, il chérit la critique.
220 Vous avez sur ses vers un pouvoir despotique.

à leur rang, là où il faudrait qu'ils fussent, soit pour produire leur effet, soit pour être en rapport avec les autres.

2. Le *sens le choque*, parce qu'il est obscur, forcé, incomplet ; la *phrase*, parce qu'elle manque de noblesse, d'élégance, d'harmonie.

3. *Le droit de l'offensé*, c'est-à-dire d'un homme offensé : et ce droit, quel peut-il être ? celui de la défense. Faudrait-il, par hasard, entendre *le droit du vers offensé ?* Pourquoi, en ce cas, les *vers* n'ont-ils pas été auparavant personnifiés et représentés, par exemple, comme les *enfans* de leur auteur !

4. Mais ce qui est vraiment à *admirer*, c'est la précision et la rapidité de ce dialogue. Le Poëte étoit encore loin de connaître cet art quand il fit sa satire du repas : il n'avait point encore appris à s'affranchir de ces formules si languissantes: *dit l'un, répondit l'autre, reprend celui-ci, répartit celui-là*, etc.

Mais tout ce beau discours dont il vient vous flatter
N'est rien qu'un piége adroit pour vous les réciter. (1
Aussitôt il vous quitte, et content de sa muse, (2
S'en va chercher ailleurs quelque fat qu'il abuse.
225 Car souvent il en trouve : ainsi qu'en sots auteurs,
Notre siècle est fertile en sots admirateurs;
Et sans ceux que fournit la ville et la province,
Il en est chez le duc, il en est chez le prince. (3
L'ouvrage le plus plat, a chez les courtisans,
230 De tout temps rencontré de zélés partisans;
Et, pour finir enfin par un trait de satire,
Un sot trouve toujours un plus sot qui l'admire. (4

1. C'est Quinaut que le Poëte a ici en vue. Quinaut, s'étant réconcilié avec lui, l'allait voir quelquefois; mais ce n'était que pour lui montrer ses ouvrages. « Il n'a voulu, disait Boileau, se raccommoder » avec moi que pour me parler de ses vers, et il ne me parle jamais » des miens. »

2. Sa *Muse*, pour Son génie : *métonymie* de la cause supérieure et suprême pour la cause subordonnée. Cette métonymie, que nous avons reçue des Anciens, avec tant d'autres termes mythologiques, vient originairement de ce que leurs poëtes se plaçaient sous les auspices d'une *muse*. Mais *sa muse* peut encore signifier ici, *les fruits de sa muse*, ses vers, sa poésie, et alors, outre la première *métonymie*, il faut y en voir une seconde : une *métonymie* de la cause subordonnée pour l'effet de cette cause.

3. Le *duc*, le *prince*, pour Les ducs et les princes : le singulier pour le pluriel.

4. Plus haut c'est un *fat*, et ici c'est un *sot*; mais la *fatuité* et la *sottise* vont assez ensemble : la *fatuité* est la *sottise* jointe à un excès de bonne opinion de soi-même, et la *sottise* est le défaut d'esprit et de jugement. Le *fat* est le *sot* impertinent, le *sot* dont la sottise va non-seulement jusqu'à se croire de l'esprit et du jugement, c'est-à-dire, ce qui lui manque le plus, mais jusqu'à s'en croire plus ou du moins tout autant qu'à personne.

# SUPPLÉMENT
## AUX NOTES DU PREMIER CHANT.

## IMITATIONS.

1. Et consultez long-temps votre esprit et vos forces.
 *Sumite materiam vestris, qui scribitis, æquam*
 *Viribus, et versate diù quid ferre recusent,*
 *Quid valeant humeri.*
HORACE, Art poétique, vers 38.

2. Charbonner de ses vers les murs d'un cabaret.
 *Nigri fornicis ebrium poëtam*
 *Qui carbone rudi putrique cretâ*
 *Scribit carmina....*
MARTIAL, liv. 12, Epigr. 61.

3. Tout ce qu'on dit de trop est fade et rebutant,
 L'esprit rassasié le rejette à l'instant.
 *Omne supervacuum pleno de pectore manat.*
HOR., Art poét., vers 381.

4. Souvent la peur d'un mal nous conduit dans un pire.
 *In vitium ducit culpæ fuga, si caret arte.*
Id., v. 31.

5. J'évite d'être long, et je deviens obscur.
 *. . . . . . . . Brevis esse laboro,*
 *Obscurus fio.*
Id., v. 25 et 26.

6. L'autre a peur de ramper, il se perd dans la nue.
 *Aut dum vitat humum, nubes et inania captat.*
Id., v. 330.

7. Ce que l'on conçoit bien s'énonce clairement,
Et les mots pour le dire arrivent aisément.

> . . . . . . . *Cui lecta potenter erit res,*
> *Nec facundia deseret hunc, nec lucidus ordo.*
>
> Hor., *Art poét.*, v. 40.

*Verbaque provisam rem non invita sequentur.*

Et encore plus loin :

vers 311.

8. Vingt fois sur le métier remettez votre ouvrage :
Polissez-le sans cesse et le repolissez.

> . . . . . . . *Carmen reprehendite quod non*
> *Multa dies et multa litura coërcuit, atque*
> *Præsectum decies non castigavit ad unguem.*
>
> Id., v. 292.

9. Ajoutez quelquefois, et souvent effacez.

> *Sæpe stylum vertas, iterum, quæ digna legi sint,*
> *Scripturus.*
>
> Id., liv. 1, *Sat.* X, vers 72.

10. C'est peu qu'en un ouvrage où les fautes fourmillent,
Des traits d'esprit semés de temps en temps pétillent.

> *Inter quæ verbum emicuit si forte decorum, et*
> *Si versus paulò concinnior unus et alter,*
> *Injustè totum ducit venditque poëma.*
>
> Id., liv. 2, *Épít.* I, vers 73.

11. Que le début, la fin, répondent au milieu.

> *Primo ne medium, medio ne discrepet imum.*
>
> Id., *Art poét.*, v. 152.

12. Que d'un art délicat les pièces assorties
N'y forment qu'un seul tout de diverses parties.

> *Itenique sit quodvis simplex duntaxat et unum.*
>
> Id., vers 23.

13. Craignez-vous pour vos vers la censure publique ?
Soyez-vous à vous-même un sévère critique.

> *At qui legitimum cupiet fecisse poëma,*
> *Cum tabulis animum censoris sumet honesti.*
>
> Id., liv. 2, *Épít.* II, v. 109.

14. L'ignorance toujours est prête à s'admirer.

> *Ridentur mala qui componunt carmina : verùm*
> *Gaudent scribentes, et se venerantur, et ultrò,*
> *Si taceas, laudant, quidquid scripsére, beati.*
>
> Hor., liv. 2, *Épit. II*, v. 106.

15. Mais sachez de l'ami discerner le flatteur.

> *. . . . . . . . . . . Mirabor si sciet inter-*
> *noscere mendacem verumque beatus amicum.*
>
> Id., *Art poét.*, v. 424.

16. Tel vous semble applaudir, qui vous raille et vous joue.

> *. . . . . . . . . . . . . Si carmina condes,*
> *Nunquàm te fallant animi sub vulpe latentes.*
>
> Id., v. 436.

17. Un flatteur aussitôt cherche à se récrier :
Chaque vers qu'il entend le fait extasier.
Tout est charmant, divin : aucun mot ne le blesse ;
Il trépigne de joie, il pleure de tendresse.

> *. . . . . . Clamabit enim : Pulchrè ! benè ! rectè !*
> *Pallescet super his : etiam stillabit amicis*
> *Ex oculis rorem; saliet, tundet pede terram.*
>
> Id., v. 428.

18. Un sage ami, toujours rigoureux, inflexible,
Sur vos fautes jamais ne vous laisse paisible.
Il ne pardonne point les endroits négligés.
Il renvoie en leur lieu les vers mal arrangés.
Il réprime des mots l'ambitieuse emphase.
Ici le sens le choque, et plus loin c'est la phrase :
Votre construction semble un peu s'obscurcir :
Ce terme est équivoque, il le faut éclaircir.

> *Vir bonus et prudens versus reprehendet inertes,*
> *Culpabit duros, incomptis allinet atrum*
> *Transverso calamo signum, ambitiosa recidet*
> *Ornamenta, parùm claris lucem dare coget,*
> *Arguet ambiguè dictum, mutanda notabit.*
>
> Id., v. 445.

19. Cependant, à l'entendre, il chérit la critique.

> *Et verum, inquit, amo : verum mihi dicito de me.*
>
> Perse, *Sat.* 1, v. 55.

## OBSERVATIONS GÉNÉRALES.

« Le début du Poëme, dit M. de Saint-Surin, est ce
» qu'il y a de moins heureux dans ce premier Chant,
» si remarquable d'ailleurs, et par les transitions im-
» perceptibles, et par les images inattendues sous
» lesquelles se peignent les préceptes généraux les
» plus arides ».

On ne peut, en effet, contester à ce Chant le mérite qu'y reconnaît le commentateur. Il eût pu en signaler un autre qui n'est pas moins incontestable : c'est que la plupart des règles générales données pour la poésie n'appartiennent pas tellement à cet art, qu'on ne puisse les appliquer à tous les autres genres d'écrire. Il eût pu remarquer aussi comme deux morceaux intéressans et qui viennent fort à propos rompre la monotonie des leçons, cette petite digression sur le règne du burlesque à une certaine époque de la littérature, et cette courte histoire de la poésie française depuis Villon jusqu'à Malherbe.

Mais en quoi le *début* du Poëme est-il donc *peu heureux ?* Serait-ce parce que le Poëte entre tout de suite en matière, sans avoir, selon l'usage, exposé son sujet, et invoqué les muses ? L'exposition du sujet se trouve assez dans le titre, et on ne voit pas qu'il en fallût absolument une plus détaillée pour un poëme qui, bien que divisé en quatre chants, ne devait être que de onze cents vers, c'est-à-dire, n'avoir que l'étendue d'environ un chant et demi des *Géorgiques de Virgile.* Quant à l'invocation, le commentateur lui-même loue le Poëte de l'avoir négligée. Mais que dis-je? il le loue même d'ouvrir brusquement son poëme, surtout dès que c'est par le précepte le plus utile, celui de s'assurer, avant de s'ériger en poëte, si l'on est véritablement né pour la poésie, si l'on a reçu du ciel le génie poétique.

Je ne dis pas que le début n'eût pu être meilleur. Mais tous les défauts de ce Chant pussent-ils être là (1)! Et où sont-ils ces défauts? Non dans le style, car on peut le dire parfait, quoiqu'il y ait bien çà et

---

(1) Cependant, dans le début ponctué tel qu'il l'est dans toutes les anciennes éditions réputées les plus exactes, il y aurait un défaut assez grave. En effet, dans toutes ces éditions les deux premiers vers sont séparés des quatre autres ou par un double point ou par un point simple. Or, ces deux vers, d'après une telle ponctuation, forment un sens absolu et complet, un sens indépendant de la condition exprimée par les deux vers intermédiaires; et ce sens, loin d'être vrai, est évidemment faux, est même absurde : car la *témérité* peut-elle par elle-même empêcher d'*atteindre aux hauteurs du Parnasse*, et un auteur, par cela seul qu'il sera *téméraire*, n'aura-t-il plus de succès à attendre? N'y a-t-il pas d'heureuses témérités pour le génie comme pour le courage? Les deux vers intermédiaires doivent nécessairement se rattacher aux deux premiers, pour en justifier l'énoncé par la condition qu'ils expriment : ils ne doivent donc en être séparés que par une simple virgule, et c'est cette ponctuation que j'ai cru pouvoir me permettre de substituer à l'ancienne. Les deux points ont dû alors être transportés après les quatre premiers vers : là, ils sont à leur place. C'est ainsi, au reste, que ponctue Didot dans son édition de 1815.

là quelques vers qui ne sont pas tout-à-fait sans reproche. Où ils sont? dans la disposition, dans le plan. On peut, par exemple, y trouver déplacés les cinquante derniers vers, c'est-à-dire, tout le morceau sur la nécessité et les avantages d'une critique sévère et éclairée. Ce morceau, en effet, ne semble-t-il pas plutôt appartenir au chant des *Conseils aux poëtes*, qu'au chant des *Règles générales de la poésie*, et par conséquent, plutôt au *quatrième chant* qu'au *premier?* On pourrait en dire autant du petit morceau sur la nécessité de *travailler à loisir*, de se *hâter lentement*, et de corriger, de *polir sans cesse*. Il serait aisé de prouver que ce morceau fait une sorte de disparate entre ce qui le précède et ce qui le suit immétement, et qu'il n'y aurait qu'à le retrancher pour que ce qui le précède et ce qui le suit immédiatement se trouvassent parfaitement liés ensemble.

Mais si le premier Chant a des morceaux qui ne semblent pas lui appartenir, il en laisse désirer, qui, s'ils ne manquent pas au Poëme, eussent mieux convenu à cette partie-là qu'à toute autre. Telle est, par exemple, cette histoire de la poésie rejetée à la fin du quatrième Chant; et telle aussi peut-être l'histoire des *Pointes* rattachée, dans le second Chant, à la poétique de l'épigramme : elle eût dû, ce semble, être jointe à l'histoire du *burlesque*, qui en appelait aussi une de ce *précieux ridicule* dont Molière avait fait justice au théâtre, mais qu'il avait si peu réussi à détruire qu'on l'a toujours vu depuis, comme encore à présent,

présent, chercher à reparaître et à s'accréditer sous une forme ou sous l'autre.

Ce n'est pas tout : outre ces morceaux, il en manque au premier chant qu'on chercherait en vain ailleurs dans le Poëme. Par exemple, l'Auteur montre bien que, toujours dans les vers, la raison doit s'accorder avec la rime, et la rime être subordonnée à la raison ; mais la nécessité de la rime dans notre poésie, cette nécessité contestée, de son temps, par l'illustre auteur du *Télémaque*, comme elle l'a été depuis par d'autres écrivains plus ou moins marquans, n'eût-il pas dû l'établir contre un si étrange paradoxe, et l'établir avec toute la force de la vérité et de l'évidence ? Il retrace bien comment notre versification, d'abord informe et barbare, s'est insensiblement polie et perfectionnée comme la langue elle-même ; mais a-t-il seulement essayé de caractériser le génie de cette versification, et d'indiquer, au moins en général, à quelles sortes de peintures peuvent être respectivement propres nos différentes espèces de vers ? L'harmonie est d'une importance trop reconnue pour qu'il oubliât tout-à-fait d'en parler ; mais en a-t-il dit tout ce qu'il eût pu en dire ? a-t-il même fait sentir combien elle est puissante et sur l'oreille et sur l'esprit ; combien le style, surtout en poésie, a besoin de ses charmes, pour l'effet qu'il est destiné à produire (1) ?

(1) On peut être fâché qu'il ait laissé à Pope tout l'honneur d'une

Enfin, oserai-je le dire? le premier Chant eût été, selon moi, encore mieux conçu, mieux ordonné, mieux rempli, s'il était l'heureux et juste développement de cette espèce d'argument : *Excellence de la Poésie : son origine et sa première destination. — Histoire de la Poésie chez les Anciens. — Son histoire chez les Modernes, et surtout chez nous, en France. — Les divers genres de poésie. — Règles d'invention et de disposition communes à tous ces genres. — Les vers et la rime. — Le style et ses qualités. — L'harmonie dans le style. — Le mauvais style, le Burlesque, le Précieux, etc. — Le bon goût.*

leçon qui ne convenait pas moins à l'*Art poétique français* qu'à l'*Essai sur la critique*. C'est celle qu'a si heureusement rendue ainsi dans notre langue le célèbre traducteur qui a mérité parmi nous le nom de *Virgile français* :

> Peins-moi légèrement l'amant léger de Flore ;
> Qu'un doux ruisseau murmure en vers plus doux encore.
> Entend-on de la mer les ondes bouillonner ?
> Le vers, comme un torrent, en roulant doit tonner.
> Qu'Ajax soulève un roc et le lance avec peine ;
> Chaque syllabe est lourde, et chaque mot se traîne.
> Mais vois d'un pas léger Camille effleurer l'eau :
> Le vers vole, et la suit aussi prompt que l'oiseau.

# CHANT SECOND.

## LES PETITS GENRES DE POÉSIE.

## ARGUMENT.

I. *L'Idylle*, ou, si l'on veut, *l'Églogue* : espèce de poëme qui roule sur la vie pastorale, et où des bergers figurent ordinairement comme acteurs. La simplicité, la naïveté, la douceur doivent en former le caractère : *Théocrite* et *Virgile*, les modèles du genre.

II. *L'Élégie* : toute consacrée aux pleurs et aux gémissemens tendres ou tristes ; elle doit soupirer en quelque sorte ses vers, et ne faire entendre que les accens du cœur : premiers modèles à suivre, *Tibulle* et *Ovide*.

III. *L'Ode* : plus élevée et plus audacieuse que *l'Élégie*, elle célèbre les dieux et les héros ; elle chante aussi quelquefois les festins, les danses et les jeux. Du feu, de l'enthousiasme, un style impétueux et hardi, voilà ce qu'elle demande.

IV. *Le Sonnet* : quatorze vers, dont les huit premiers se divisent en deux quatrains sur deux rimes, et les six derniers en deux tercets partagés par le sens ; tel est ce petit poëme, qui ne souffre rien de faible, ni le retour d'un mot déjà employé, et dont la perfection est d'une difficulté presque désespérante.

V. *L'Épigramme*: plus libre et plus bornée que le Sonnet, elle n'est souvent qu'un bon mot rimé : c'est là que les pointes, qui avaient, dans un temps, envahi toute la littérature, et que la raison parvint enfin à chasser, peuvent encore paraître, pourvu qu'elles ne roulent pas sur les mots, mais sur la pensée.

VI. *Le Rondeau, la Ballade et le Madrigal*: le Rondeau, distingué par la naïveté; la Ballade, par le caprice des rimes : le Madrigal, par la douceur, la tendresse et un ton plus noble.

VII. *La Satire*: poëme où, pour venger les mœurs ou la raison, et non pas pour médire, on fait la guerre aux vices ou à la sottise. Distingués parmi les Romains, comme satiriques, Lucile, Horace, Perse et Juvénal; parmi nous, Regnier, qui malheureusement ne respecte pas toujours assez la pudeur.

VIII. *Le Vaudeville*: espèce de chanson gaie et maligne, formée d'un trait de la Satire, et qui, bien que faite pour courir la ville, ne doit pas être sans art ni sans raison.

## CHANT SECOND.

1. Telle qu'une bergère, au plus beau jour de fête,
De superbes rubis ne charge point sa tête, (1
Et, sans mêler à l'or l'éclat des diamans, (2
Cueille en un champ voisin ses plus beaux ornemens ;
5 Telle, aimable en son air, mais humble dans son style, (3
Doit éclater sans pompe une élégante Idylle. (4
Son tour simple et naïf n'a rien de fastueux,
Et n'aime point l'orgueil d'un vers présomptueux.
Il faut que sa douceur flatte, chatouille, éveille,
10 Et jamais de grands mots n'épouvante l'oreille.

1. *Rubis*, pierre précieuse, transparente, et d'un rouge plus ou moins vif.

2. *Diamant*, la plus brillante et la plus dure de toutes les pierres précieuses.

3. Par style *humble*, il ne faut pas entendre un style bas et rampant, mais un style peu élevé, modeste, sans prétention.

4. L'*Idylle*, espèce de petit poëme qui tient de la nature de l'*Églogue*, mais qui en diffère à certains égards, quoiqu'on les confonde ordinairement l'un avec l'autre, comme le fait ici Boileau.

*Idylle*, du grec εἰδύλλιον, diminutif d'εἶδος, image, représentation, parce que le propre de l'*idylle* est de peindre des objets champêtres.

*Églogue*, du grec ἐκλογή, qui signifie choix en général, pièce choisie, mais que, d'après les Latins, nous avons restreint aux poésies pastorales : l'*Églogue* contient le récit de quelque événement champêtre ou un entretien de bergers.

Mais souvent dans ce style un rimeur aux abois
Jette là, de dépit, la flûte et le hautbois; (1
Et, follement pompeux, dans sa verve indiscrète,
Au milieu d'une Églogue entonne la trompette. (2
15 De peur de l'écouter Pan fuit dans les roseaux; (3
Et les Nymphes, d'effroi, se cachent sous les eaux. (4
 Au contraire, cet autre, abject en son langage,
Fait parler ses bergers comme on parle au village.
Ses vers plats et grossiers, dépouillés d'agrément,
20 Toujours baisent la terre, et rampent tristement :
On dirait que Ronsard, sur ses pipeaux rustiques, (5
Vient encor fredonner ses idylles gothiques,
Et changer, sans respect de l'oreille et du son,
Lycidas en Pierrot, et Philis en Toinon. (6

 1. Deux instrumens de musique à vent, dont les bergers eux-mêmes font usage.

 2. La *Trompette* étant d'un grand usage à la guerre, on la suppose dans les mains du poëte qui chante les héros, et on en fait particulièrement le symbole de la poésie épique. *Entonner* ou *emboucher la trompette en jetant la flûte et le hautbois*, c'est laisser le ton simple pour prendre le ton sublime, héroïque : *allégorie* fondée sur une *métonymie* du signe.

 3. *Pan*, dieu des bergers, qu'on représente ordinairement avec une houlette et une flûte à sept tuyaux.

 4. Les *Nymphes*, certaines divinités fabuleuses qui, selon les poëtes, habitaient les bois, les montagnes, les prairies, les fleuves ou les fontaines.

 5. *Pipeau*, pour flûte champêtre, pour chalumeau, ne se dit plus guère, même en poésie, dit le Dictionnaire de l'Académie. Cependant on le trouve dans Delille, poëme de l'*Imagination*, chant VII.

 6. Ronsard emploie dans ses églogues les noms de Pierrot, de Jeannot, de Jeannette, de Marion, et autres semblables : il appelle Henri II

25   Entre ces deux excès la route est difficile.
   Suivez, pour la trouver, Théocrite et Virgile : (1
   Que leurs tendres écrits, par les Grâces dictés,
   Ne quittent point vos mains, jour et nuit feuilletés.
   Seuls, dans leurs doctes vers, ils pourront vous apprendre
30 Par quel art sans bassesse un auteur peut descendre ; (2
   Chanter Flore, les champs, Pomone, les vergers ; (3
   Au combat de la flûte animer deux bergers ;
   Des plaisirs de l'amour vanter la douce amorce ;
   Changer Narcisse en fleur, couvrir Daphné d'écorce ; (4
35 Et par quel art encor l'Églogue quelquefois

*Henriot,* Charles IX *Carlin,* etc. Mais il suivait en cela l'exemple de Marot, le premier de nos poëtes qui ait fait des églogues ; et ces noms d'ailleurs n'étaient point alors aussi peu en honneur qu'ils le sont à présent.

1. *Théocrite,* poëte grec, né à Syracuse, ou dans l'île de Cô, vivait environ trois siècles avant Jésus-Christ : il a servi de modèle à Virgile dans le genre pastoral.

Virgile, né, l'an 70 avant Jésus-Christ, dans le village d'Andès auprès de Mantoue, et mort à Brindes en Calabre, à l'âge de cinquante-un ans : le prince des poëtes latins, et supérieur à Théocrite lui-même dans le genre où il l'avait pris pour modèle.

2. *Descendre* à ce style *humble* et doux de l'Églogue.

3. *Flore,* la déesse des fleurs, et *Pomone,* la déesse des fruits : deux déesses bien chères aux bergers, et bien dignes de leurs *chants.*

4. C'est-à-dire, *Chanter Narcisse changé en fleur, et Daphné changée en écorce :* double *métalepse,* et non pas double *métaphore,* comme le dit Le Brun : mais, comme il le dit, vers pleins d'élégance et de grâce.

On sait que *Narcisse,* cet amant de lui-même, fut métamorphosé en la fleur qui porte son nom, et que *Daphné,* poursuivie par Apollon, fut métamorphosée en laurier.

Rend dignes d'un consul la campagne et les bois. (1
Telle est de ce poëme et la force et la grâce.

II. D'un ton un peu plus haut, mais pourtant sans audace,
La plaintive Élégie (2), en longs habits de deuil,
40 Sait, les cheveux épars, gémir sur un cercueil.
Elle peint des amans la joie et la tristesse;
Flatte, menace, irrite, apaise une maîtresse.
Mais, pour bien exprimer ces caprices heureux,
C'est peu d'être poëte, il faut être amoureux.
45 Je hais ces vains auteurs dont la muse forcée
M'entretient de ses feux, toujours froide et glacée;
Qui s'affligent par art, et, sous de sens rassis, (3
S'érigent, pour rimer, en amoureux transis. (4
Leurs transports les plus doux ne sont que phrases vaines:
50 Ils ne savent jamais que se charger de chaînes,

---

1. « Si nous chantons les bois, dit Virgile, Eglogue IV, que nos chants les rendent dignes d'un consul : »

*Si canimus sylvas, sylvæ sint consule dignæ.*

Mais comment l'*Eglogue* peut-elle *rendre les bois dignes d'un consul ?* En prenant un ton plus élevé qu'à l'ordinaire.

2. *Élégie*, du grec ἔλεγος, dérivé, dit-on, de ἔ (*hélas*), signe de douleur, et de λέγειν, dire : originairement l'*Élégie* était destinée aux gémissemens et aux larmes : c'est encore la douleur ou la tendresse qui en fait le principal caractère.

3. C'est-à-dire, avec calme, sans trouble, sans émotion : *rassis*, participe de *rasseoir*.

4. « On appelle par plaisanterie *amoureux transi*, dit le Diction-
» naire de l'Académie, un amant que l'excès de sa passion rend trem-
» blant et interdit auprès de sa maîtresse. » *Transi*, signifie au propre, pénétré et engourdi de froid.

Que bénir leur martyre, adorer leur prison, (1
Et faire quereller les sens et la raison : (2
Ce n'était pas jadis sur ce ton ridicule
Qu'Amour dictait les vers que soupirait Tibulle, (3
55 Ou que, du tendre Ovide animant les doux sons, (4
Il donnait de son art les charmantes leçons. (5
Il faut que le cœur seul parle dans l'Élégie.

III. L'Ode (6), avec plus d'éclat, et non moins d'énergie, (7

---

1. C'est-à-dire, leur esclavage.

2. Selon Brossette, cette critique regarde particulièrement Voiture, qui, dans son sonnet d'*Uranie*, a dit :

Je *bénis mon martyre*, et content de mourir.....

3. Ce n'est qu'en poésie et qu'au figuré, comme ici, que *soupirer* peut être employé activement, et il signifie, énoncer, exprimer d'un ton plaintif et touchant, tel que des soupirs.

*Tibulle*, poëte latin, né l'an 43 avant Jésus-Christ, mort l'an 17 de l'ère chrétienne : le modèle des poëtes élégiaques.

4. *Ovide*, né à Sulmone, l'an 43 avant Jésus-Christ, et mort en exil, sur les bords du Pont-Euxin, à l'âge de cinquante-sept ans : poëte ingénieux et fécond, de l'imagination la plus brillante, mais qui n'est pas toujours réglée par le goût. Outre ses célèbres *Métamorphoses*, et son poëme des *Fastes*, il a fait un grand nombre d'élégies et l'*Art d'aimer*.

5. *De son art*, c'est-à-dire, de l'*art d'aimer :* ce poëme, beaucoup trop propre à gâter le cœur de la jeunesse, fut, sinon le vrai motif, du moins le prétexte du bannissement de l'auteur par Auguste.

6. *Ode*, en grec ᾠδή, veut dire chant, chanson, cantique : ce petit poëme a été ainsi appelé, parce que chez les Anciens il se chantait sur la lyre. Le Poëte, qui a déjà si heureusement personnifié l'Idylle et l'Élégie, ne pouvait guère manquer de personnifier l'Ode.

7. L'*Ode* doit avoir plus d'éclat que l'*Élégie*, point de doute ; mais ne doit-elle pas avoir aussi plus d'énergie ? Cependant *non moins*

Élevant jusqu'au ciel son vol ambitieux,
60 Entretient dans ses vers commerce avec les dieux.
Aux athlètes dans Pise elle ouvre la barrière, (1
Chante un vainqueur poudreux au bout de la carrière, (2
Mène Achille sanglant aux bords du Simoïs, (3
Ou fait fléchir l'Escaut sous le joug de Louis. (4
65 Tantôt, comme une abeille ardente à son ouvrage,
Elle s'en va de fleurs dépouiller le rivage: (5
Elle peint les festins, les danses et les ris; (6
Vante un baiser cueilli sur les lèvres d'Iris,

donne à entendre qu'elle doit seulement en avoir autant. Pourquoi ne pas avoir dit :

L'Ode avec plus d'éclat, avec plus d'énergie ?

1. *Pise* en Élide était le lieu de la Grèce où se célébraient les jeux olympiques.

2. C'est ce qu'elle fait dans le célèbre Pindare, le prince des poëtes lyriques. Pindare, né à Thèbes en Béotie, a tellement excellé dans l'Ode héroïque, qu'on l'appelle de son nom *Ode pindarique*. Alexandre avait tant de vénération pour la mémoire de ce grand poëte, que, lors du sac de Thèbes, il ordonna de respecter et sa maison et sa famille.

3. Le *Simoïs*, fleuve de la Troade, qui avait sa source au mont Ida, et se jetait dans le Xanthe. On sait que les bords de ce fleuve furent le théâtre des fureurs et des exploits d'Achille.

4. L'Escaut, fleuve du nord de la France, où il prend sa source, va passer dans les Pays-Bas, à Tournai, à Gand, à Anvers.

5. Delille aurait-il voulu imiter ce vers, en disant des abeilles dans son admirable traduction des Géorgiques :

L'une s'en va des fleurs dépouiller le calice.

6. C'était tout-à-l'heure l'Ode *pindarique*: c'est maintenant l'Ode dans le genre gracieux, l'Ode *anacréontique*, ainsi appelée d'*Anacréon*, poëte grec, qui vivait environ 530 avant J. C.

Qui mollement résiste, et, par un doux caprice,
70 Quelquefois le refuse, afin qu'on le ravisse. (1
Son style impétueux souvent marche au hasard :
Chez elle un beau désordre est un effet de l'art. (2
Loin ces rimeurs craintifs, dont l'esprit flegmatique
Garde dans ses fureurs un ordre didactique ;
75 Qui, chantant d'un héros les progrès éclatans, (3
Maigres historiens, suivront l'ordre des temps.
Ils n'osent un moment perdre un sujet de vue :
Pour prendre Dôle, il faut que Lille soit rendue ; (4
Et que leur vers exact, ainsi que Mézeray, (5
80 Ait fait déjà tomber les remparts de Courtray. (6
Apollon de son feu leur fut toujours avare. (7

IV. On dit, à ce propos, qu'un jour ce dieu bizarre,

1. On en voit l'exemple dans Horace, Ode 12 du livre II.

2. On pense bien que ce *beau désordre* ne peut être qu'un *désordre apparent.*

3. *Progrès*, pour exploits, comme dans ce vers de la *Henriade*, chant Ier, au sujet de Henri III :

Dont l'Europe en tremblant admirait les progrès.

4. *Dôle*, ville du département du Jura, l'un des trois de la Franche-Comté : *Lille*, capitale de toute l'ancienne Flandre française, et à présent chef-lieu du département du Nord.

5. *Mézeray*, célèbre historien, auteur d'une histoire de France assez estimée : mort en 1683, membre de l'Académie française, et successeur de Conrart dans la place de secrétaire perpétuel de cette Académie.

6. *Courtray*, ville des Pays-Bas, sur la Lys.

7. Pour dire qu'ils ne furent jamais animés du feu poétique : *Allégorisme mythologique*, ou *allégorisme* et *mythologisme* tout ensemble ; double figure d'expression.

Voulant pousser à bout tous les rimeurs françois,
Inventa du Sonnet les rigoureuses lois; (1
85 Voulut qu'en deux quatrains de mesure pareille (2
La rime avec deux sons frappât huit fois l'oreille;
Et qu'ensuite six vers artistement rangés
Fussent en deux tercets par le sens partagés. (3
Surtout de ce poëme il bannit la licence :
90 Lui-même en mesura le nombre et la cadence;
Défendit qu'un vers faible y pût jamais entrer,
Ni qu'un mot déjà mis osât s'y remontrer. (4

1. Quelques auteurs prétendent que ce n'est point en France qu'est né le Sonnet, mais en Italie, ou même en Sicile, et que ce fut le célèbre Pétrarque qui nous l'apporta en France lorsqu'il vint, dans le quatorzième siècle, y résider avec la cour de Rome. Mais d'autres soutiennent que Pétrarque et les autres Italiens qui avaient fait des Sonnets avant les Français, en avaient emprunté l'usage des anciens poëtes provençaux connus sous les noms de *Trouvères, Chanterres, Jongleurs*, etc.; et c'est ce que semble mettre hors de doute le président Fauchet dans son Recueil de *l'origine de la poésie française*.

2. Ces deux *quatrains* ne roulent donc que sur deux rimes différentes, l'une masculine, et l'autre féminine.

3. Le *tercet* est un couplet de trois vers, comme le *quatrain* en est un de quatre.

4. C'est-à-dire, aucun mot du genre de ceux qui expriment par eux-mêmes des idées d'objets, et que, par cette raison, on peut regarder comme mots du premier ordre, tels que le nom, l'adjectif, le verbe et le participe : car pour les mots du second ordre, tels que les pronoms, les prépositions, les adverbes, les conjonctions et les interjections, le moyen de faire seulement deux ou trois vers sans en répéter jamais aucun? On peut observer que ce n'est pas *ni*, mais *et*, qu'il fallait au commencement du vers, puisque la phrase n'est pas négative, et qu'on ne met pas *ne* après *défendit*.

Du reste il l'enrichit d'une beauté suprême :
Un sonnet sans défaut vaut seul un long poëme. (1
95 Mais en vain mille auteurs y pensent arriver ;
Et cet heureux phénix est encore à trouver. (2
A peine dans Gombaut, Mainard et Malleville, (3
En peut-on admirer deux ou trois entre mille :
Le reste, aussi peu lu que ceux de Pelletier, (4
100 N'a fait de chez Sercy qu'un saut chez l'épicier. (5
Pour enfermer son sens dans la borne prescrite,
La mesure est toujours trop longue ou trop petite.
 V. L'Épigramme, plus libre en son tour plus borné,
N'est souvent qu'un bon mot de deux rimes orné. (6

---

1. « Cela est un peu fort, dit Laharpe, et c'est pousser un peu loin
» le respect pour le Sonnet. »

2. Le Phénix est un oiseau fabuleux que quelques auteurs ont dit
être unique en son genre, et renaître de sa cendre. Au figuré, on appelle *Phénix* ce qu'on veut dire supérieur, parfait, et unique en son genre.

3. Trois poëtes qui furent très-distingués dans leur temps, et qui furent des premiers membres de l'Académie française : *Gombaut*, né vers 1576, à Saint-Just-de-Lussac, en Saintonge ; *Mainard*, en 1582, à Toulouse ; et *Malleville*, en 1597, à Paris.

4. Pierre Le Pelletier, qui avait quitté la profession d'avocat pour celle de poëte, faisait sa principale occupation de composer des Sonnets pour tout le monde. Savait-il qu'on imprimait un livre, il allait aussitôt porter un Sonnet à l'auteur pour en avoir un exemplaire. Il avait eu la simplicité de prendre pour un éloge ce vers de Boileau contre lui dans la seconde satire :
 J'envie en écrivant le sort de Pelletier.
Mort, en 1680, à Paris où il était né.

5. Sercy, libraire du palais de justice.

6. *Épigramme*, en grec ἐπίγραμμα, formé d'ἐπί, sur, et

105 Jadis de nos auteurs les pointes ignorées (1
Furent de l'Italie en nos vers attirées.
Le vulgaire, ébloui de leur faux agrément,
A ce nouvel appât courut avidement :
La faveur du public excitant leur audace, (2
110 Leur nombre impétueux inonda le Parnasse :
Le Madrigal d'abord en fut enveloppé ; (3
Le Sonnet orgueilleux lui-même en fut frappé ;
La Tragédie en fit ses plus chères délices ; (4
L'Élégie en orna ses douloureux caprices ;
115 Un héros sur la scène eut soin de s'en parer,
Et sans pointe un amant n'osa plus soupirer ; (5

de γράφω, j'écris, signifie la même chose qu'*inscription*. Les *épigrammes* n'étaient guère en effet chez les Grecs que des inscriptions pour les tombeaux, les statues, les monumens.

1. La *pointe* est une pensée qui surprend par quelque subtilité, par quelque jeu de mots : on appelle *pointe d'épigramme*, la fin d'une épigramme terminée par quelque pensée fine et piquante. Mais cette sorte de pointe n'est pas la même que celle dont il s'agit ici, et qu'on appelle *concetti*.

2. *Leur audace*, l'audace des pointes, qui se trouvent personnifiées par ce mot.

3. L'abbé Batteux a fait la remarque, que Boileau, dans les douze vers qui suivent, exprime dix fois la même chose avec des verbes différens. Il n'exprime pas dix fois la même chose ; mais il fait une sorte d'énumération de tous les genres envahis par les pointes : il eût pu, à la rigueur, se borner à dire qu'elles avaient envahi tous les genres, et la prose aussi-bien que les vers.

4. C'est la *Sylvie* de Mairet que l'Auteur a ici particulièrement en vue. Mairet, né à Besançon en 1604, n'avait que dix-sept ans quand il donna cette pièce, qui eut un grand succès.

5. Ces deux derniers vers ne sont guère que la répétition, qu'une sorte de commentaire des deux précédens.

On vit tous les bergers, dans leurs plaintes nouvelles,
Fidèles à la pointe encor plus qu'à leurs belles;
Chaque mot eut toujours deux visages divers : (1
120 La prose la reçut aussi-bien que les vers;
L'avocat au palais en hérissa son style,
Et le docteur en chaire en sema l'évangile. (2
　　La Raison outragée enfin ouvrit les yeux,
La chassa pour jamais des discours sérieux;
125 Et, dans tous ces écrits la déclarant infâme, (3
Par grâce lui laissa l'entrée en l'Épigramme,
Pourvu que sa finesse, éclatant à propos,
Roulât sur la pensée, et non pas sur les mots.
Ainsi de toutes parts les désordres cessèrent.
130 Toutefois à la cour les Turlupins restèrent, (4

1. *Deux visages*, pour Deux sens divers. Mais, au fond, point de vrai sens, et celui-là passait pour parler le mieux, qu'on entendait le moins.

2. Le *petit père André*, augustin réformé, né, à Paris, d'une bonne famille dont le nom était *Boulanger*. Il compara, dit-on, dans un de ses sermons, les quatre docteurs de l'église latine, aux quatre rois du jeu de cartes: saint Augustin était, selon lui, le roi de cœur, par sa grande charité; saint Ambroise, le roi de trèfle, par les fleurs de son éloquence; saint Jérôme, le roi de pique, par son style mordant; et saint Grégoire, le roi de carreau, par son peu d'élévation. Mais il n'en produisait pas moins d'effet sur l'esprit du peuple; et l'on rapporte que Bourdaloue dit, un jour qu'on le tournait en ridicule en sa présence : « Ne vous moquez pas tant de lui, messieurs : on va rendre » à ses sermons les bourses que l'on vole aux miens. » Mort en 1675, à l'âge d'environ quatre-vingts ans.

3. *Dans tous ces écrits*, c'est-à-dire, dans les *discours sérieux*.

4. Les *Turlupins* : c'est ainsi qu'on appelle les faiseurs de quolibets ou de méchantes pointes. C'était originairement le nom que pre-

Insipides plaisans, bouffons infortunés,
D'un jeu de mots grossier partisans surannés. (1
Ce n'est pas quelquefois qu'une muse un peu fine
Sur un mot, en passant, ne joue et ne badine,
135 Et d'un sens détourné n'abuse avec succès :
Mais fuyez sur ce point un ridicule excès;
Et n'allez pas toujours d'une pointe frivole
Aiguiser par la queue une Épigramme folle. (2

 VI. Tout poëme est brillant de sa propre beauté : (3
140 Le Rondeau, né gaulois, a la naïveté;
La Ballade, asservie à ses vieilles maximes,
Souvent doit tout son lustre au caprice des rimes;
Le Madrigal, plus simple, et plus noble en son tour,
Respire la douceur, la tendresse et l'amour. (4

nait dans la farce un célèbre comédien de la troupe de l'hôtel de Bourgogne, qui monta sur le théâtre vers 1583, et mourut en 1634. Les Turlupinades étaient encore en vogue à la cour lorsque Molière vengea enfin la raison et le goût par son ingénieuse et piquante *Critique de l'École des femmes*, jouée en 1663.

 1. *Suranné :* au propre, Qui a plus d'un an de date, et au figuré, comme ici, Qui est déjà vieux.

 2. *La queue d'une épigramme* en est la fin, la dernière phrase : c'est l'*aiguiser*, que de la *tourner en pointe*.

 3. C'est-à-dire, de la beauté qui est propre à son genre.

 4. Le Poëte se borne à un mot sur chacun de tous ces petits poëmes, et ce n'est guère que pour en indiquer le caractère : il eût été probablement aussi court sur l'*Épigramme*, s'il n'eût voulu parler des pointes et en faire l'histoire. Ces petits poëmes ne méritaient guère en effet plus d'importance, et ils ont tous, sauf l'*Épigramme* et le *Madrigal*, cessé d'être en usage, tout ainsi que le *Sonnet* lui-même, qui d'ailleurs est bien déchu du haut rang où il était du temps de Boileau.

## CHANT SECOND.

145　VII. L'ardeur de se montrer, et non pas de médire,
　　Arma la Vérité du vers de la Satire. (1
　　Lucile le premier osa la faire voir; (2
　　Aux vices des Romains présenta le miroir;
　　Vengea l'humble Vertu, de la Richesse altière,
150　Et l'honnête homme à pied, du faquin en litière.
　　Horace à cette aigreur mêla son enjoûment : (3

1. La *Satire* lançant des traits, il était naturel de faire une *arme* de son vers : un jeune poëte satirique mort à la fleur de son âge, l'infortuné Gilbert, en a fait un fouet :

　　Je veux, de vos pareils ennemi sans retour,
　　*Fouetter* d'un vers sanglant ces grands hommes d'un jour.

La *Satire* est ainsi appelée, selon quelques-uns, du nom d'une espèce de poëme grec mordant, en forme de pastorale, dont les principaux personnages étaient des *Satyres*. Mais il est bien aussi probable que son nom vient du latin *satura*, qui veut dire *un mélange de divers mets;* elle était en effet dans le principe une sorte de *pot-pourri*, comme le dit Regnier dans ces deux vers de sa première satire :

　　Et comme un *pot-pourri* des frères mendians,
　　Elle forme son goût de cent ingrédiens.

2. *Lucile* (C. Lucilius), grand-oncle maternel de Pompée, avait eu pour prédécesseurs dans le genre de la Satire *Ennius* et *Pacuvius;* mais, comme ce fut lui qui donna à ce poëme la forme qu'il a eue depuis, on l'en a regardé comme l'inventeur. Né à Suessa, dans le Latium, vers l'an 149 avant Jésus-Christ, et mort à Naples à l'âge d'environ cinquante ans.

3. *Horace*, l'un des plus célèbres poëtes latins, né à Vénoza, dans la Pouille, l'an 66 avant Jésus-Christ : contemporain et ami de Virgile et de Varius, qui le mirent en faveur auprès de Mécène et d'Auguste, et furent ainsi les premiers artisans de sa fortune. Horace est tout-à-la-fois le poëte de la raison et du goût : On aime, dit Voltaire,

　　A lire ses écrits pleins de grâce et de sens,
　　Comme on boit d'un vin vieux qui rajeunit les sens.

On ne fut plus ni fat, ni sot impunément;
Et malheur à tout nom qui, propre à la censure,
Put entrer dans un vers sans rompre la mesure.

155 Perse, en ses vers obscurs, mais serrés et pressans,
Affecta d'enfermer moins de mots que de sens. (1
Juvénal, élevé dans les cris de l'école,
Poussa jusqu'à l'excès sa mordante hyperbole. (2
Ses ouvrages, tout pleins d'affreuses vérités,
160 Étincellent pourtant de sublimes beautés :
Soit que sur un écrit arrivé de Caprée, (3
Il brise de Séjan la statue adorée; (4

1. *Perse* (Aulus-Persius Flaccus), né l'an 34 de l'ère chrétienne, et, à ce qu'on croit, à Volterre, ville de la Toscane, mourut à l'âge de vingt-huit ans, laissant six satires que lui avait inspirées sa haine du vice. Comblé des dons de la fortune, et allié à des personnes du premier rang, ce n'est pas lui qui, comme Horace, eût pu dire ce que Voltaire a traduit par ce vers :

L'indigence est le dieu qui m'inspira des vers.

2. *Juvénal*, poëte latin, dont on ne connaît bien ni la naissance ni la famille, mourut vers l'an 128 de Jésus-Christ, âgé de plus de quatre-vingts ans, après avoir vécu sous douze empereurs. Le caractère de son style est la véhémence, et l'on voit assez que le dépit est, comme il le dit lui-même, le dieu qui l'inspire. C'est parce qu'il avait commencé à Rome par le genre de ces essais d'éloquence connus sous le nom de *déclamations*, que Boileau le dit *élevé dans les cris de l'école*.

3. Ile escarpée de la Méditerranée, dans le royaume de Naples, vis-à-vis de Sorrento : elle a deux lieues de long sur trois quarts de large. C'est là que s'était retiré le tyran Tibère.

4. Qu'*il brise*, par *Métalepse*, pour Qu'*il fasse briser* par le peuple, ou pour Qu'*il représente*, qu'il peigne le peuple brisant : c'est ce qu'il fait dans sa dixième satire. *Séjan*, ministre et favori de Tibère, avait fini par indisposer contre lui son maître, dont il ambitionnait le

Soit qu'il fasse au conseil courir les sénateurs, (1
D'un tyran soupçonneux pâles adulateurs ; (2
Ou que, poussant à bout la luxure latine,
Aux portefaix de Rome il vende Messaline. (3
Ses écrits pleins de feu partout brillent aux yeux.

De ces maîtres savans disciple ingénieux,
Regnier, seul parmi nous formé sur leurs modèles, (4
Dans son vieux style encore a des grâces nouvelles. (5

trône : ce fut assez d'une lettre du tyran au Sénat, pour le faire condamner à mort.

1. C'est dans la satire IV. Et pourquoi ces *pâles adulateurs* sont-ils convoqués extraordinairement ? pourquoi accourent-ils avec tant d'empressement et d'ardeur ? C'est pour délibérer sur la sauce d'un turbot énorme. Oui, tel est le grave, l'important sujet que leur propose ce *tyran soupçonneux*, Domitien, le dernier des douze empereurs qu'on appelle *Césars*.

2. Le Brun observe avec raison que l'épithète de *pâles*, rapprochée de celle de *soupçonneux*, rend ce vers d'une beauté effrayante : « Ce » n'est qu'en tremblant, dit-il, que la plus grande adulation ose en-» censer Trajan : » il a sans doute voulu dire *Domitien*.

3. *Il vende Messaline,* pour, Il représente Messaline se vendant : autre *Métalepse*. Cette infâme Messaline était l'impératrice même, la femme du lâche et imbécile Claude. C'est dans la satire VI que Juvénal la *vend*.

4. *Regnier*, né à Chartres en 1573, était neveu du poëte Desportes, et jouit, comme son oncle, de plusieurs bénéfices ecclésiastiques, sans que cependant il paraisse qu'il ait été prêtre. Au surplus, il fit très-peu d'honneur à l'Église par sa conduite ; et sa mort prématurée, qui eut lieu en 1613, à Rouen, ne fut, dit-on, qu'une suite de ses débauches.

5. « Et ce qui était vrai alors, dit Laharpe, n'a pas cessé de l'être » aujourd'hui. Despréaux l'a bien surpassé, mais il ne l'a pas fait » oublier. »

L'Auteur, dans son Épître X, montre encore assez le cas qu'il

Heureux, si ses discours, craints du chaste lecteur,
Ne se sentaient des lieux où fréquentait l'auteur; (1
Et si du son hardi de ses rimes cyniques
Il n'alarmait souvent les oreilles pudiques! (2
175    Le latin, dans les mots brave l'honnêteté :
Mais le lecteur français veut être respecté; (3
Du moindre sens impur la liberté l'outrage,
Si la pudeur des mots n'en adoucit l'image.
Je veux dans la satire un esprit de candeur,
180 Et fuis un effronté qui prêche la pudeur.
    VIII. D'un trait de ce poëme, en bons mots si fertile,
Le Français, né malin, forma le Vaudeville; (4

faisait, au moins à certains égards, du premier de nos satiriques :

> J'allai d'un pas hardi, par moi-même guidé,
> Et de mon seul génie en marchant secondé,
> Studieux amateur et de Perse et d'Horace,
> *Assez près de Regnier m'asseoir sur le Parnasse.*

1. Le Poëte eût pu mettre, *que fréquentait l'auteur;* mais *fréquenter* peut aussi s'employer au neutre, pour signifier, *faire de fréquentes visites.* Il est vrai que, dans ce dernier sens, il est un peu familier.

2. « Ce qu'on peut dire pour diminuer sa faute, dit l'abbé Batteux,
» c'est que, ne travaillant que d'après les satiriques latins, il croyait
» pouvoir les suivre en tout, et s'imaginait que la licence des expres-
» sions était un assaisonnement dont leur genre ne pouvait se passer. »

3. Notre langue est peut-être même à cet égard plus scrupuleuse que jamais, et tels mots n'étaient pas réputés malhonnêtes, du temps de Molière ou même de Boileau, qui aujourd'hui ne seraient soufferts ni en bonne compagnie ni sur le théâtre. C'est l'effet naturel des progrès de l'esprit de société parmi nous.

4. *Vaudeville*, anciennement *Vau-de-vire*, du nom de la vallée de *Vire*, en Normandie, où furent composées des chansons gaies

Agréable indiscret, qui, conduit par le chant,
Passe de bouche en bouche, et s'accroît en marchant. (1
5 La liberté française en ses vers se déploie :
Cet enfant de plaisir veut naître dans la joie. (2
Toutefois n'allez pas, goguenard dangereux,
Faire Dieu le sujet d'un badinage affreux :
A la fin tous ces jeux que l'athéisme élève,
10 Conduisent tristement le plaisant à la Grève. (3
Il faut, même en chansons, du bon sens et de l'art :
Mais pourtant on a vu le vin et le hasard
Inspirer quelquefois une muse grossière,
Et fournir, sans génie, un couplet à Linière. (4

et malignes qui eurent beaucoup de vogue, il y a quelques siècles.

On attribue communément l'invention du *Vaudeville* à un nommé Olivier Basselin, né dans le *Val-de-vire*, vers le milieu du quinzième siècle. Quelques-uns prétendent que le mot *Vaudeville* vient de *Voix-de-ville*, nom fort antérieur à Basselin, et par lequel on désignait les chansons terminées par un trait piquant et satirique.

1. *Et s'accroît en marchant*, parce qu'il arrive assez souvent qu'on y ajoute de nouveaux couplets. Il est en cela comme la renommée, dont on dit, *crescit eundo*.

2. *Enfant de plaisir* signifie, Enfant qui aime le plaisir, et ce n'est pas ce que le Poëte veut dire : il fallait qu'il mît, *Enfant du plaisir*.

3. La *Grève* est une des places publiques de Paris où se font communément les exécutions juridiques. Le Poëte fait allusion au supplice d'un malheureux jeune homme nommé Petit, qui, convaincu d'avoir fait certaines chansons impies et libertines qui couraient dans Paris, fut, malgré les sollicitations que firent en sa faveur de puissans personnages, condamné à être pendu et brûlé en place de Grève. « Ce » poëte, très-bien fait de sa personne, était, dit Saint-Marc, très-en » état de se faire un grand nom, par un meilleur usage de ses talens. »

4. *Linière* est ce *poëte idiot de Senlis* dont parle la Satire VII.

195 Mais pour un vain bonheur qui vous a fait rimer,
Gardez qu'un sot orgueil ne vous vienne enfumer.
Souvent l'auteur altier de quelque chansonnette,
Au même instant prend droit de se croire poëte :
Il ne dormira plus qu'il n'ait fait un sonnet;
200 Il met tous les matins six impromptus au net. (1
Encore est-ce un miracle, en ses vagues furies,
Si bientôt imprimant ses sottes rêveries,
Il ne se fait graver au-devant du recueil,
Couronné de lauriers par la main de Nanteuil. (2

Il prenait lui-même le titre de *Poëte de Senlis;* mais bien entendu qu'il n'y ajoutait pas l'épithète d'*idiot,* que, suivant Brossette, lui méritait son air seul. Un autre titre qu'il ne se donnait sûrement pas lui-même, mais qu'on lui donnait généralement, et qu'il ne justifia que trop toute sa vie, c'est celui d'*Athée de Senlis.* Mort en 1704, à l'âge de soixante-seize ans.

1. L'*impromptu* est ce qui se fait sur-le-champ. Il se dit d'une épigramme, d'un madrigal, ou d'une autre petite poésie faite sans préméditation. Mais des *impromptus* que l'on *met au net tous les matins* sont sans doute des *impromptus faits à loisir,* et qui par conséquent n'ont d'*impromptu* que le nom.

2. Robert Nanteuil, fameux graveur, qui excellait dans le genre du portrait, et n'était pas d'ailleurs étranger aux lettres ni même à la poésie. Né à Reims en 1630, mort en 1678.

Boileau voulait terminer ce Chant par ces deux vers :

Et dans l'Académie, orné d'un nouveau lustre,
Il formera bientôt un quarantième illustre.

« Mais, dit Brossette, il les supprima pour ne pas déplaire à Messieurs de l'Académie française. »

# SUPPLÉMENT
## AUX NOTES DU SECOND CHANT.

## IMITATIONS.

1. Que leurs tendres écrits par les Grâces dictés,
   Ne quittent point vos mains, jour et nuit feuilletés.
   . . . . . . . . . *Vos exemplaria græca*
   *Nocturnâ versate manu, versate diurnâ.*

   Horace, *Art poétique*, vers 268.

2. Et par quel art encor l'Eglogue quelquefois
   Rend dignes d'un consul la campagne et les bois.
   *Si canimus sylvas, sylvæ sint consule dignæ.*

   Virgile, *Églogue IV*, v. 3.

3. Ce n'était pas jadis sur ce ton ridicule
   Qu'Amour dictait les vers que soupirait Tibulle.
   . . . . . . . *Absentes alios suspirat amores.*

   Tibulle, liv. 1er, *Élég. VII*, v. 41.

   Et liv. 4, *Élég. V*, v. 11 :
   *Quòd si fortè alios jam nunc suspirat amores.*

4. Vante un baiser cueilli sur les lèvres d'Iris,
   Qui mollement résiste, et par un doux caprice,
   Quelquefois le refuse afin qu'on le ravisse.

   *Dum fragrantia detorquet ad oscula*
   *Cervicem ; aut facili sævitiâ negat*
   *Quæ poscente magis gaudeat eripi.*

   Hor., liv. 2, *Ode XII*, v. 25.

5. Lucile le premier osa la faire voir.
. . . . . . . . . . . . . . . . *Est Lucilius ausus*
*Primus in hunc operis componere carmina morem.*
Hor., liv. 2, *Sat. I*, v. 62.

6. Soit que sur un écrit arrivé de Caprée,
Il brise de Séjan la statue adorée.
. . . . . . . *Verbosa et grandis epistola venit*
*A Capreis.*
Juvénal, *Sat. X*, vers 71-72.

Et dans la même pièce, v. 62.
*Ardet adoratum populo caput, et crepat ingens*
*Sejanus.*

7. Soit qu'il fasse au conseil courir les sénateurs,
D'un tyran soupçonneux pâles adulateurs.
. . . . . . . . . . . . . . . *Vocantur*
*Ergò in concilium proceres, quos oderat ille,*
*In quorum facie magnæ miseræque sedebat*
*Pallor amicitiæ.*
Juv., *Sat. IV*, v. 72.

## OBSERVATIONS GÉNÉRALES.

Ce chant est celui de tous qui embrasse le plus d'objets divers ; et il est à remarquer, à admirer, non-seulement avec quelle facilité l'Auteur y passe de l'un à l'autre, mais avec quelle habileté il sait toujours varier son style, l'abaisser, l'élever, l'égayer, le *rembrunir* tour à tour, enfin, le conformer à chaque genre de composition. C'est bien ici surtout qu'il donne tout-à-la-fois le précepte et l'exemple, la règle et le modèle.

Mais ce chant, si varié et si plein, quoique si court, est-il pourtant complet? Parmi tous ces petits genres de poésie, n'en est-il pas un, et des plus essentiels, comme des plus connus, dont on remarque aussitôt l'absence? Comment Boileau a-t-il pu, dans un tel ouvrage, ne pas seulement nommer l'*Apologue* (1), si illustré par Lafontaine, qui lui doit à son tour une si glorieuse célébrité? Il serait pénible de penser que c'est, comme on le croit assez communément, pour ne pas louer le poëte devenu le modèle éternel, inimitable du genre, et ne pas s'exposer par là à déplaire au monarque prévenu ou aigri contre le *bon homme*.

Ne reprochons point à l'Auteur l'oubli du *Conte* (2), que cependant on lui saurait gré de ne pas avoir passé sous silence, et qui eût pu venir fort à propos à la suite de l'*Apologue*. Mais l'*Épître*, qui paraît bien aussi importante que l'*Idylle* ou que l'*Églogue*, l'*Épître*, dans laquelle il s'est exercé lui-même d'après Horace, et même avec plus de succès que dans la *Satire*, ne mé-

---

(1) L'*Apologue*, que l'on appelle communément du nom de *fable*, est un récit allégorique qui a pour but d'instruire et de corriger les hommes : d'ἀπὸ, de, et de λέγω, parler, raconter.

Dans l'*Apologue* on fait agir et parler tantôt les dieux, tantôt les hommes, mais le plus souvent les animaux, ou même les êtres inanimés : ce sont donc là les personnages, les acteurs de ce petit poëme.

(2) Le *Conte* est le récit de quelque aventure, le plus ordinairement fabuleuse et plaisante, fait dans l'unique vue d'amuser ou d'intéresser. On n'y fait agir et parler que des êtres raisonnables, mais on peut y faire usage du merveilleux de l'Épopée.

4

ritait-elle pas une place à côté de ce dernier genre ?

Toutefois sacrifions ici, à son exemple, les genres dont il n'a rien dit, et ne parlons que de ceux dont il a parlé lui-même. Il n'y a point à redire à l'ordre où se trouvent présentées l'*Idylle*, l'*Élégie*, l'*Ode* et la *Satire*: elles ont bien, l'une à l'égard de l'autre, à-peu-près le rang que leur assignent et leur nature et leur importance respective. Mais le *Sonnet* devait-il venir après l'*Ode*, comme s'il était à un degré au-dessus ? Et l'*Épigramme*, le *Rondeau*, la *Ballade* et le *Madrigal*, à quel titre se trouvent-ils entre l'*orgueilleux Sonnet* et la grave et austère *Satire ?* Ce n'est sûrement pas à cause de l'importance que leur reconnaît le Poëte; car il se borne à un mot sur chacun, et ne fait guère, pour ainsi dire, que les mentionner.

Et eût-il entièrement sacrifié la *Ballade*, le *Rondeau*, et même le *Sonnet* avec les beaux vers techniques qui le concernent, on l'en absoudrait sans peine, aujourd'hui surtout que ces trois petits genres sont tout-à-fait passés de mode, et que le *phénix* même des Sonnets n'exciterait qu'un intérêt médiocre. Mais, d'un autre côté, on pourrait désirer qu'il se fût un peu plus étendu sur la *Satire*, dont il n'a guère fait que tracer l'histoire, et dont il ne donne pas à beaucoup près la poétique et les règles. Et ne pourrait-on pas désirer aussi qu'il eût fait pour l'*Ode* ce qu'il a fait pour l'*Idylle* et pour l'*Élégie*, c'est-à-dire, que, à la poétique du genre, il en eût joint l'histoire ? N'est-il pas même étonnant qu'au sujet de l'*Ode*, il n'ait pas nommé expressément les premiers maîtres du genre, *Pindare* parmi les Grecs, *Horace* parmi les Romains, et *Malherbe* parmi nous : je dis *Malherbe*, et *Malherbe* seul, car *Rousseau* le lyrique n'avoit point encore paru.

Le Poëte indique bien les premiers maîtres de *l'Élégie* et de l'*Idylle;* et s'il s'est borné aux anciens, c'est qu'il n'en a point vu parmi nous d'assez dignes : mais il ne dit rien de la forme de ces poëmes ; il ne fait pas connaître quelle espèce de vers ils demandent ; et a-t-il même bien déterminé le genre de l'*Élégie?* Il semblerait, d'après lui, qu'elle roule essentiellement et uniquement sur l'amour. Cependant n'y a-t-il pas des *Élégies*, même fort belles, auxquelles cette passion est tout-à-fait étrangère ? Nous en avons, même en français, une que l'on cite ordinairement, et à juste titre, pour modèle : c'est celle où Lafontaine, s'adressant aux nymphes de Vaux, déplore en vers si touchans la célèbre disgrâce du surintendant des finances Foucquet.

Quelques-unes de ces observations pourront paraître un peu sévères ; mais ce n'est sûrement pas celle qui a pour objet l'oubli de l'*Apologue* et de *Lafontaine.* Cet oubli a été généralement reproché à l'Auteur ; et l'un de nos poëtes les plus brillans, Delille, a entrepris, sinon précisément de le *réparer*, du moins de le *venger*, dans son poëme de l'*Imagination*. On ne sera pas fâché de voir ici ce morceau. Le poëte, après avoir parlé de la Comédie et de la Tragédie, continue ainsi:

Des genres plus bornés savent encor nous plaire.
Du Parnasse français législateur sévère,
Boileau les peignit tous : épigramme, sonnet,
Madrigal, vaudeville, et jusqu'au triolet. (1
Sa muse cependant, je l'avoue avec peine,
Oublia l'Apologue, oublia Lafontaine. (2
La mienne, en le blâmant, contrainte à l'admirer,
Peut venger son oubli, mais non le réparer.
L'imagination, dans cet auteur qu'elle aime,
Du modeste Apologue a fait un vrai poëme :
Il a son action, son nœud, son dénoûment.
Chez lui l'utilité s'unit à l'agrément :
Le vrai nous blesse moins en passant par sa bouche :
Il ménage l'orgueil qu'un reproche effarouche ;
Sous l'attrait du plaisir il cache la leçon,
Et par d'heureux détours nous mène à la raison.
Cet art ingénieux, que la crainte a fait naître,
Qu'inventa le sujet pour conseiller son maître,
Par Ésope l'esclave, et Phèdre l'affranchi, (3
A Rome et chez les Grecs fut sans faste enrichi.

(1) Il n'a pas *peint* le Triolet ; il s'est borné à le nommer une fois en passant, et c'est dans ces vers du premier Chant :

Marot bientôt après fit fleurir les Ballades,
Tourna des *Triolets*, rima des Mascarades.

(2) Jean de Lafontaine, né à Château-Thierry, le 8 juillet 1621, un an avant Molière : mort à Paris, en 1695.

(3) *É*sope, né en Phrygie, dans l'Asie-Mineure, environ six cents ans avant l'ère chrétienne, fut esclave de deux philosophes : d'abord de

Il reçut le bon sens, l'élégante justesse;
Mais, né dans l'esclavage, il en eut la tristesse.
Lafontaine y jeta sa naïve gaîté.
Quel instinct enchanteur! quelle simplicité!
Il ignore son art; et c'est son art suprême;
Il séduit d'autant plus qu'il est séduit lui-même.
Le chien, le bœuf, le cerf sont vraiment ses amis;
A leur grave conseil par lui je suis admis.
Louis, qui n'écoutait, du sein de la victoire,
Que des chants de triomphe et des hymnes de gloire,
Dont peut-être l'orgueil goûtait peu la leçon
Que reçoit dans ses vers l'orgueil du roi lion,
Dédaigna Lafontaine, et crut son art frivole. (1
Chantre aimable! ta muse aisément s'en console.
Louis ne te fit point un luxe de sa cour; (2
Mais le sage t'accueille en son humble séjour;

Xanthus, et puis d'Idmon, qui l'affranchit. Le plus ancien auteur d'apologues après Hésiode, qui en fut l'inventeur. Il a écrit en grec, mais en prose seulement, et son style n'est pas moins dénué du charme du sentiment que de celui de la poésie.

*Phèdre*, natif de Thrace et affranchi d'Auguste, eut à vivre sous Tibère, et fut persécuté par ce lâche et indigne tyran, qui croyait voir sa satire dans les éloges que le poëte fait de la vertu. Nous n'avons rien dans toute l'antiquité de plus accompli dans le genre simple, que les fables de Phèdre, écrites en vers iambes, et auxquelles il a donné lui-même le nom de *Fables Esopiennes*, parce qu'il avait pris Esope pour modèle.

(1) On ne se rappelle point sans peine que Louis XIV ne fit pas tomber ses bienfaits sur Lafontaine, comme sur les autres génies qui illustrèrent son règne.

(2) Qu'est-ce que *faire à quelqu'un un luxe de sa cour?* Cette expression n'est ni claire ni naturelle: est-elle donc bien fran-

Mais il te fait son maître en tous lieux, à tout âge,
Son compagnon des champs, de ville, de voyage ;
Mais le cœur te choisit ; mais tu reçus de nous,
Au lieu du nom de *Grand*, un nom cent fois plus doux ;
Et qui voit ton portrait, le quittant avec peine,
Se dit avec plaisir : « C'est le bon Lafontaine. »
Et dans sa bonhomie et sa simplicité,
Que de grâce ! et souvent combien de majesté !
S'il peint les animaux, leurs mœurs, leur république,
Pline est moins éloquent, Buffon moins magnifique :
L'épopée elle-même a des accens moins fiers. (1

çaise ? On soupçonnerait qu'il y a là quelque faute d'impression, et que l'Auteur avait dit : *Ne l'admit point au luxe de sa cour.*

(1) « Ce morceau, dit M. de Saint-Surin, offre des traits bien saisis ;
» mais l'exagération des deux derniers vers produit son effet ordinaire :
» elle affaiblit l'impression que le Poète s'efforce de causer. »

# CHANT TROISIÈME.

LES GRANDS GENRES DE POÉSIE.

## ARGUMENT.

### LA TRAGÉDIE.

I. *Mettre sous nos yeux, et faire agir et parler de hauts personnages en butte à de grands malheurs, ou dominés par de grandes passions; et, par ces feintes images, exciter en nous une aimable terreur ou de douces larmes : tel le but, l'objet de la Tragédie.*

II. *Premières règles:* Exposition *du sujet, qui fasse connaître au plutôt le lieu de la scène, et les noms des principaux personnages ; une* action *simple et une, qui s'accomplisse en un seul lieu, en un seul jour, et qui d'ailleurs n'offre rien d'absurde ni d'incroyable.*

III. *La Tragédie, née chez les Grecs, des fêtes de Bacchus; ébauchée par Thespis; dégrossie par Eschyle ; et enfin perfectionnée par Sophocle ; restée assez faible chez les Romains ; venue chez nous assez tard, à la suite de ces étranges représentations où, par une piété si mal entendue, on jouait les anges, les prophètes, les saints, et Dieu lui-même.*

IV. *Que l'amour, devenu la passion dominante de la tragédie, y reste, si l'on veut, mais noble, mais décent, mais combattu de remords, mais vrai, et non tel que dans les romans. Aux personnages historiques leur caractère connu; aux personnages de pure invention un caractère convenable, qui leur soit propre, et toujours le même; à chaque siècle, à chaque pays, son costume et ses mœurs; enfin, à chaque passion, son langage.*

V. *L'art du théâtre, chez nous, un art difficile, et où l'on ne réussit guère qu'autant qu'on va, pour ainsi dire, de merveille en merveille; que l'on surprend à tout moment par des traits nouveaux; et que l'on captive ou que l'on charme toujours de plus en plus l'oreille, l'esprit et le cœur.*

## L'ÉPOPÉE.

VI. *Le Poëme Épique*, vaste récit d'une longue action, *et récit que soutiennent, alimentent la fiction et la Fable.*

VII. *Les augustes mystères de la foi chrétienne ne pouvant et ne devant, malgré l'exemple du Tasse, se prêter aux fictions poétiques; et les figures de la Fable, toujours propres, quoi qu'on en dise, à orner des peintures profanes et riantes.*

VIII. *Combien la Fable favorable à la poésie par les noms mêmes de ses héros! Que tout, dans le héros, et jusqu'à son nom, intéresse; que tout en*

## CHANT TROISIÈME.

lui, et jusqu'à ses défauts, se montre héroïque; que, d'ailleurs, riche et fécond, le sujet soit simple et peu chargé d'incidens.

IX. *Narrations vives et pressées; descriptions pompeuses et magnifiques, mais sans détails inutiles et puérils; début simple et moins éclatant que tout ce qui doit suivre, le poëte devant donner beaucoup plus qu'il n'a semblé promettre, et toujours plus intéresser, à mesure qu'il avance: figures sans nombre, et partout riantes images.*

X. *Homère, le grand maître dans l'art de plaire et d'enchanter; Homère, le grand modèle à suivre: un poëme excellent, ouvrage qu'il n'est point donné au premier venu de produire; mais combien qui, n'ayant qu'un fol orgueil pour génie, se croient bien plus faits que Virgile et qu'Homère lui-même, pour emboucher la trompette héroïque!*

### LA COMÉDIE.

XI. *La Comédie née dans Athènes: nommant d'abord les personnes, et les immolant sans ménagement à la risée publique; rendue ensuite plus sage par ordre des magistrats; et enfin réduite à reprendre et à faire rire, sans marquer les noms et les visages.*

XII. *Le poëte comique, nécessairement tenu d'étudier la nature, et de bien connaître les principaux caractères des trois âges de l'homme ( la jeunesse, l'âge mûr et la vieillesse ), que l'on traduit ordinai-*

rement sur la scène ; non moins tenu d'étudier la cour, et de connaître la ville, à l'exemple de Molière, en cela le premier des maîtres et des modèles.

XIII. *La Comédie*, ennemie des larmes, mais non moins ennemie d'un badinage bas et grossier : une action bien conduite et non compliquée ; des scènes pleines et liées l'une à l'autre ; un style simple et uni, mais non sans noblesse, et qui même quelquefois, au besoin, s'élève à une certaine hauteur ; enfin, partout la nature, et dans l'action, et dans les mœurs, et dans le langage.

# CHANT TROISIÈME.

1. **I**L n'est point de serpent, ni de monstre odieux,
Qui, par l'art imité, ne puisse plaire aux yeux :
D'un pinceau délicat l'artifice agréable
Du plus affreux objet fait un objet aimable.
5 Ainsi, pour nous charmer, la Tragédie en pleurs, (1
D'Œdipe tout sanglant fit parler les douleurs, (2
D'Oreste parricide exprima les alarmes, (3

1. La *Tragédie* est l'imitation en vers d'une action grave, héroïque, capable d'exciter la terreur et la pitié. Ce mot, formé de τράγος, bouc, et d'ᾠδή, chant, signifie à la lettre, *Chant du bouc* : le prix de la *Tragédie*, chez les Grecs, fut d'abord un bouc ou un chevreau.

2. *Œdipe*, fils de Laïus, roi de Thèbes, et de Jocaste, fille de Créon, devenu sans le savoir le meurtrier de son père et l'époux de sa mère, n'eut pas plutôt reconnu son parricide et son inceste involontaire, qu'il s'en punit lui-même en s'arrachant les yeux : alors chassé de Thèbes par ses fils Étéocle et Polynice, il arriva, conduit par Antigone sa fille, auprès de Colonne en Attique, dans un bois consacré aux Euménides, et ce fut là qu'une mort toute miraculeuse termina sa destinée déplorable. *Œdipe à Colonne*, tel est le sujet de l'une des sept Tragédies qui nous restent de Sophocle, célèbre poëte grec, né vers l'an 495 avant Jésus-Christ, et qui fut surnommé *l'abeille* et *la syrène attique*. C'est à cette tragédie que fait allusion le vers de Boileau.

3. *Oreste*, fils d'Agamemnon et de Clytemnestre, n'avait point ignoré que son père, au retour de Troie, avait été assassiné par sa mère et l'usurpateur Égisthe. Devenu grand, il voulut le venger, en immolant de sa propre main les deux coupables, et dès ce moment il se vit comme en proie aux furies, qui ne cessaient de le poursuivre et de le

Et, pour nous divertir, nous arracha des larmes. (1
　Vous donc qui, d'un beau feu pour le théâtre épris, (
10 Venez en vers pompeux y disputer le prix,
Voulez-vous sur la scène étaler des ouvrages (3
Où tout Paris en foule apporte ses suffrages,
Et qui, toujours plus beaux, plus ils sont regardés,
Soient au bout de vingt ans encor redemandés ?
15 Que dans tous vos discours la passion émue
Aille chercher le cœur, l'échauffe et le remue.
Si d'un beau mouvement l'agréable fureur
Souvent ne nous remplit d'une douce terreur,

tourmenter. C'est dans cet horrible état qu'il a été représenté sur l[a]
scène grecque par Euripide, contemporain de Sophocle, et son dign[e]
rival, qu'on a appelé le *Racine des Grecs*, comme Sophocle en
été appelé le *Corneille*.

1. Dès qu'il y a au commencement de cette période, *pour nou[s]
charmer*, fallait-il encore ici, *pour nous divertir*, qui ne dit qu[e]
la même chose ?

2. *Théâtre*, en grec θέατρον, de θεάομαι, regarder, veu[t]
dire Un lieu d'où l'on regarde un spectacle : c'est, d'après l'acceptio[n]
commune, un lieu où l'on représente des spectacles dramatiques, et
se dit en général de toute l'étendue du lieu destiné tant pour repré[-]
senter que pour voir le spectacle ; il se dit en particulier du lieu
la scène, de l'estrade où les acteurs, vus de tous les points de l'e[n-]
ceinte, exécutent les représentations théâtrales.

3. La *Scène* est la partie du théâtre où les acteurs représentent d[e-]
vant le public. Ce mot vient de σκηνή, qui, chez les Grecs, signifi[e]
proprement une *tente*, une *cabane*, ou un *berceau de feuillage*
et comme c'est dans ces sortes de lieux que se représentaient les pr[e-]
mières comédies, on en a appliqué le nom au lieu même où s'exécute[nt]
encore ces représentations, ainsi qu'au lieu où l'on suppose que s'[est]
passée l'action qui en fait le sujet.

Ou n'excite en notre âme une pitié charmante, (1
20 En vain vous étalez une scène savante :
Vos froids raisonnemens ne feront qu'attiédir
Un spectateur toujours paresseux d'applaudir,
Et qui, des vains efforts de votre rhétorique
Justement fatigué, s'endort, ou vous critique. (2
25 Le secret est d'abord de plaire et de toucher :
Inventez des ressorts qui puissent m'attacher.

II. Que dès les premiers vers l'action préparée
Sans peine du sujet aplanisse l'entrée.
Je me ris d'un acteur qui, lent à s'exprimer,
30 De ce qu'il veut, d'abord, ne sait pas m'informer ;
Et qui, débrouillant mal une pénible intrigue,
D'un divertissement me fait une fatigue. (3

1. *Agréable* fureur, *douce* terreur, pitié *charmante* : « Ces
» trois épithètes, dit Laharpe, ne sont pas accumulées sans dessein :
» elles indiquent assez clairement que la *terreur* et la *pitié* doivent
» avoir leur *douceur* et leur *charme*, et que, quand nous nous
» rassemblons au théâtre, les impressions mêmes qui nous font le plus
» de mal doivent pourtant nous faire plaisir, parce que sans cela il
» n'y aurait aucune différence entre la réalité et l'illusion. »

2. « Boileau ne se cachait point, dit Saint-Marc, d'avoir, dans ces
» quatre vers, attaqué directement le grand Corneille, qui, dans la
» tragédie d'*Othon*, introduit sur la scène trois ministres d'État,
» auxquels il prête beaucoup de raisonnemens politiques. Cette pièce,
» l'un des derniers ouvrages de son auteur, ne laisse pas d'être rem-
» plie de grandes beautés ; mais tout s'y dit pour l'esprit, et rien ou
» du moins presque rien pour le cœur. »

3. Brossette et Saint-Marc prétendent que ceci regarde le commencement de la tragédie de *Cinna* :

Impatiens désirs d'une illustre vengeance,
Dont la mort de mon père a formé la naissance,

5

J'aimerais mieux encor qu'il déclinât son nom, (1
Et dît : Je suis Oreste, ou bien Agamemnon,
35 Que d'aller, par un tas de confuses merveilles,
Sans rien dire à l'esprit, étourdir les oreilles :
Le sujet n'est jamais assez tôt expliqué.
 Que le lieu de la scène y soit fixe et marqué. (2
Un rimeur, sans péril, delà les Pyrénées,
40 Sur la scène en un jour renferme des années :
Là, souvent le héros d'un spectacle grossier,
Enfant au premier acte, est barbon au dernier. (3
Mais nous, que la raison à ses règles engage,
Nous voulons qu'avec art l'action se ménage;
45 Qu'en un lieu, qu'en un jour, un seul fait accompli
Tienne jusqu'à la fin le théâtre rempli. (4

>Enfans impétueux de mon ressentiment,
>Que ma douleur séduite embrasse aveuglément,
>Vous prenez sur mon âme un trop puissant empire....

et ils veulent que ce soit là ce que l'Auteur appelle quelques vers plus bas, *Un tas de confuses merveilles.* D'autres pensent qu'il faut en faire bien plutôt l'application à la tragédie d'*Héraclius*, dont l'intrigue est compliquée jusqu'à l'obscurité. Toujours est-il certain qu'il s'agit de quelque pièce de Corneille.

1. C'est-à-dire, *Qu'il dît son nom* : on en voit des exemples dans Euripide.

2. *Le lieu de la scène*, c'est-à-dire, le lieu où se passe l'action.

3. Lope de Véga, poëte espagnol qui a composé un grand nombre de comédies, représente dans une de ses pièces l'histoire de *Valentin* et d'*Orson*, qui naissent au premier acte, et sont fort âgés au dernier. Mais il est juste d'observer que ce poëte n'ignorait pourtant pas les règles du théâtre, et que, s'il les négligea, ce ne fut que pour s'accommoder au goût de la multitude. Né en 1562, mort en 1635.

4. Voilà dans ces deux vers la règle des trois unités exprimée avec

Jamais au spectateur n'offrez rien d'incroyable :
Le vrai peut quelquefois n'être pas vraisemblable.
Une merveille absurde est pour moi sans appas :
50 L'esprit n'est point ému de ce qu'il ne croit pas.
Ce qu'on ne doit point voir, qu'un récit nous l'expose :
Les yeux en le voyant saisiraient mieux la chose ;
Mais il est des objets que l'art judicieux
Doit offrir à l'oreille, et reculer des yeux. (1

55 Que le trouble, toujours croissant de scène en scène,
A son comble arrivé se débrouille sans peine. (2
L'esprit ne se sent point plus vivement frappé
Que lorsqu'en un sujet d'intrigue enveloppé
D'un secret tout-à-coup la vérité connue
60 Change tout, donne à tout une face imprévue. (3

III. La Tragédie, informe et grossière en naissant,
N'était qu'un simple chœur (4), où chacun en dansant,
Et du dieu des raisins entonnant les louanges,
S'efforçait d'attirer de fertiles vendanges.

une concision et une clarté admirables : unité d'action, unité de lieu, et unité de temps. Et ce n'est pas tout : vous y voyez encore que l'action doit être complète, et que la scène ne doit jamais rester vide.

1. Par exemple, tout ce qui ne pourrait qu'exciter l'horreur, comme Médée égorgeant ses enfans, ou l'abominable Atrée faisant cuire des entrailles humaines.

2. *Sans peine*, c'est-à-dire, par un dénoûment vraisemblable et naturel : *Trouble*, là pour l'incertitude qui résulte de l'intrigue.

3. C'est ce qu'on appelle *reconnaissance, coup-de-théâtre*, ou encore *péripétie*. Cependant *péripétie* se dit principalement du dernier changement qui fait le dénoûment de la pièce.

4. Le mot *Chœur* signifie ici une troupe de personnes réunies pour chanter ensemble.

5.

5 Là, le vin et la joie éveillant les esprits,
Du plus habile chantre un bouc était le prix. (1

Thespis fut le premier qui, barbouillé de lie, (2
Promena par les bourgs cette heureuse folie; (3
Et, d'acteurs mal ornés chargeant un tombereau, (4
10 Amusa les passans d'un spectacle nouveau.

Eschyle dans le chœur jeta les personnages, (5
D'un masque plus honnête habilla les visages, (6
Sur les ais d'un théâtre en public exhaussé

---

1. La Tragédie doit son origine aux fêtes de Bacchus, où l'on immolait un bouc pour victime : ce sacrifice était l'expiation du dégât que cet animal fait dans les vignes en broutant les bourgeons.

2. *Thespis*, dont les pièces ne sont pas parvenues jusqu'à nous, vivait vers l'an 536 avant Jésus-Christ.

3. Par les bourgs de l'Attique, dont la capitale était la célèbre Athènes.

4. *Mal ornés*, et sans doute, comme lui, *barbouillés de lie*, afin d'être plus semblables aux Satyres, que la Fable fait enfans ou du moins suivans de Bacchus. Mais ces acteurs n'étaient encore, à ce qu'il paraît, que de simples narrateurs, qui interrompaient de temps en temps le chœur par des récits, sans dialogue entre eux, et sans qu'ils fissent ce qu'on appelle un *personnage*.

5. *Eschyle* fut donc l'inventeur de la scène dialoguée, et c'est pourquoi on le regarde comme le véritable créateur du poëme dramatique. Né à Éleusis en Attique, vers l'an 525 avant Jésus-Christ, il finit ses jours en Sicile, où le chagrin d'avoir été vaincu vers la fin de sa carrière par le jeune Sophocle, lui avait fait chercher une retraite auprès du roi Hiéron, ami et protecteur des lettres. Il ne nous reste de lui que sept tragédies.

6. Les anciens acteurs se servaient de masques pour les représentations théâtrales, et ils en avaient pour les différens genres dramatiques, ainsi que pour les différens personnages.

Fit paraître l'acteur d'un brodequin chaussé. (1
75 Sophocle enfin, donnant l'essor à son génie,
Accrut encor la pompe, augmenta l'harmonie,
Intéressa le chœur dans toute l'action,
Des vers trop raboteux polit l'expression,
Lui donna chez les Grecs cette hauteur divine
80 Où jamais n'atteignit la faiblesse latine. (2
Chez nos dévots aïeux le théâtre abhorré
Fut long-temps dans la France un plaisir ignoré.
De pèlerins, dit-on, une troupe grossière (3

1. Le *Brodequin* est une sorte de chaussure antique qui couvre le pied et une partie de la jambe. Il resta affecté à la Comédie, lorsque Sophocle eut fait adopter pour la Tragédie l'usage du *cothurne*, chaussure des rois et des héros, plus haute et plus majestueuse que la première.

2. Saint-Marc combat formellement ce jugement du Poëte. Il prétend qu'il n'est vrai qu'à l'égard des misérables pièces du rhéteur Sénèque comparées aux chefs-d'œuvres de Sophocle et d'Euripide, et qu'il est faux à l'égard de la Tragédie latine en général. Il le dit même absolument démenti par Quintilien, qui ne fait pas difficulté de mettre, par exemple, le *Thyeste* de Varius en parallèle avec toutes les Tragédies grecques.

Quoi qu'il en soit à cet égard, il faut remarquer cette belle expression, *La faiblesse latine*, pour La faiblesse des Latins, ou pour Les Latins dans leur faiblesse : c'est ce qu'on appelle une *synecdoque* de l'abstrait pour le concret. Delille en offre une semblable dans ces deux vers du poëme de l'*Imagination*, Chant VIII :

Et sans aucun effort la *faiblesse mortelle*
S'élevait à des dieux qui descendaient vers elle.

3. C'étaient des pèlerins du St-Sépulcre, c'est-à-dire, des pèlerins qui venaient de visiter à Jérusalem le tombeau de Jésus-Christ : ce fut vers la fin du quatorzième siècle qu'on vit arriver à Paris cette singulière troupe.

En public à Paris y monta la première;
85 Et, sottement zélée en sa simplicité,
Joua les Saints, la Vierge, et Dieu, par piété. (1
Le savoir, à la fin dissipant l'ignorance,
Fit voir de ce projet la dévote imprudence.
On chassa ces docteurs prêchant sans mission; (2
90 On vit renaître Hector, Andromaque, Ilion : (3
Seulement les acteurs laissant le masque antique, (4
Le violon tint lieu de chœur et de musique. (5

IV. Bientôt l'amour, fertile en tendres sentimens,
S'empara du théâtre ainsi que des romans.

1. Ces pièces, prétendues religieuses parce que les sujets en étaient tirés de l'Ancien ou du Nouveau Testament, s'appelaient ordinairement du nom de *mystères* : comme, par exemple, le *mystère* ou le jeu de la Passion, le *mystère* des Actes des Apôtres, le *mystère* de l'Apocalypse, etc. Au commencement on les représentait dans les églises, et elles faisaient partie des cérémonies ecclésiastiques.

2. Ce fut en 1548 qu'un arrêt du Parlement de Paris proscrivit ces représentations si indignes de la religion et de nos augustes mystères.

3. C'est-à-dire, qu'*Hector, Andromaque, Ilion*, reparurent sur notre scène, qui fut réglée sur celle des Grecs. Ce fut sous Louis XIII que commença à s'opérer cette heureuse révolution.

4. Ce masque s'appliquait sur le visage de l'acteur, et représentait le personnage que l'on introduisait sur la scène. L'étendue du théâtre chez les Anciens le rendait nécessaire, parce qu'il augmentait le volume de la voix.

5. « *Esther* et *Athalie*, dit Boileau en note, ont montré combien » on a perdu en supprimant les chœurs et la musique. » Mais, selon Voltaire, le chœur ne peut bien convenir que dans des pièces où il s'agit du salut de tout un peuple, et il serait déplacé dans des pièces telles, par exemple, que *Bajazet, Mithridate, Britannicus*, dont l'intrigue n'est fondée que sur les intérêts de quelques particuliers.

95 De cette passion la sensible peinture
Est pour aller au cœur la route la plus sûre. (1
Peignez donc, j'y consens, les héros amoureux;
Mais ne m'en formez pas des bergers doucereux :
Qu'Achille aime autrement que Thyrsis et Philène; (2
100 N'allez pas d'un Cyrus nous faire un Artamène; (3
Et que l'amour, souvent de remords combattu,
Paraisse une faiblesse, et non une vertu.
Des héros de roman fuyez les petitesses :
Toutefois aux grands cœurs donnez quelques faiblesses.
105 Achille déplairait moins bouillant et moins prompt :
J'aime à lui voir verser des pleurs pour un affront. (4
A ces petits défauts marqués dans sa peinture,
L'esprit avec plaisir reconnaît la nature.

1. Telle est bien aussi l'opinion de Laharpe; mais telle n'est pas celle de Marmontel dans ses *Élémens de littérature*. Marmontel pense que ce vers de Boileau ne doit pas être pris à la lettre; que les sentimens de la nature sont plus touchans encore, plus pénétrans que ceux de l'amour; qu'il n'y a point sur le théâtre d'amante qui nous intéresse plus que Mérope.

2. *Thyrsis* et *Philène*, personnages d'Églogue. Est-ce comme eux que doit aimer le grand héros des Grecs devant Troie, le redoutable vainqueur d'Hector, celui que sa valeur fit mettre au rang des demi-dieux?

3. Mademoiselle de Scudéri a fait un roman, aujourd'hui très-peu connu sans doute, dont le grand Cyrus, roi des Perses, est le héros sous le nom d'*Artamène*. Et quel est cet *Artamène*? Un vrai modèle de cette insipide et ridicule galanterie qui fut long-temps à la mode en France.

4. *Achille*, dans le premier livre de l'*Iliade*, outré de ce qu'Agamemnon lui a enlevé sa captive Briséis, s'abandonne aux plaintes et aux pleurs comme l'eût fait en pareille occasion un homme ordinaire.

Qu'il soit sur ce modèle en vos écrits tracé :
110 Qu'Agamemnon soit fier, superbe, intéressé ; (1
Que pour ses dieux Énée ait un respect austère. (2
Conservez à chacun son propre caractère.
Des siècles, des pays, étudiez les mœurs :
Les climats font souvent les diverses humeurs.
115 Gardez donc de donner, ainsi que dans Clélie, (3
L'air ni l'esprit français à l'antique Italie ; (4
Et, sous des noms romains faisant notre portrait,
Peindre Caton galant (5), et Brutus dameret. (6

1. Tel est en effet le caractère que donne Homère à ce *Roi des rois*, généralissime de l'armée grecque, auquel Achille lui-même est subordonné. Comme l'*Agamemnon* et l'Achille de l'*Iliade* se trouvent parfaitement reproduits dans l'immortelle *Iphigénie* de Racine !

2. *Énée* s'était sauvé de Troie, emportant sur son dos son père Anchise avec ses dieux pénates, et il doit, tant à sa piété religieuse qu'à sa piété filiale, le titre de *pieux* que lui donne à tout moment Virgile dans le beau poëme qu'il lui a consacré.

3. *Clélie*, autre roman de mademoiselle de Scudéri, où les plus graves personnages de la République romaine se trouvent travestis en bourgeois parisiens. Le nom du roman est celui d'une illustre fille romaine qui, donnée à Porsenna en ôtage, se sauva pendant la nuit de son camp, prit un cheval que lui présenta le hasard, traversa le Tibre à la nage, et rentra dans Rome ; trait d'héroïsme non moins admiré de Porsenna lui-même que des Romains, qui lui érigèrent une statue équestre.

4. Laharpe, en citant ces vers, met *L'air et l'esprit français*, et c'est en effet ce qu'il faudrait, plutôt que *L'air ni l'esprit français*, puisque la phrase n'est point négative, mais affirmative.

5. Caton surnommé le *Censeur* : qu'on lise dans Tite-Live son discours pour le maintien de la loi *Appia*, contre la parure des femmes, on verra qu'il n'était rien moins que *galant*.

6. *Junius Brutus*, qui chassa les Tarquins de Rome, et qui con-

Dans un roman frivole aisément tout s'excuse;
120 C'est assez qu'en courant la fiction amuse;
Trop de rigueur alors serait hors de saison :
Mais la scène demande une exacte raison;
L'étroite bienséance y veut être gardée.
D'un nouveau personnage inventez-vous l'idée?
125 Qu'en tout avec soi-même il se montre d'accord,
Et qu'il soit jusqu'au bout tel qu'on l'a vu d'abord.
Souvent, sans y penser, un écrivain qui s'aime
Forme tous ses héros semblables à soi-même.
Tout a l'humeur gasconne en un auteur gascon :
130 Calprenède et Juba parlent du même ton. (1

damna à mort ses propres enfans. Tous les historiens le représentent comme un homme dur, austère et farouche, et le roman de *Clélie* en fait un homme *doux, civil, complaisant, agréable*, qui *avait l'esprit galant, adroit, délicat, et admirablement bien tourné;* qui *de plus connaissait si parfaitement toutes les délicatesses de l'amour, qu'il n'y avait pas un galant en Grèce ni en Afrique, qui sût mieux que lui l'art de conquérir un illustre cœur.*

1. La Calprenède est lui-même cet *auteur gascon* en qui *tout a l'humeur gasconne.* Dans un roman de *Cléopâtre* dont *Juba* est le héros, il prête et son caractère et son langage à cet illustre et excellent roi des deux Mauritanies, qui tenait d'Auguste sa couronne et sa femme, la jeune Cléopâtre, fille d'Antoine et de la fameuse Cléopâtre, reine d'Égypte.

Le sieur de La Calprenède, gentilhomme gascon, né du côté de Cahors, a fait, outre ses romans, des tragédies qui n'ont point réussi. Le cardinal de Richelieu s'en étant fait lire une, dit que l'intrigue en était bonne, mais les vers lâches. « Comment? lâches! s'écria La Cal-
» prenède quand on lui rapporta ce jugement. Cadédis, il n'y a rien
» de lâche dans la maison des La Calprenède. »

La nature est en nous plus diverse et plus sage;
Chaque passion parle un différent langage :
La colère est superbe, et veut des mots altiers ;
L'abattement s'explique en des termes moins fiers. (1
135  Que devant Troie en flamme Hécube désolée (2
Ne vienne pas pousser une plainte ampoulée,
Ni sans raison décrire en quel affreux pays
Par sept bouches l'Euxin reçoit le Tanaïs : (3
Tous ces pompeux amas d'expressions frivoles
140 Sont d'un déclamateur amoureux des paroles. (4
Il faut dans la douleur que vous vous abaissiez :
Pour me tirer des pleurs, il faut que vous pleuriez.
Ces grands mots dont alors l'acteur emplit sa bouche,
Ne partent point d'un cœur que sa misère touche.

1. *Altiers* et *fiers* ne riment plus ensemble, parce que le *r* final d'*altier* ne se fait plus sentir dans la prononciation comme celui de *fier*.

2. *Hécube*, la mère d'Hector, et la veuve de Priam, qui ne survécut à son époux et à ses enfans que pour devenir l'esclave d'Ulysse.

3. C'est Sénèque le Tragique qui, dans sa *Troade*, fait parler Hécube en latin avec cette emphase :

. . . . . . . . . . . *Et qui frigidum*
*Septena Tanaïm ora pandentem bibit.*

Le *Tanaïs*, aujourd'hui le *Don*, est un grand fleuve qui sépare l'Europe de l'Asie, et qui se jette dans le *Palus-Méotide*, espèce de golfe du *Pont-Euxin*.

4. Quoique les vers précédens se rapportent directement à la *Troade* de Sénèque, Boileau avait encore en vue, suivant Brossette, quelques endroits de Corneille qui sentent un peu la déclamation, et particulièrement la première scène de la *Mort de Pompée*.

## CHANT TROISIÈME.

145   V. Le théâtre, fertile en censeurs pointilleux,
Chez nous pour se produire est un champ périlleux.
Un auteur n'y fait pas de faciles conquêtes ; (1
Il trouve à le siffler des bouches toujours prêtes.
Chacun le peut traiter de fat et d'ignorant ;
150 C'est un droit qu'à la porte on achète en entrant. (2
Il faut qu'en cent façons, pour plaire, il se replie ;
Que tantôt il s'élève, et tantôt s'humilie ;
Qu'en nobles sentimens il soit partout fécond ;
Qu'il soit aisé, solide, agréable, profond ;
155 Que de traits surprenans sans cesse il nous réveille ;
Qu'il coure dans ses vers de merveille en merveille ;
Et que tout ce qu'il dit, facile à retenir,
De son ouvrage en nous laisse un long souvenir.
Ainsi la Tragédie agit, marche, et s'explique.
160   VI. D'un air plus grand encor (3) la Poésie Épique, (4

---

1. C'est-à-dire, n'y obtient pas facilement des succès.

2. On l'*achète* en payant le prix de la place au spectacle.

3. On a remarqué que cette transition ressemble à celle du second chant par laquelle le Poëte passe de l'*Idylle* à l'*Élégie* :

   D'un ton un peu plus haut, mais pourtant sans audace ;

et à celle du même chant, par laquelle il passe de l'*Élégie* à l'*Ode* :

   L'Ode, avec plus d'éclat, et non moins d'énergie.

Ces transitions sont en effet à-peu-près uniformes entre elles ; mais on ne pourra que les trouver toutes trois également heureuses, si on veut les considérer chacune à part et en elle-même.

4. La *Poésie épique* diffère de la *Poésie dramatique*, telle que la Tragédie ou que la Comédie, en ce qu'on y raconte une action, au lieu de la représenter. Épique, du grec ἔπος, parole, vers, dérivé d'ἔπω, je dis, je parle : *Dramatique*, de δρᾶμα, fable,

Dans le vaste récit d'une longue action,
Se soutient par la fable, et vit de fiction. (1
Là, pour nous enchanter, tout est mis en usage :
Tout prend un corps, une âme, un esprit, un visage.
165 Chaque vertu devient une divinité :
Minerve est la prudence, et Vénus la beauté. (2
Ce n'est plus la vapeur qui produit le tonnerre, (3
C'est Jupiter armé pour effrayer la terre.
Un orage terrible aux yeux des matelots,
170 C'est Neptune en courroux qui gourmande les flots; (4
Écho n'est plus un son qui dans l'air retentisse,
C'est une nymphe en pleurs qui se plaint de Narcisse. (5

action, représentation. Un poème épique, tel que l'*Iliade*, l'*Énéide*, est ce qu'on appelle une *Épopée*.

1. Si *fable* se prenait ici dans une sens collectif pour toutes les fables de l'antiquité païenne, il s'ensuivrait que, dans l'opinion de Boileau, il ne peut pas y avoir de poëme épique sur un sujet chrétien, ou que dans un tel poëme il faudrait faire usage des fables du paganisme. Par *fable*, il faut donc entendre le *Merveilleux* en général, c'est-à-dire, l'intervention des dieux ou des êtres surnaturels, tels que les génies, les démons, les anges, etc.

La *fiction* est une invention du poëte, qui n'a de réalité ou de fondement que dans son imagination.

2. Le Poëte veut dire, *La prudence est Minerve, et la beauté Vénus*: c'est ce qu'il faut nécessairement entendre pour que ce vers-là soit en rapport avec le précédent.

3. Pour l'exactitude du sens, il faut là, par *Qui produit*, entendre *produisant*.

4. Ce n'est pas *Neptune*, mais *Éole*, qui excite l'orage; c'est *Neptune*, au contraire, qui l'apaise, et c'est même ce que le Poëte va bientôt dire. Ne fallait-il donc pas,

C'est *Éole* en courroux qui soulève les flots ?

5. La Fable fait de l'Écho une Nymphe qui, éprise du beau Narcisse,

Ainsi, dans cet amas de nobles fictions,
Le poëte s'égaie en mille inventions,
175 Orne, élève, embellit, agrandit toutes choses,
Et trouve sous sa main des fleurs toujours écloses.
Qu'Énée et ses vaisseaux, par le vent écartés,
Soient aux bords africains d'un orage emportés;
Ce n'est qu'une aventure ordinaire et commune,
180 Qu'un coup peu surprenant des traits de la fortune.
Mais que Junon, constante en son aversion,
Poursuive sur les flots les restes d'Ilion; (1
Qu'Éole, en sa faveur, les chassant d'Italie,
Ouvre aux vents mutinés les prisons d'Éolie;
185 Que Neptune en courroux s'élevant sur la mer,
D'un mot calme les flots, mette la paix dans l'air,
Délivre les vaisseaux, des syrtes les arrache : (2
C'est là ce qui surprend, frappe, saisit, attache.
Sans tous ces ornemens le vers tombe en langueur,
190 La poésie est morte, ou rampe sans vigueur; (3
Le poëte n'est plus qu'un orateur timide,
Qu'un froid historien d'une fable insipide.

VII. C'est donc bien vainement que nos auteurs déçus,

et rebutée de ses mépris, se retira au fond des bois, où, consumée de douleur et de regrets, elle fut métamorphosée en rocher, ne conservant plus que cette voix qui répète les sons.

1. Le Poëte, dans ces deux vers et les cinq suivans, offre en substance le terrible et magnifique tableau de la tempête du premier livre de l'*Énéide*.

2. *Syrtes*, sables mouvans, tantôt amoncelés, tantôt dispersés, et très-dangereux pour les vaisseaux.

3. L'Auteur a en vue Saint-Sorlin Desmarêts qui a écrit contre la Fable.

Bannissant de leurs vers ces ornemens reçus,
195 Pensent faire agir Dieu, ses saints et ses prophètes,
Comme ces dieux éclos du cerveau des poëtes; (1
Mettent à chaque pas le lecteur en enfer;
N'offrent rien qu'Astaroth, Belzébuth, Lucifer. (2
De la foi d'un chrétien les mystères terribles (3
200 D'ornemens égayés ne sont point susceptibles: (4
L'évangile à l'esprit n'offre de tous côtés
Que pénitence à faire et tourmens mérités;
Et de vos fictions le mélange coupable
Même à ses vérités donne l'air de la fable.
205 Et quel objet enfin à présenter aux yeux
Que le diable toujours hurlant contre les cieux, (5

1. Ceci est encore contre Desmarêts, auteur du poëme de *Clovis* ou *La France chrétienne*, dont tout le merveilleux est produit par l'intervention des démons, des anges et de Dieu même. Le poëme de *Clovis* parut pour la première fois en 1657, et puis en 1673, avec des changemens considérables.

2. *Astaroth, Belzébuth, Lucifer*, noms de démons, comme on sait.

3. *Terribles*, sans doute en ce qu'ils inspirent une sainte terreur, c'est-à-dire, un profond respect mêlé de crainte.

4. Un écrivain célèbre de nos jours, M. de Châteaubriand, dans son *Génie du christianisme*, a développé avec son rare talent l'opinion combattue par Boileau, et s'il a eu contre lui plusieurs littérateurs distingués, et entre autres son digne ami M. de Fontanes, tant d'autres se sont rangés de son côté, que l'on peut regarder la question comme encore indécise.

5. « Voyez le Tasse », dit Boileau en note; c'est-à-dire, voyez le poëme du Tasse, la *Jérusalem délivrée*. Mais si, comme l'observe Voltaire, Boileau, qui n'entendit jamais parler de Milton, avait pu lire le *Paradis perdu*, c'est alors surtout qu'il aurait pu dire: *Et quel objet enfin*, etc.

# CHANT TROISIÈME.

Qui de votre héros veut rabaisser la gloire,
Et souvent avec Dieu balance la victoire !
  Le Tasse, dira-t-on, l'a fait avec succès. (1
210 Je ne veux point ici lui faire son procès :
Mais, quoi que notre siècle à sa gloire publie,
Il n'eût point de son livre illustré l'Italie,
Si son sage héros (2), toujours en oraison,
N'eût fait que mettre enfin Satan à la raison ;
215 Et si Renaud, Argant, Tancrède et sa maîtresse, (3
N'eussent de son sujet égayé la tristesse.
  Ce n'est pas que j'approuve, en un sujet chrétien,
Un auteur follement idolâtre et païen. (4
Mais, dans une profane et riante peinture, (5
220 De n'oser de la fable employer la figure ;
De chasser les Tritons de l'empire des eaux ; (6

---

1. *Le Tasse*, né à Sorrento, dans le royaume de Naples, en 1544, est, s'il faut le dire, le second Virgile de l'Italie. Sa raison fut quelquefois dérangée par les malheurs et par la prison. Il mourut à Rome, le 15 avril 1595, la veille même du jour où il devait recevoir solennellement de la main du pape Clément VIII, la couronne de laurier destinée à honorer son sublime talent.

2. Godefroi de Bouillon, généralissime de l'armée chrétienne.

3. *Sa maîtresse*, Herminie, l'une des héroïnes du poëme, comme *Renaud, Argand, Tancrède*, en sont des héros.

4. Des notes qu'on attribue à Boileau, indiquent l'Arioste, auteur du *Roland furieux*. Saint-Marc observe qu'il eût mieux valu indiquer Sannazar qui, dans un poëme sur la naissance de Jésus-Christ, introduit des *Naïades*, des *Hamadryades*, et d'autres divinités fabuleuses.

5. « Telle, dit Brossette, que la description du passage du Rhin dans l'Épître IV du Poëte. »

6. Les *Tritons*, demi-dieux marins, dont la figure offrait jusqu'aux

D'ôter à Pan sa flûte, aux Parques leurs ciseaux ; (1
D'empêcher que Caron, dans la fatale barque,
Ainsi que le berger ne passe le monarque : (2
5 C'est d'un scrupule vain s'alarmer sottement,
Et vouloir aux lecteurs plaire sans agrément.
Bientôt ils défendront de peindre la Prudence, (3
De donner à Thémis ni bandeau ni balance, (4
De figurer aux yeux la Guerre au front d'airain,
10 Où le Temps qui s'enfuit une horloge à la main ; (5
Et partout des discours, comme une idolâtrie,
Dans leur faux zèle iront chasser l'allégorie. (6

reins un homme nageant, et, dans le reste du corps, un poisson à longue queue.

1. C'est une *flûte* à sept tuyaux que l'on met dans les mains de *Pan*, parce que ce fut lui, dit-on, qui inventa cette sorte de flûte.

Les *Parques*, au nombre de trois, président à nos jours : *Clotho* et *Lachésis*, les filent, l'une tenant la quenouille, l'autre tournant le fuseau ; et *Atropos* a les *ciseaux* en main pour en couper le fil au moment fatal.

2. *Caron*, le nocher des enfers, robuste et inflexible vieillard, dont les yeux vifs et le regard majestueux portaient une empreinte divine.

3. C'est-à-dire, de la personnifier, de lui *donner un corps, une âme, un esprit, un visage.*

4. *Thémis*, ici non pour la déesse *Thémis*, mais simplement pour la Justice : car si c'était la déesse *Thémis*, la *Thémis* de la Mythologie, ils ne lui refuseraient sûrement pas la *balance* et le *bandeau*, que la Mythologie lui donne pour attributs.

5. Le Temps est assez bien figuré par ce vers même.

6. L'*Allégorie* dont le Poëte veut parler est une fiction par laquelle on érige en personnage réel, un être purement abstrait, comme, par exemple, la prudence, la justice, la vérité, la raison, la sagesse, etc. ; c'est ce qu'on appelle autrement *personnification.*

Laissons-les s'applaudir de leur pieuse erreur.
Mais pour nous, bannissons une vaine terreur ;
235 Et, fabuleux chrétiens, n'allons point, dans nos songes,
Du Dieu de vérité faire un Dieu de mensonges. (1

    VIII. La fable offre à l'esprit mille agrémens divers :
Là tous les noms heureux semblent nés pour les vers, (2
Ulysse, Agamemnon, Oreste, Idoménée,
240 Hélène, Ménélas, Pâris, Hector, Enée.
O le plaisant projet d'un poëte ignorant,
Qui de tant de héros va choisir Childebrand ! (3
D'un seul nom quelquefois le son dur ou bizarre
Rend un poëme entier ou burlesque ou barbare.
245 Voulez-vous long-temps plaire et jamais ne lasser ?
Faites choix d'un héros propre à m'intéresser,
En valeur éclatant, en vertus magnifique ;
Qu'en lui, jusqu'aux défauts, tout se montre héroïque ; (4

    1. *Et fabuleux chrétiens, n'allons point, etc.* ; c'est-à-dire, *Et par des fictions prétendues chrétiennes, par un merveilleux fondé sur le christianisme, n'allons point, etc.* Le Poëte en revient à ce qu'il a déjà dit au sujet du Tasse contre l'intervention dans l'Épopée des êtres qui sont l'objet de la foi ou de la vénération chrétienne.

    2. *Heureux*, c'est-à-dire, harmonieux, agréable à l'oreille.

    3. *Childebrand*, frère de Charles Martel, est le héros d'un poëme épique intitulé : *Les Sarrasins chassés de France.* L'auteur de ce poëme, Carel de Sainte-Garde, se voyant raillé sur le choix et le nom du héros, publia, sous le titre de *Défense des beaux-esprits*, un ouvrage rempli d'injures grossières contre Boileau, et dans lequel il tâchait de justifier son choix par la conformité qu'il trouvait entre le nom de *Childebrand* et celui d'*Achille*, les deux noms ayant en commun la syllabe *chil*.

    4. «*Achille* est tout entier dans ce vers, » dit Le Brun : ce vers en effet semble fait pour *Achille*.

Que ses faits surprenans soient dignes d'être ouïs ;
250 Qu'il soit tel que César, Alexandre, ou Louis ; (1
Non tel que Polynice et son perfide frère : (2
On s'ennuie aux exploits d'un conquérant vulgaire.

N'offrez point un sujet d'incidens trop chargé.
Le seul courroux d'Achille, avec art ménagé,
255 Remplit abondamment une Iliade entière : (3
Souvent trop d'abondance appauvrit la matière. (4

IX. Soyez vif et pressé dans vos narrations ;
Soyez riche et pompeux dans vos descriptions.
C'est là qu'il faut des vers étaler l'élégance :
260 N'y présentez jamais de basse circonstance.
N'imitez pas ce fou (5) qui, décrivant les mers,
Et peignant, au milieu de leurs flots entr'ouverts,

---

1. *Jules-César, Alexandre-le-Grand, et Louis XVI*, aussi surnommé *Le Grand*.

2. *Polynice* et *Étéocle*, frères ennemis, fils d'OEdipe et de Jocaste, auteurs de la guerre de Thèbes, que Stace a chantée dans un poëme épique en douze chants, intitulé *La Thébaïde*. Stace, originaire de Naples, vivait vers la fin du premier siècle de l'Ère chrétienne.

3. L'enlèvement de Briséis par Agamemnon avait excité ce *courroux* d'Achille : le héros se retire dans sa tente, et assure ainsi la victoire aux Troyens. Mais son ami Patrocle est tué par Hector : alors il reprend les armes, va au combat, et venge la mort de son ami par celle d'Hector, que ne tarde pas à suivre la prise de Troie et la fin du siége. Voilà ce qui remplit abondamment les vingt-quatre livres ou chants dont se compose le poëme de l'*Iliade*.

4. C'est sans doute cette *abondance stérile* dont parle le Poëte dans le premier chant.

5. Saint-Amand, auteur du *Moïse sauvé*, le même qui, avec Faret, charbonnait de ses vers les murs d'un cabaret.

L'Hébreu sauvé du joug de ses injustes maîtres,
Met, pour le voir passer, les poissons aux fenêtres; (1
5 Peint le petit enfant qui va, saute, revient,
Et joyeux à sa mère offre un caillou qu'il tient. (2
Sur de trop vains objets c'est arrêter la vue.
    Donnez à votre ouvrage une juste étendue.
Que le début soit simple et n'ait rien d'affecté.
70 N'allez pas dès l'abord, sur Pégase monté,
Crier à vos lecteurs d'une voix de tonnerre :
*Je chante le vainqueur des vainqueurs de la terre.* (3
Que produira l'auteur après tous ces grands cris ?
La montagne en travail enfante une souris.
75 Oh! que j'aime bien mieux cet auteur plein d'adresse
Qui, sans faire d'abord de si haute promesse,

---

1. Vers du *Moïse sauvé*, cinquième partie du poëme :

    Les poissons ébahis les regardent passer.

Mais c'est ce qu'avant Saint-Amand avait dit en un vers latin le jésuite Antoine Millien, dans son *Moses victor* :

*Hinc indè attoniti liquido stant marmore pisces.*

2. Voici cette curieuse peinture ; même partie du poëme :

    Là, l'enfant éveillé courant sous la licence
    Que permet à son âge une libre innocence,
    Va, revient, tourne, saute, et par maint cri joyeux,
    Témoignant le plaisir que reçoivent ses yeux,
    D'un étrange caillou qu'à ses pieds il rencontre
    Fait au premier venu la précieuse montre,
    Ramasse une coquille, et d'aise transporté,
    La présente à sa mère avec naïveté.

3. Ce vers est de Scudéri, et le premier de son poëme d'*Alaric*. Il est bon en lui-même, mais déplacé au commencement d'un poëme.

Me dit d'un ton aisé, doux, simple, harmonieux :
*Je chante les combats et cet homme pieux*
*Qui, des bords phrygiens conduit dans l'Ausonie,*
280 *Le premier aborda les champs de Lavinie.* (1
Sa muse en arrivant ne met pas tout en feu,
Et, pour donner beaucoup, ne nous promet que peu.
Bientôt vous la verrez, prodiguant les miracles,
Du destin des Latins prononcer les oracles;
285 De Styx et d'Achéron peindre les noirs torrens,
Et déjà les Césars dans l'Élysée errans. (2

De figures sans nombre égayez votre ouvrage ;
Que tout y fasse aux yeux une riante image :
On peut être à-la-fois et pompeux et plaisant ; (3

---

1. Tel est le début de l'*Énéide*, auquel on regrette qu'il manque une circonstance essentielle, exprimée dans le texte latin : *fato profugus* (banni par le sort).

Il fallait *aborda aux champs*, plutôt qu'*aborda les champs*, parce qu'*aborder* est neutre, quand il signifie, comme ici, *aller à bord, prendre terre*. Aussi Delille a-t-il dit :

Aborda le premier aux champs de Lavinie.

2. Un des Commentateurs de Boileau pense que ces quatre derniers vers se rapportent particulièrement à cette admirable fiction du sixième livre de l'*Énéide*, où Énée voit dans des espèces de tableaux prophétiques tout ce qui doit être un jour. Mais il paraît que le dernier vers seul est pour cette fiction; que le troisième se rapporte au tableau des enfers dans le même livre; et les deux premiers, mais surtout le second, à divers morceaux des livres précédens, où sont prédites les grandes destinées du *Latium* et de Rome. Ce ne serait pas *sitôt* que Virgile *prodiguerait les miracles*, s'il ne commençait à les *prodiguer* qu'au sixième livre.

3. On a déjà vu plus d'une fois que *plaisant*, en fait de style, est dans Boileau pour *agréable*, pour le *dulce* d'Horace.

## CHANT TROISIÈME.

o Et je hais un sublime ennuyeux et pesant.
J'aime mieux Arioste et ses fables comiques, (1
Que ces auteurs toujours froids et mélancoliques,
Qui dans leur sombre humeur se croiraient faire affront,
Si les Grâces jamais leur déridaient le front. (2

95 X On dirait que, pour plaire, instruit par la nature,
Homère ait à Vénus dérobé sa ceinture. (3

1. Tout ce que veut dire ici Boileau, comme l'observe très-bien M. de St-Surin, c'est qu'il préfère la folie enjouée de *l'Arioste* à la sombre humeur de ces écrivains qui ne se dérident jamais, et sans doute il n'entend point proposer le *Roland furieux* pour modèle de poëme épique, ni même le joyeux badinage de l'Arioste pour modèle de ce *Plaisant*, de ce gracieux qu'on peut mêler au sublime de l'Épopée.

*L'Arioste*, l'un des plus illustres poëtes qu'ait produits l'Italie, et l'un des plus ingénieux qui aient paru en aucun pays et en aucun siècle. Né en 1474, mort en 1533, environ onze ans avant la naissance du Tasse.

2. *Allégorisme mythologique*, pour dire, Si jamais ils montraient quelque grâce, quelque agrément. C'est ainsi que l'on dit de celui qui n'a nul agrément dans ce qu'il fait ou dans ce qu'il dit, *Qu'il n'a pas sacrifié aux Grâces.* Les Anciens comptaient parmi leurs divinités, trois déesses qu'ils nommaient *les trois Grâces*, et qu'ils donnaient pour compagnes à Vénus : c'étaient *Aglaé*, *Euphrosyne* et *Thalie*.

3. Dans le quatorzième livre de l'*Iliade*, Junon, craignant que Jupiter ne favorise les Troyens, fait dessein de l'en détourner. Pour y réussir, elle se pare extraordinairement, et prie Vénus de lui prêter son ceste, c'est-à-dire, cette merveilleuse ceinture où se trouvaient les charmes les plus doux et les plus puissans, ces charmes qui surprennent insensiblement l'esprit et le cœur des plus sensés. C'est une des fictions d'Homère qu'on admire le plus ; et l'heureuse application que lui en fait ici, à lui-même, notre poëte, est, comme l'observe Brossette, une des plus fines louanges qu'on puisse lui donner. Pourquoi semble-t-il y avoir dans ces vers une petite faute de langue : *On dirait qu'Homère ait dérobé?* Ne fallait-il pas plutôt : *Qu'Homère a dérobé?*

94 L'ART POÉTIQUE.

Son livre est d'agrémens un fertile trésor :
Tout ce qu'il a touché se convertit en or; (1
Tout reçoit dans ses mains une nouvelle grâce ;
300 Partout il divertit, et jamais il ne lasse. (2
Une heureuse chaleur anime ses discours :
Il ne s'égare point en de trop longs détours.
Sans garder dans ses vers un ordre méthodique,
Son sujet de soi-même et s'arrange et s'explique :
305 Tout, sans faire d'apprêts, s'y prépare aisément ;
Chaque vers, chaque mot court à l'évènement.
Aimez donc ses écrits, mais d'un amour sincère :
C'est avoir profité que de savoir s'y plaire. (3

Un poëme excellent, où tout marche et se suit,
310 N'est pas de ces travaux qu'un caprice produit :
Il veut du temps, des soins ; et ce pénible ouvrage
Jamais d'un écolier ne fut l'apprentissage. (4

---

1. Allusion au don merveilleux qu'avait reçu des dieux l'avare Midas, de convertir en or tout ce qu'il toucherait.

2. Un des derniers commentateurs de Racine, M. Geoffroy, a cru voir dans ce vers le germe du second des deux suivans d'*Esther*, acte II, scène VII :

    Je ne trouve qu'en vous je ne sais quelle grâce,
    Qui me charme toujours, et jamais ne me lasse.

3. Comment cela? C'est qu'alors on ne l'entend pas seulement, mais qu'on le sent, on le goûte, et on l'apprécie ce qu'il vaut. Quintilien avait dit la même chose de Cicéron.

4. C'est ce qu'on a souvent dit de la *Henriade*. Mais si la *Henriade* n'est pas une aussi riche ni une aussi magnifique épopée que l'*Iliade*, que l'*Énéide*, ou même que la *Jérusalem délivrée* et le *Paradis perdu*, elle est du moins le poëme qui en approche le plus ; et il y a peu de justice à ne la regarder que comme l'ouvrage d'un

Mais souvent parmi nous un poëte sans art,
Qu'un beau feu quelquefois échauffa par hasard,
15 Enflant d'un vain orgueil son esprit chimérique, (1
Fièrement prend en main la trompette héroïque : (2
Sa muse déréglée, en ses vers vagabonds,
Ne s'élève jamais que par sauts et par bonds ;
Et son feu, dépourvu de sens et de lecture,
20 S'éteint à chaque pas faute de nourriture. (3
Mais en vain le public, prompt à le mépriser,
De son mérite faux le veut désabuser ;
Lui-même, applaudissant à son maigre génie,
Se donne par ses mains l'encens qu'on lui dénie : (4
325 Virgile, auprès de lui n'a point d'invention ; (5
Homère n'entend point la noble fiction.

écolier, quoique l'auteur l'ait faite presque au sortir du collège, et qu'elle ne se ressente que trop de sa jeunesse.

1. Un *esprit chimérique* est un esprit plein de chimères, d'imaginations ridicules et vaines.

2. On a déjà vu que la *trompette* est l'instrument de la Muse de l'Épopée.

3. Condillac ne conçoit pas un *feu* qui n'a ni *sens* ni *lecture*, et qui *s'éteint à chaque pas*. C'est en effet assez difficile à concevoir. Il ne s'agit, il est vrai, que du *feu métaphorique* de l'imagination, ainsi que l'observe M. de Saint-Surin ; mais peut-on bien dire d'un *feu métaphorique* ce qui ne se dirait pas d'un feu réel ?

4. *Dénier* ne se dit pour *refuser*, qu'en parlant de choses dues par bienséance, par honnêteté, par équité ou par justice. Or, l'*encens* ici refusé est-il dû à tel ou à tel titre ?

5. Quelques éditions mettent *Au prix de lui* ; mais *Auprès de lui* vaut sans doute mieux, puisqu'il y a bien *comparaison*, mais non pas *estimation*.

Si contre cet arrêt le siècle se rebelle,
A la postérité d'abord il en appelle :
Mais attendant qu'ici le bon sens de retour (1
330 Ramène triomphans ses ouvrages au jour,
Leurs tas au magasin, cachés à la lumière,
Combattent tristement les vers et la poussière.
Laissons-les donc entre eux s'escrimer en repos; (2
Et, sans nous égarer, suivons notre propos.
335 XI. Des succès fortunés du spectacle tragique
Dans Athènes naquit la Comédie Antique, (3
Là, le Grec, né moqueur, par mille jeux plaisans
Distilla le venin de ses traits médisans.

1. Si *attendant* est ici pour *en attendant*, c'est mal à propos, car il n'était point permis de supprimer *en*. S'il est comme participe, à quoi se rapporte-t-il ? Il serait absurde que ce fût à *leurs tas*, sujet de la proposition principale. Du reste, on sent bien que le *bon sens de retour* ne peut être que dans une sorte de sens ironique.

2. Par *les* et *entre eux*, le Poëte ne veut sûrement pas dire *les tas* d'ouvrages, *les vers* et *la poussière* : car ce serait peu naturel. Il faut donc entendre, apparemment, *ces auteurs-là, ces sortes d'auteurs*. En ce cas, ce n'est qu'ici que le Poëte généralise : dans les vingt vers précédens, il a eu particulièrement en vue Saint-Sorlin Desmarêts, qui plaçait son *Clovis* fort au dessus de l'*Iliade* et de l'*Énéide*, et qui même a consigné ses impertinentes décisions dans un écrit intitulé : *Comparaison de la langue et de la poésie française avec la grecque et la latine*.

3. Athènes fut la première ville où elle parut; mais elle était née dans les campagnes de l'Attique, et ce ne fut qu'après s'être en quelque sorte promenée de village en village, qu'ayant enfin osé approcher de la capitale, elle y fut admise. C'est même ce qu'indique son nom, formé de κώμη, rue, village, et d'ἀείδω, chanter, faire ou réciter des vers : chanter par les villages. Nous verrons bientôt pourquoi le Poëte a dit ici la *Comédie Antique*.

## CHANT TROISIÈME.

Aux accès insolens d'une bouffonne joie
40 La sagesse, l'esprit, l'honneur, furent en proie.
On vit par le public un poëte avoué (1
S'enrichir aux dépens du mérite joué ;
Et Socrate par lui, dans un chœur de nuées, (2
D'un vil amas de peuple attirer les huées.
45 Enfin de la licence on arrêta le cours :
Le magistrat des lois emprunta le secours,
Et, rendant par édit les poëtes plus sages,
Défendit de marquer les noms et les visages. (3
Le théâtre perdit son antique fureur :

1. Quel *poëte ?* Aristophane, né à Athènes, et dont la réputation commença vers l'an 427 avant Jésus-Christ. Il ne nous reste de lui que onze comédies, et elles ne peuvent pas être pour le fond d'un grand intérêt pour nous, attendu qu'elles ne consistent qu'en allusions satiriques; mais elles sont par le style un des précieux monumens de la langue grecque.

2. Aristophane, dans sa comédie des *Nuées*, livra Socrate, non-seulement à la risée, mais même à la haine publique, et prépara peut-être l'arrêt fatal qui, vingt-ans après, condamna à mort ce sage des sages de la Grèce. Dans cette indigne pièce, Socrate est représenté comme un lâche corrupteur de la jeunesse, qui confond les notions du juste et de l'injuste, et qui, au culte des divinités du pays, veut substituer le culte des *Nuées*, lesquelles forment un *chœur*.

3. La Comédie a eu trois âges, ou trois états différens chez les Grecs. Dans l'*Ancienne* ou *Vieille Comédie*, que notre poëte appelle *Antique*, on se permettait non-seulement de représenter des aventures véritables et connues, mais même de nommer hautement les personnages. Ce scandale fut réprimé par les lois ; mais les auteurs et les comédiens trouvèrent le moyen de flatter encore la malignité du public, en désignant les personnes par des masques ressemblans, ou par des noms supposés auxquels il était facile de substituer les véritables. Ce fut la *Comédie Moyenne ;* elle fut aussi proscrite, et il

6

350 La Comédie apprit à rire sans aigreur,
Sans fiel et sans venin sut instruire et reprendre,
Et plut innocemment dans les vers de Ménandre : (1
Chacun, peint avec art dans ce nouveau miroir,
S'y vit avec plaisir, ou crut ne s'y point voir :
355 L'avare, des premiers, rit du tableau fidèle
D'un avare souvent tracé sur son modèle ;
Et mille fois un fat finement exprimé
Méconnut le portrait sur lui-même formé. (2

ne fut plus permis de mettre sur la scène ni personnages réels ni actions vraies, mais il fallut traiter des sujets de pure invention. Alors ce fut la *Comédie Nouvelle*, que nous voyons encore de nos jours, et qui subsistera toujours sans doute tant qu'il y aura des théâtres au monde. Il est aisé de voir que l'Auteur n'en a marqué que deux : l'*Ancienne* et la *Nouvelle*.

1. *Ménandre*, né dans l'Attique l'an 342 avant Jésus-Christ, fut honoré parmi les Grecs du titre de *Prince de la Comédie Nouvelle*. Quelques auteurs, tels que Plutarque et Quintilien, le regardent comme le modèle de son art; par conséquent ils le mettent au-dessus, non-seulement d'Aristophane, mais même des deux plus grands comiques latins, Plaute et Térence. Il mourut à l'âge de cinquante-deux ans en se baignant dans le port du Pirée. De cent huit comédies qu'il avait composées, il ne nous reste que quelques fragmens.

2. J. B. Rousseau, dans son Épître à Thalie, reproduit ces mêmes idées dans des vers qu'on peut rapprocher de ceux de Boileau :

> Ce fut alors que la scène féconde
> Devint l'école et le miroir du monde,
> Et que chacun, loin d'en être choqué,
> Fit son plaisir de s'y voir démasqué.
> Là, le marquis figuré sans emblème,
> Fut le premier à rire de lui-même,
> Et le bourgeois apprit sans nul regret
> A se moquer de son propre portrait.

### CHANT TROISIÈME.

XII. Que la nature donc soit votre étude unique,
360 Auteurs qui prétendez aux honneurs du Comique. (1
Quiconque voit bien l'homme, et, d'un esprit profond,
De tant de cœurs cachés a pénétré le fond ;
Qui sait bien ce que c'est qu'un prodigue, un avare,
Un honnête homme, un fat, un jaloux, un bizarre, (2
365 Sur une scène heureuse il peut les étaler, (3
Et les faire à nos yeux vivre, agir et parler.
Présentez-en partout les images naïves ;
Que chacun y soit peint des couleurs les plus vives.
La nature, féconde en bizarres portraits,
370 Dans chaque âme est marquée à de différens traits ;
Un geste la découvre, un rien la fait paraître :
Mais tout esprit n'a pas des yeux pour la connaître.
Le temps, qui change tout, change aussi nos humeurs :
Chaque âge a ses plaisirs, son esprit et ses mœurs.
375 Un jeune homme, toujours bouillant dans ses caprices, (4

---

1. *Aux honneurs du Comique,* c'est-à-dire, aux honneurs attachés au genre comique, aux honneurs réservés à ceux qui s'illustrent dans ce genre.

2. On prétend que, dans ce morceau, l'Auteur avait en vue Molière, qu'il appelait le *Contemplateur*. Et au reste, qui a mieux connu, qui a su mieux peindre le cœur humain que Molière ?

3. *Il* a paru au moins inutile, venant après *quiconque* et après *qui* dans une même phrase : mais ce qui le rendait peut-être nécessaire, c'est la grande distance où se trouvent de *peut*, *Qui* et *quiconque* : en arrivant là on les a presque oubliés, et *il* vient les rappeler ou les suppléer assez à propos.

4. Dans cette peinture des âges de l'homme, le Poëte n'a point, comme Horace, son modèle, fait entrer l'âge de l'enfance. Il est aisé

6.

Est prompt à recevoir l'impression des vices ;
Est vain dans ses discours, volage en ses désirs,
Rétif à la censure, et fou dans les plaisirs.

L'Age viril, plus mûr, inspire un air plus sage,
380 Se pousse auprès des grands, s'intrigue, se ménage,
Contre les coups du sort songe à se maintenir,
Et loin dans le présent regarde l'avenir. (1

La Vieillesse chagrine incessamment amasse ;
Garde, non pas pour soi, les trésors qu'elle entasse,
385 Marche en tous ses desseins d'un pas lent et glacé ;
Toujours plaint le présent et vante le passé ;
Inhabile aux plaisirs dont la jeunesse abuse,
Blâme en eux les douceurs que l'âge lui refuse. (2

d'en voir la raison : c'est qu'il est extrêmement rare qu'on fasse parler un enfant sur notre théâtre.

1. L'*Age viril* est personnifié dans les trois derniers vers : il devait donc l'être aussi dans le premier, pour que la personnification fût soutenue et complète. Mais n'est-ce pas le présenter comme une chose purement abstraite, que de lui faire *inspirer un air plus sage ?* Cela pourrait-il se dire d'un homme dans l'*âge mûr ?* Aussi Delille n'aimait-il pas ce vers.

2. Le Brun pense qu'*en eux* se rapporte à *jeunesse*, et préférerait *en elle* comme offrant un sens plus clair et plus naturel. M. de Saint-Surin pense au contraire qu'*en eux* se rapporte et par le sens et par la construction à *Plaisirs*. Oui, il semble s'y rapporter par la construction ; mais s'y rapporte-t-il par le sens ? N'est-il pas évident que l'Auteur a voulu, comme Horace, faire *blâmer* et censurer la jeunesse par le vieillard ? Il a donc dit *en eux*, pour *en elle*, par cette figure de construction qu'on appelle *Synthèse*, et qui consiste à faire accorder les mots avec la pensée, plutôt qu'avec les mots auxquels ils se rapportent dans le discours. C'est par cette même sorte de figure que

Ne faites point parler vos acteurs au hasard,
390 Un vieillard en jeune homme, un jeune homme en vieillard.
Étudiez la cour, et connaissez la ville :
L'une et l'autre est toujours en modèles fertile.
C'est par là que Molière, illustrant ses écrits,
Peut-être de son art eût remporté le prix, (1
395 Si, moins ami du peuple, en ses doctes peintures
Il n'eût point fait souvent grimacer ses figures,
Quitté, pour le bouffon, l'agréable et le fin,
Et sans honte à Térence allié Tabarin : (2
Dans ce sac ridicule où Scapin s'enveloppe,
400 Je ne reconnais plus l'auteur du Misanthrope. (3

Voltaire dit dans la *Henriade*, chant IV, en parlant de D'Aumale :
La *fleur de la jeunesse* en tout temps l'accompagne :
Avec *eux* sans relâche il fond dans la campagne.

1. De tous les auteurs modernes, Molière était, au rapport de Brossette, celui que Boileau estimait et admirait le plus : il le trouvait plus parfait en son genre que Corneille et Racine dans le leur. Mais, s'il faut en croire Monchesnai, aux yeux de Boileau Térence était un peintre de la nature plus accompli que Molière. Il ne paraît pas que ce soit là ce qu'on pense le plus communément : guère personne aujourd'hui ne refuse à Molière le *prix de son art*. « Et qui aura donc ce prix, » dit Voltaire, si Molière ne l'a pas ? »

2. On a vu dans les notes du premier Chant ce qu'était *Tabarin*: l'*allier à Térence*, c'est allier la farce à ce que la Comédie a de plus noble et de plus élevé. *Térence* est le premier des Comiques latins, non-seulement pour l'art avec lequel il a su peindre les mœurs et rendre la nature, mais encore pour la beauté, l'élégance, et la délicatesse du style. Né à Carthage vers l'an 186 avant Jésus-Christ, il avait été enlevé par des Numides, puis vendu à *Terentius Lucanus*, sénateur romain, qui le fit élever avec beaucoup de soin, et l'affranchit bien jeune.

3. Le *Misanthrope*, comédie de Molière, regardée du moins

XIII. Le Comique, ennemi des soupirs et des pleurs,
N'admet point en ses vers de tragiques douleurs ; (1
Mais son emploi n'est pas d'aller, dans une place,
De mots sales et bas charmer la populace : (2
405 Il faut que ses acteurs badinent noblement ; (3
Que son nœud bien formé se dénoue aisément ; (4

comme l'un de ses plus beaux chefs-d'œuvres par ceux qui ne la regardent pas comme le plus beau : les *Fourberies de Scapin*, pièce du même auteur, en trois actes et en prose, prise, pour le fond de l'intrigue, du *Phormion* de Térence. Dans cette dernière pièce, le vieux bon-homme Géronte, à la persuasion du fourbe *Scapin*, son valet, s'*enveloppe dans un sac*, et, par cette bouffonnerie digne de Tabarin, Molière est en effet descendu jusqu'à la farce. « Mais, dit
» Laharpe, Molière avait besoin de farces pour plaire à la multitude,
» qu'il n'avait pas encore assez formée ; et dans cette même pièce de
» *Scapin*, ce qui n'est pas de la farce est bien au-dessus de la pièce
» de Térence, et les scènes imitées du latin sont bien autrement co-
» miques en français.

1. « On voit que Boileau, observe Le Brun, avait fait d'avance
» le procès aux *Comédies larmoyantes*. » Ces sortes de comédies s'appellent aussi *Tragédies bourgeoises*, et on les désigne encore particulièrement par le nom de *Drames*. Ce genre, contre lequel se sont élevés les littérateurs du premier ordre, a néanmoins des approbateurs très-recommandables, et il y a des *Drames* que le public voit avec autant de plaisir que des *Tragédies* ou des *Comédies* pures.

2. Ce vers-là et le précédent, dont les hémistiches riment ensemble, sont ce qu'on appelle des vers *léonins* : il n'en faudrait pas beaucoup de tels pour gâter un poëme : heureusement ils sont rares.

3. Même ceux des rôles les plus bas, parce que, comme le dit ailleurs le Poëte :

Le style le moins noble a pourtant sa noblesse.

Du reste, chaque acteur doit sans doute parler d'une manière conforme à son âge, à son état, et à son caractère.

4. Le *nœud* d'une pièce de théâtre revient à ce qu'on appelle autre-

Que l'action, marchant où la raison la guide,
Ne se perde jamais dans une scène vide (1;
Que son style humble et doux se relève à propos ;(2
410 Que ses discours, partout fertiles en bons mots,
Soient pleins de passions finement maniées,
Et les scènes toujours l'une à l'autre liées. (3
Aux dépens du bon sens gardez de plaisanter :
Jamais de la nature il ne faut s'écarter.
415 Contemplez de quel air un père dans Térence (4
Vient d'un fils amoureux gourmander l'imprudence ;
De quel air cet amant écoute ses leçons,
Et court chez sa maîtresse oublier ces chansons. (5
Ce n'est pas un portrait, une image semblable ;
420 C'est un amant, un fils, un père véritable.

ment *intrigue*. Il consiste dans les obstacles qui retardent l'accomplissement de l'action, dans les dangers qu'il faut courir, dans les efforts, les ruses, les moyens qu'il faut employer pour y parvenir ; obstacles, dangers, efforts, ruses, moyens qui supposent ou produisent des événemens particuliers qu'on appelle *incidens*.

1. Une *scène* vide est une scène sans action, ou dont l'action particulière ne tient point à l'action principale qui fait le sujet de la pièce : c'est par conséquent une scène inutile, et qui, n'ayant aucune liaison nécessaire avec les autres, eût pu et dû en être détachée.

2. C'est-à-dire, quand les circonstances l'exigent ; ce qui n'est pas rare dans le haut comique. Combien même ne peut-il pas avoir quelquefois de force et de noblesse, ainsi qu'on le voit dans plus d'une scène du *Misanthrope* !

3. En sorte qu'elles ne fassent toutes ensemble, même en plusieurs actes, qu'une seule et même pièce.

4. Simon dans l'*Andrienne*, et Démée dans les *Adelphes*.

5. Ces mêmes leçons, qui ne sont pour lui que des *chansons*, c'est-à-dire, que des discours vains, frivoles, que des *sornettes*.

J'aime sur le théâtre un agréable auteur
Qui, sans se diffamer aux yeux du spectateur,
Plaît par la raison seule, et jamais ne la choque;
Mais pour un faux plaisant à grossière équivoque,
425 Qui pour me divertir n'a que la saleté, (1
Qu'il s'en aille, s'il veut, sur deux tréteaux monté, (2
Amusant le Pont-Neuf de ses sornettes fades,
Aux laquais assemblés jouer ses mascarades. (3

1. Ceci est pour Mont-Fleury le jeune, auteur de *la Femme Juge et partie*, et de quelques autres pièces semblables, qui ne sont pas sans esprit, mais où la décence est trop souvent blessée. Né en 1640, et mort en 1685 : fils du comédien de ce nom, qui composa, entre autres pièces, une tragédie de la *Mort d'Asdrubal*.

2. *Tréteau*, espèce de banc destiné à soutenir une table, un échafaud, un théâtre. On dit d'un méchant bouffon, d'un méchant comédien, qu'*Il n'est bon qu'à monter sur des tréteaux*; et on dit d'un homme qui a été saltimbanque, ou qui a fait le métier d'opérateur, qu'*Il a monté sur les tréteaux*.

3. « Boileau, rapporte Brossette, disait des mauvaises pièces de » théâtre, qu'elles n'étaient bonnes qu'à jouer en plein air. » *Mascarades*, ici pour scènes grotesques et indécentes, telles que celles que peuvent jouer sous le masque des gens qui ont peu de pudeur et de retenue.

# SUPPLÉMENT

## AUX NOTES DU TROISIÈME CHANT.

## IMITATIONS.

1. Et qui toujours plus beaux, plus ils sont regardés,
Soient au bout de vingt ans encor redemandés.....
*Fabula, quæ posci vult et spectata reponi.*

Hor., *Art poét.*, vers 190.

2. Que dans tous vos discours la passion émue
Aille chercher le cœur, l'échauffe et le remue.
. . . . . . . *meum qui pectus inaniter angit,*
*Irritat, mulcet, falsis terroribus implet.*

Hor., liv. 2, *Épît. I*, v. 211.

3. Jamais au spectateur n'offrez rien d'incroyable :
Le vrai peut quelquefois n'être pas vraisemblable.
*Ficta voluptatis causâ sint proxima veris :*
*Nec, quodcumque volet, poscat sibi fabula credi.*

Id., *Art poét.*, v. 338.

4. Une merveille absurde est pour moi sans appas :
L'esprit n'est point ému de ce qu'il ne croit pas.
*Quodcumque ostendis mihi sic, indredulus odi.*

Id., v. 187.

5. Ce qu'on ne doit point voir, qu'un récit nous l'expose :
Les yeux en le voyant saisiraient mieux la chose ;
Mais il est des objets que l'art judicieux
Doit offrir à l'oreille, et reculer des yeux.
*Segniùs irritant animos demissa per aurem,*
*Quàm quæ sunt oculis subjecta fidelibus, et quæ*

*Ipse sibi tradit spectator. Non tamen intùs
Digna geri, promes in scœnam; multaque tolles
Ex oculis, quœ mox narret facundia prœsens.*

Id., v. 180.....

6. Du plus habile chantre, un bouc était le prix.
*Carmine qui tragico vilem certavit ob hircum.*

Id., v. 220.

7. Thespis fut le premier qui, barbouillé de lie,
Promena par les bourgs cette heureuse folie,
Et, d'acteurs mal ornés chargeant un tombereau,
Amusa les passans d'un spectacle nouveau.
    Eschyle dans le chœur jeta les personnages;
D'un masque plus honnête habilla les visages;
Sur les ais d'un théâtre en public exhaussé
Fit paraître l'acteur d'un brodequin chaussé.
*Ignotum tragicœ genus invenisse Camœnœ
Dicitur, et plaustris vexisse poëmata Thespis,
Quœ canerent agerentque peruncti fœcibus ora.
Post hunc, personœ pallœque repertor honestœ,
Æschylus, et modicis instravit pulpita lignis,
Et docuit magnumque loqui, nitique cothurno.*

Hor., Art poét., v. 275.

8. Achille déplairait moins bouillant et moins prompt :
J'aime à lui voir verser des pleurs pour un affront.
*..... Honoratum si fortè reponis Achillem,
Impiger, iracundus, inexorabilis, acer,
Jura neget sibi nata, nihil non arroget armis.*

Id., v. 120.

9. D'un nouveau personnage inventez-vous l'idée?
Qu'en tout avec soi-même il se montre d'accord,
Et qu'il soit jusqu'au bout tel qu'on l'a vu d'abord.
*Si quid inexpertum scœnœ committis, et audes
Personam formare novam, servetur ad imum
Qualis ab incœpto processerit, et sibi constet.*

Id., v. 125.

10. La nature est en nous plus diverse et plus sage;
Chaque passion parle un différent langage.

## CHANT TROISIÈME.

*Format enim natura priùs nos intùs ad omnem*
*Fortunarum habitum ; juvat, aut impellit ad iram*
*Aut ad humum mœrore gravi deducit, et angit ;*
*Post effert animi motus interprete linguâ.*

Id., vers 108.

11. La colère est superbe, et veut des mots altiers ;
L'abattement s'explique en des termes moins fiers.

. . . . . . . . . . . . . . . . *Tristia mœstum*
*Vultum verba decent ; iratum plena minarum.*

Id., vers 105.

12. Il faut dans la douleur que vous vous abaissiez :
Pour me tirer des pleurs, il faut que vous pleuriez.
Ces grands mots dont alors l'acteur emplit sa bouche,
Ne partent point d'un cœur que sa misère touche.

*Telephus et Peleus, quàm pauper et exsul uterque,*
*Projicit ampullas et sesquipedalia verba,*
*Si curat cor spectantis tetigisse querelâ.*

Id., v. 95.

Et v. 102 :

. . . . . . . . *Si vis me flere, dolendum est*
*Primùm ipsi tibi.*

13. Et que tout ce qu'il dit, facile à retenir,
De son ouvrage en nous laisse un long souvenir.

. . . . . . . . . . . . . . . . *Ut citò dicta*
*Percipiant animi dociles teneantque fideles.*

Id., v. 379.

14. Que Neptune en courroux, s'élevant sur la mer,
D'un mot calme les flots, mette la paix dans l'air,
Délivre les vaisseaux, des syrtes les arrache.

. . . . . . . . . *Graviter commotus, et alto*
*Prospiciens.* . . . . .
. . . . . . . . *Dicto citiùs tumida æquora placat.*
. . . . . . . . . . . *(Naves) levat ipse tridenti,*
*Et vastas aperit syrtes.* . . . .

Virg., Énéide, liv. 1. v. 126.

15. N'allez pas dès l'abord, sur Pégase monté,
Crier à vos lecteurs d'une voix de tonnerre :

*Je chante le vainqueur des vainqueurs de la terre.*
*Que produira l'auteur après tous ces grands cris?*
*La montagne en travail enfante une souris.*
*Nec sic incipies, ut scriptor Cyclicus olim :*
FORTUNAM PRIAMI CANTABO ET NOBILE BELLUM.
*Quid dignum tanto feret hic promissor hiatu?*
*Parturient montes, nascetur ridiculus mus.*
HOR., *Art poét.*, v. 136.

16. Oh! que j'aime bien mieux cet auteur plein d'adresse,
Qui, sans faire d'abord de si haute promesse,
Me dit d'un ton aisé, doux, simple, harmonieux :
*Je chante les combats et cet homme pieux*
*Qui, des bords Phrygiens conduit dans l'Ausonie,*
*Le premier aborda les champs de Lavinie.*
Sa muse en arrivant ne met pas tout en feu,
Et, pour donner beaucoup, ne nous promet que peu.
Bientôt vous la verrez prodiguant les miracles.....
*Quantò rectiùs hic qui nil molitur ineptè?*
Id., *Art poét.*, v. 140.

*Arma virumque cano, Trojæ qui primus ab oris*
*Italiam fato profugus, Lavinaque venit*
*Littora.*
VIRG., *Æn.*, liv. 1, v. 5.

*Non fumum ex fulgore, sed ex fumo dare lucem*
*Cogitat, ut speciosa dehinc miracula promat.*
HOR., *Art poét.*, v. 143.

17. Chaque vers, chaque mot court à l'évènement.
*Semper ad eventum festinat.*
Id., v. 148.

18. C'est avoir profité que de savoir s'y plaire.
*Ille se profecisse sciat cui Cicero valdè placebit.*
QUINTIL., *Inst. or.*, cap. 10.

19. Des succès fortunés du spectacle tragique
Dans Athènes naquit la Comédie Antique.
Là, le Grec, né moqueur, par mille jeux plaisans
Distilla le venin de ses traits médisans.

Aux accès insolens d'une bouffonne joie,
La sagesse, l'esprit, l'honneur furent en proie......
Enfin de la licence on arrêta le cours.
Le Magistrat des lois emprunta le secours,
Et rendant par édit les poëtes plus sages,
Défendit de marquer les noms et les visages.
Le Théâtre perdit son antique fureur,
La comédie apprit à rire sans aigreur.
*Successit vetus his Comœdia, non sine multâ*
*Laude; sed in vitium libertas excidit et vim*
*Dignam lege regi : lex est accepta, chorusque*
*Turpiter obticuit, sublato jure nocendi.*

Hor., *Art poét.*, v. 281.

20. Quiconque voit bien l'homme, et, d'un esprit profond,
De tant de cœurs cachés a pénétré le fond ;
Qui sait bien ce que c'est qu'un prodigue, un avare,
Un honnête homme, un fat, un jaloux, un bizarre,
Sur une scène heureuse il peut les étaler,
Et les faire à nos yeux vivre, agir et parler.
Présentez-en partout les images naïves ;
Que chacun y soit peint des couleurs les plus vives.
*Qui didicit patriæ quid debeat, et quid amicis,*
*Quo sit amore parens, quo frater amandus et hospes;*
*Quod sit conscripti, quod judicis officium, quæ*
*Partes in bellum missi ducis; ille profectò*
*Reddere personæ scit convenientia cuique.*
*Respicere exemplar vitæ, morumque jubebo*
*Doctum imitatorem, et veras hinc ducere voces.*

Id., v. 312.

21. Un jeune homme, toujours bouillant dans ses caprices,
Est prompt à recevoir l'impression des vices,
Est vain dans ses discours, volage en ses désirs,
Rétif à la censure, et fou dans les plaisirs.
　L'Age viril, plus mûr, inspire un air plus sage,
Se pousse auprès des grands, s'intrigue, se ménage,
Contre les coups du sort cherche à se maintenir,
Et loin dans le présent regarde l'avenir.

La Vieillesse chagrine incessamment amasse,
Garde, non pas pour soi, les trésors qu'elle entasse,
Marche en tous ses desseins d'un pas lent et glacé,
Toujours plaint le présent et vante le passé ;
Inhabile aux plaisirs dont la jeunesse abuse,
Blâme en eux les douceurs que l'âge lui refuse.

*Imberbis juvenis, tandem custode remoto,*
*Gaudet equis, canibusque, et aprici gramine campi;*
*Cereus in vitium flecti, monitoribus asper,*
*Utilium tardus provisor, prodigus œris,*
*Sublimis, cupidusque et amata relinquere pernix.*
*Conversis studiis, œtas animusque virilis*
*Quœrit opes et amicitias, inservit honori,*
*Commisisse cavet quod mox mutare laboret.*
*Multa senem circumveniunt incommoda, vel quòd*
*Quœrit, et inventis miser abstinet ac timet uti;*
*Vel quòd res omnes timidè gelidèque ministrat,*
*Dilator, spe longus, iners, avidusque futuri,*
*Difficilis, querulus, laudator temporis acti.*
Hor., *Art poét.*, v. 161.

22. Ne faites point parler vos acteurs au hasard,
Un enfant en jeune homme, un jeune homme en vieillard.
. . . . . . . . . . . . . . . . . *Ne forte seniles*
*Mandentur juveni partes, pueroque viriles.*
Id., v. 176.

23. Le comique, ennemi des soupirs et des pleurs,
N'admet point dans ses vers de tragiques douleurs.
*Versibus exponi tragicis res comica non vult.*
Id., v. 89.

24. Mais son emploi n'est pas d'aller dans une place
De mots sales et bas charmer la populace.
*Sylvis deducti caveant, me judice, Fauni,*
*Ne, velut innati triviis ac penè forenses,*
*Aut nimiùm teneris juvenentur versibus unquàm,*
*Aut immunda crepent, ignominiosaque dicta :*
*Offenduntur enim, quibus est equus et pater et res;*
*Nec, si quid fricti ciceris probat et nucis emptor,*
*Æquis accipiunt animis, donantve coronâ.*
Id., v. 240.

## OBSERVATIONS GÉNÉRALES.

Ce chant est généralement regardé comme le plus beau de tous : il l'est en effet, soit par la grandeur et l'importance du sujet, soit par la manière supérieure dont il est traité. « Quelle richesse de couleurs, dit » M. de St-Surin, dans ces trois magnifiques tableaux » où se déploient la Tragédie, l'Épopée et la Comédie! »

L'ordre suivi par l'Auteur ne paraît pas le plus naturel ; et l'on peut s'étonner d'abord que les genres tragique et comique n'aient pas été traités immédiatement l'un après l'autre, ainsi que leur analogie semblait le prescrire. Mais il est assez raisonnable de ne voir, comme M. de St-Surin, dans cette espèce de désordre, qu'une savante combinaison de l'art. « Pour » mieux nous instruire, dit le savant commentateur, » il a fallu nous plaire, en séparant par un assez long » intervalle deux peintures qui, bien que différentes, » réclament quelquefois le retour des mêmes précep- » tes. » Il veut dire que ces deux peintures, nécessitant la répétition de quelques préceptes communs aux deux genres, n'eussent pu qu'ennuyer, placées à la suite l'une de l'autre ; mais que, séparées par l'assez long espace qu'occupe celle du genre épique, elles paraissent, chacune, avec tout l'avantage et tout l'intérêt qui leur est propre.

Tout ce que nous reprocherons à l'Auteur dans ce chant, c'est de n'y avoir fait entrer ni l'*Opéra*, ni le *Poëme didactique*, qui doivent sans doute être mis au rang des grands poëmes, et compter pour deux genres à part. L'*Opéra*, qui est une sorte de tragédie, a, il est vrai, un assez grand rapport avec la tragédie proprement dite; mais il en diffère pourtant assez pour mériter d'en être un peu distingué (1). Quant au *Poëme didactique*, il est tellement différent des autres genres qu'il n'a presque rien de commun avec eux; et les *Géorgiques* seules de Virgile prouveraient de quelle importance il peut être (2).

Quelques commentateurs de Boileau se sont plu à rapprocher de la peinture des divers âges de l'homme, imitée d'Horace, celle qu'en avaient faite, d'après le même modèle, Vauquelin-Lafresnaye et le satirique Reguier. Nous allons en rapprocher celle qu'a faite

(1) Il n'est question ici que de l'*Opéra* sérieux, que de celui auquel est consacré à Paris le Théâtre de ce nom. Or, ce genre d'*Opera* est une *Tragédie lyrique*, une Tragédie en musique et faite pour être chantée. L'action qu'elle représente n'est pas toujours seulement héroïque et malheureuse ; elle est assez souvent merveilleuse, et c'est alors ce qui surtout la distingue de la Tragédie ordinaire. La Mythologie et la Féerie sont les sources où la Muse de l'*Opéra* va puiser le merveilleux qu'elle étale pour plonger nos sens dans une sorte d'enchantement.

(2) Nous avons déjà dit, dans une note du préambule de l'*Art poétique*, que le *Poëme didactique* est destiné à instruire. La nature, les arts, les sciences, la morale, les dogmes mêmes de la Religion peuvent en être la matière. On sent bien qu'il faut que le charme de la Poésie y fasse partout disparaître la sécheresse et l'ennui.

Delille dans son poëme de l'*Imagination*, chant VI :
Delille commence, comme Horace, par l'âge de
l'enfance :

Sans soins du lendemain, sans regrets de la veille,
L'enfant joue et s'endort, pour jouer se réveille :
Trop faible encor, son cœur ne saurait soutenir
Le passé, le présent, et l'immense avenir.
A peine au présent seul son âme peut suffire :
Le présent seul est tout, un coin est son empire,
Un hochet son trésor, un point l'immensité,
Le soir son avenir, un jour l'éternité.
Mais l'homme tout entier est caché dans l'enfance :
Ainsi le faible gland renferme un chêne immense.

Par l'ardeur de ses sens un jeune homme emporté,
Dévore le présent avec avidité ;
Mais il ne peut fixer sa course vagabonde :
Plein des brûlans transports dont son cœur surabonde,
Il déborde, pareil à l'élément fumeux (1)
Qui croît, monte, et répand ses bouillons écumeux ;
Devance l'avenir, entend de loin la gloire,
Appelle à lui les arts, les plaisirs, la victoire,
Rêve de longs succès, rêve de longs amours,
Et d'une trame d'or file en riant ses jours.
Age aimable ! âge heureux ! ton plus bel apanage,
Ce n'est donc point l'amour, la beauté, le courage,
Et la gloire si belle, et les plaisirs si doux ;
Non, tu sais espérer, ce trésor les vaut tous.

(1) L'eau et toute liqueur bouillante.

L'Age mûr, à son tour, solstice de la vie, (1
S'arrête, et sur lui-même un instant se replie,
Et tantôt en arrière, et tantôt devant soi,
Se tourne sans regret, ou marche sans effroi.
Ce n'est plus l'homme en fleur nous faisant des promesses :
C'est l'homme en plein rapport, déployant ses richesses;
Ses esprits ont calmé leurs bouillons trop ardens :
Sa prudence est active, et ses transports prudens.
Ses conseils sont nos biens, sa sagesse est la nôtre ;
La moitié de sa vie est la leçon de l'autre ;
Et sur le temps passé mesurant l'avenir,
Prévoir, pour sa raison, n'est que se souvenir.

Hélas ! telle n'est point la Vieillesse cruelle : (2
Elle n'attend plus rien, on n'attend plus rien d'elle.
Si la raison encor lui permet de prévoir,
C'est des yeux de la crainte, et non plus de l'espoir.
Voyez ce chêne antique, en son âge encor tendre :
Dans les champs paternels il aimait à s'étendre ;
Chaque jour, plus robuste et plus audacieux,
Il plongeait dans la terre, il s'élançait aux cieux.
Mais quand l'âge a durci sa racine débile,
Dans la terre marâtre il languit immobile :

---

(1) C'est-à-dire, le milieu de la vie : le *Solstice* est le milieu de la course que le soleil fait tous les six mois de l'un ou de l'autre côté de l'*Équateur*. Arrivé au bout de trois mois à l'un des deux *Tropiques*, il s'*arrête* pour revenir sur ses pas, et c'est cette *station* qu'on appelle du nom de *solstice*.

(2) Si la *vieillesse* est ici pour le *vieillard*, comme il n'y a point de doute, convenait-il de lui appliquer l'épithète de *cruelle* ?

Et voilà la vieillesse ! adieu les grands desseins,
Adieu l'amour, les vœux, l'hommage des humains !
Pour le soleil couchant il n'est point d'idolâtre :
Déplacé sur la scène, il descend du théâtre. (1)
Alors, n'attendant rien ni du temps ni d'autrui,
Il revient au présent, se ramène sur lui.
Que dis-je ? le présent est un tourment lui-même.
Il se rejette donc vers le passé qu'il aime ;
Il cherche à consoler par un doux souvenir,
Et la douleur présente, et les maux à venir.....

(1) Quoique *la vieillesse* soit pour *le vieillard*, n'est-on pas un peu choqué de cet *il* mis pour *elle* ?

# CHANT QUATRIÈME.

## CONSEILS AUX POËTES.

## ARGUMENT.

I. *Un ignorant médecin, se reconnaissant enfin plus propre à l'architecture qu'à la médecine, sut abandonner sa première profession pour celle d'architecte : qu'ainsi celui-là renonce à la poésie, qui n'est pas né poëte ; car point de métier au-dessous du métier de poëte médiocre ou vulgaire.*

II. *Se défier des éloges qu'obtiennent les ouvrages à la lecture ; consulter tout le monde, sans toutefois aller réciter partout comme un insensé ; ne pas se rendre tout de suite aux avis d'un sot, mais chercher un censeur solide, non moins éclairé que judicieux.*

III. *En vain se flatterait-on de se faire goûter si l'on ne joint l'utile à l'agréable : dans tous les cas, respect à la vertu et aux mœurs, et que l'amour, même le moins honnête, peint chastement, laisse le lecteur innocent et pur.*

IV. *Fuir les basses jalousies et les lâches intrigues littéraires ; savoir converser et vivre, et travailler, non pour un gain sordide, mais pour la gloire.*

*V. Les Muses, ayant civilisé les hommes, reçurent d'abord, chez les Grecs, pour prix de tant d'heureux bienfaits, un culte et des autels ; mais un indigne amour du gain s'emparant des esprits, n'avilit que trop ensuite la noble profession de poëte et d'écrivain.*

*VI. Loin du Parnasse, quiconque ne sait pas préférer les lauriers à l'or : non que les Muses soient faites pour l'indigence, et doivent subsister de fumée; mais que peut craindre le vrai mérite, et que peut-il lui manquer, sous un Prince si généreux et si attentif à prévenir ses besoins ?*

*VII. Muses, que tous vos nourrissons chantent à l'envi ce glorieux Monarque ; mais qui pourra dignement célébrer tant d'exploits et tant de victoires ? il ne faut pour cela ni talens médiocres ni vulgaires efforts.*

## CHANT QUATRIÈME.

1. Dans Florence (1) jadis vivait un médecin,
Savant hableur (2), dit-on, et célèbre assassin.
Lui seul y fit long-temps la publique misère :
Là, le fils orphelin lui redemande un père ;
5 Ici, le frère pleure un frère empoisonné : (3
L'un meurt vide de sang, l'autre plein de séné : (4
Le rhume à son aspect se change en pleurésie, (5
Et par lui la migraine est bientôt frénésie. (6
Il quitte enfin la ville, en tous lieux détesté.
10 De tous ses amis morts, un seul ami resté
Le mène en sa maison de superbe structure.
C'était un riche abbé, fou de l'architecture.

1. Grande, belle et célèbre ville d'Italie, capitale de la Toscane.

2. On appelle *hableur* celui qui a l'habitude de parler avec ostentation et de débiter des mensonges.

3. Ce vers et le précédent ont été imités dans la *Henriade*, chant IV :
Ici la fille en pleurs lui redemande un père,
Là le frère effrayé pleure au tombeau d'un frère.

4. Le *Séné*, arbrisseau qui croît dans le Levant, et dont la feuille, qu'on appelle du même nom, est un grand purgatif.

5. *Pleurésie*, en grec πλευρῖτις, de πλευρά, plèvre : maladie causée par l'inflammation de la *plèvre*, et souvent d'une partie du poumon. La *plèvre* est une membrane qui recouvre une partie des côtes.

6. *Frénésie*, en grec φρένησις et φρενῖτις, délire, fureur violente ; de φρήν, génit ; φρενός, esprit : maladie de l'esprit, causée par l'inflammation des membranes du cerveau.

## CHANT QUATRIÈME.

    Le médecin d'abord semble né dans cet art,
    Déjà de bâtimens parle comme Mansard : (1
15 D'un salon qu'on élève il condamne la face ;
    Au vestibule obscur il marque une autre place ;
    Approuve l'escalier tourné d'autre façon. (2
    Son ami le conçoit, et mande son maçon.
    Le maçon vient, écoute, approuve, et se corrige.
20 Enfin, pour abréger un si plaisant prodige, (3
    Notre assassin renonce à son art inhumain ;
    Et désormais, la règle et l'équerre à la main, (4
    Laissant de Galien la science suspecte, (5
    De méchant médecin devient bon architecte. (6

1. François *Mansard*, fameux architecte, inventeur de cette sorte de couverture que l'on appelle de son nom, *Mansarde*. Né à Paris en 1598, mort en 1666.

2. Avant *tourné*, on sous-entend, *S'il est*, ou *Pourvu qu'il soit*; ou bien après d'*autre façon*, il faut sous-entendre, *Qu'il n'est*. Ce sens est assez déterminé par le vers qui précède.

3. C'est-à-dire, Le *récit, l'histoire d'un si plaisant prodige* : c'est ainsi que quand Racine dit dans *Athalie*,

    Ont conté son enfance au glaive dérobée,

on sous-entend, *L'histoire de son enfance*.

4. Deux instrumens dont se servent les architectes, les charpentiers, et en général ceux qui ont à tracer des dessins ou des plans géométriques.

5. *Galien*, le plus grand médecin de l'antiquité après Hippocrate. Né vers l'an 131 de l'ère chrétienne, à Pergame, ville de l'Asie-Mineure, fameuse par son temple d'Esculape.

6. Cette métamorphose d'un médecin en architecte a été imaginée à plaisir par l'Auteur contre Claude Perrault, médecin de la faculté de Paris, employé dans les bâtimens du Roi. Claude Perrault, qui n'entendant pas raillerie, se plaignit à Colbert. Boileau ne se défendit

25  Son exemple est pour nous un précepte excellent.
Soyez plutôt maçon, si c'est votre talent,
Ouvrier estimé dans un art nécessaire,
Qu'écrivain du commun, et poëte vulgaire.
Il est dans tout autre art des degrés différens ;
30 On peut avec honneur remplir les seconds rangs ;
Mais, dans l'art dangereux de rimer et d'écrire,
Il n'est point de degrés du médiocre au pire : (1
Qui dit froid écrivain dit détestable auteur.
Boyer est à Pinchêne égal pour le lecteur ; (2

que par une plaisanterie qui fit rire ce grave ministre : « Il a tort de
» se plaindre, répondit-il ; je l'ai fait précepte. » Allusion à ce vers,
devenu en effet maxime et proverbe :

Soyez plutôt maçon, si c'est votre talent.

1. C'est-à-dire, qu'on ne distingue point entre le *médiocre* et le
*pire*, et que le *pire* et le *médiocre* sont la même chose.

2. *Boyer*, né à Alby en 1618, n'ayant pas réussi comme prédicateur,
voulut être auteur dramatique, et n'eut pas plus de succès au théâtre
que dans la chaire. Ses pièces, qui cependant lui valurent un fauteuil
à l'Académie française, n'ont point laissé de souvenir, et si l'on sait
encore qu'il fit une Tragédie de *Judith*, ce n'est guère que par cette
épigramme sanglante de Racine :

A sa *Judith*, Boyer, par aventure,
Était assis près d'un riche caissier :
Bien aise était, car le bon financier
S'attendrissait et pleurait sans mesure.
Bon gré vous sais, lui dit le vieux rimeur ;
Le beau vous touche, et ne seriez d'humeur
A vous saisir pour une baliverne.
Lors le richard, en larmoyant lui dit :
« Je pleure, hélas ! pour ce pauvre Holopherne,
» Si méchamment mis à mort par Judith. »

*Pinchêne*, neveu de Voiture, qui n'avait point hérité de l'esprit

## CHANT QUATRIÈME.

35 On ne lit guère plus Rampale et Ménardière, (1
Que Magnon, du Souhait, Corbin et la Morlière. (2

de son oncle, n'est plus connu, comme tant d'autres auteurs de son temps, que par les vers de Boileau. Son nom était passé en proverbe pour signifier un mauvais poëte.

1. *Rampale* a vécu si obscur qu'on ignore d'où il était, et s'il a eu quelques titres dans le monde. Ses poésies qui, dit-on, consistaient presque toutes en *Idylles*, sont aujourd'hui et depuis assez long-temps tout-à-fait inconnues

*La Ménardière*, de l'Académie française, né à Loudun, vers 1610, publia, entre autres ouvrages, un recueil de poésies où il n'y avait d'un peu heureux que quelques vers d'épigrammes imitées de l'Anthologie. Il ne fut quelque chose que par la faveur du cardinal de Richelieu, achetée par les plus indignes bassesses.

2. *Magnon*, né à Tournus dans le Mâconais, avait renoncé à faire des tragédies pour entreprendre, sous le titre de *Science universelle*, un poëme qui devait être une sorte d'Encyclopédie, et avoir dix volumes de vingt mille vers chacun. Des voleurs, en l'assassinant de nuit sur le Pont-Neuf en 1662, l'arrêtèrent au milieu de son projet extravagant. Mais il y avait déjà sous presse un volume, qui parut in-4° l'année d'après, avec une préface où l'auteur disait modestement au lecteur : *Les bibliothèques ne te serviront plus que d'un ornement inutile.*

*Du Souhait*, auteur d'une mauvaise traduction en prose de l'*Iliade*, donnée en 1614, et de misérables poésies toutes en pointes et en jeux de mots.

*Corbin*, auteur, entre autres ouvrages, de divers poëmes insipides et ridicules : *La vie et les miracles de sainte Geneviève*; *La sainte Franciade*, ou *la vie de saint François*, en douze chants; *la vie de saint Bruno*, en quatre chants. Il faut voir comme il élève sa *Franciade* au-dessus de l'*Iliade* et de l'*Énéide*:

A genoux, *Énéide*; à genoux, *Iliade*;
Adorez toutes deux ma *sainte Franciade*:
Car vous n'êtes que fable et pure vanité;
Ma *sainte Franciade* est toute vérité.

Mort en 1653.

*La Morlière*, méchant poëte si obscur, que Boileau, dit Brossette,

Un fou du moins fait rire, et peut nous égayer :
Mais un froid écrivain ne sait rien qu'ennuyer.
J'aime mieux Bergerac et sa burlesque audace,
40 Que ces vers où Motin se morfond et nous glace. (1

II. Ne vous enivrez point des éloges flatteurs
Qu'un amas quelquefois de vains admirateurs
Vous donne en ces réduits, prompts à crier: *Merveille!* (2
Tel écrit récité se soutient à l'oreille,
45 Qui, dans l'impression au grand jour se montrant,
Ne soutient pas des yeux le regard pénétrant. (3

n'en connaissait que le nom. On sait pourtant qu'il était chanoine d'Amiens, et que, comme poëte, il avait composé divers sonnets.

1. *Cyrano de Bergerac*, né au château de Bergerac, en Périgord, vers l'an 1620. Il a composé des ouvrages tels, par exemple, qu'un *Voyage dans la lune*, où, à travers mille extravagances, brillent par intervalles assez de raison et de jugement. On croit reconnaître dans sa pièce du *Pédant joué*, la source où Molière a puisé deux des meilleures scènes de ses *Fourberies de Scapin*.

*Motin*, natif de Bourges, était contemporain et ami de Regnier, qui lui a adressé sa quatrième satire, et à qui il a lui-même adressé une ode qu'on trouve en tête des œuvres du célèbre satirique. Mais il s'en faut qu'il ait laissé la même réputation que Regnier, et que Malherbe et Racan, avec les poésies desquels les siennes furent imprimées dans quelques recueils de son temps.

2. Selon Brossette, c'est à *admirateurs*, et non à *réduits*, que doit se rapporter l'adjectif *prompts*; mais n'est-ce pas à *réduits* qu'il se rapporte par la construction? Il y a tout au moins dans cette phrase un défaut de précision et de clarté. Du reste, par *réduits*, on entendait alors Des lieux où plusieurs personnes avaient coutume de se rendre pour converser, pour jouer, pour se divertir : ce mot n'est guère plus usité en ce sens.

3. C'est à la *Pucelle* que l'Auteur fait particulièrement allusion. Ce ridicule poëme, qu'on avait attendu comme une sorte de prodige poétique, et qui, après vingt ans de travail, vit enfin le jour, détruisit

## CHANT QUATRIÈME.

On sait de cent auteurs l'aventure tragique,
Et Gombaud tant loué garde encor la boutique. (1
Écoutez tout le monde, assidu consultant :
50 Un fat quelquefois ouvre un avis important. (2
Quelques vers toutefois qu'Apollon vous inspire,
En tous lieux aussitôt ne courez pas les lire.
Gardez-vous d'imiter ce rimeur furieux, (3
Qui, de ses vains écrits lecteur harmonieux,
55 Aborde en récitant quiconque le salue,
Et poursuit de ses vers les passans dans la rue.
Il n'est temple si saint des anges respecté,
Qui soit contre sa muse un lieu de sûreté. (4

en un moment, à son apparition, une réputation et une gloire de quarante années. Chapelain, né en 1595, mort en 1674. Boileau a fait sur lui, et dans son propre style, le quatrain suivant :

> Maudit soit l'auteur dur, dont l'âpre et rude verve,
> Son cerveau tenaillant, rima malgré Minerve,
> Et de son lourd marteau martelant le bon sens,
> A fait de méchans vers douze fois douze cents.

1. Voyez pour *Gombaud* les notes du second chant.

2. Proverbe qui, pour le sens, revient à celui de nos pères : *Un fol enseigne bien un sage.*

3. Duperrier, que sa fureur de réciter ses vers à tous venans rendait insupportable, mais qui n'était pourtant pas sans talent pour la poésie. Il excellait surtout dans les vers latins, et dans le genre de l'Ode : c'est lui, dit-on, qui avait formé le célèbre Santeuil. Ménage l'appelait *Le prince des poëtes lyriques.* Il était neveu de ce Duperrier à qui Malherbe adresse ces admirables stances où il le console de la mort de sa fille, et qui commencent par ce vers :

> Ta douleur, Duperrier, sera donc éternelle ?

4. Un jour que Duperrier avait accompagné Boileau à l'église, il ne cessa pendant toute la messe de lui parler d'une Ode qu'il avait pré-

Je vous l'ai déjà dit : aimez qu'on vous censure, (1
60 Et, souple à la raison, corrigez sans murmure ;
Mais ne vous rendez pas dès qu'un sot vous reprend.
Souvent dans son orgueil un subtil ignorant
Par d'injustes dégoûts combat toute une pièce,
Blâme des plus beaux vers la noble hardiesse.
65 On a beau réfuter ses vains raisonnemens,
Son esprit se complaît dans ses faux jugemens ; (2
Et sa faible raison, de clarté dépourvue,
Pense que rien n'échappe à sa débile vue.
Ses conseils sont à craindre ; et, si vous les croyez,
70 Pensant fuir un écueil, souvent vous vous noyez.
Faites choix d'un censeur solide et salutaire
Que la raison conduise et le savoir éclaire,
Et dont le crayon sûr d'abord aille chercher
L'endroit que l'on sent faible, et qu'on se veut cacher. (3

sentée à l'Académie française pour le prix de l'année 1671, et qui, selon lui, eût certainement obtenu ce prix si l'on eût été juste. A peine put-il se contenir un moment pendant l'élévation. Il rompt aussitôt le silence, et, s'approchant de l'oreille de Boileau : « Ils ont dit, « s'écria-t-il assez haut, que mes vers étaient trop malherbiens. »

1. Dans le premier chant, vers la fin :

Aimez qu'on vous censure, et non pas qu'on vous loue.

2. Le *jugement* est un acte de l'esprit par lequel on affirme ou l'on nie une chose : le *raisonnement* est une suite, une combinaison de *raisons* qu'on fait servir à soutenir un *jugement* ou ce qu'on appelle une *proposition*. C'est ce qu'il faut nécessairement savoir pour bien comprendre ces deux vers.

3. Caractère du célèbre avocat Patru, le plus habile et le plus sévère critique de son siècle. « Il était, dit Brossette, en réputation de si « grande rigidité, que quand Racine faisait à Boileau quelque observa-

## CHANT QUATRIÈME.

75 Lui seul éclaircira vos doutes ridicules,
De votre esprit tremblant levera les scrupules.
C'est lui qui vous dira par quel transport heureux
Quelquefois dans sa course un esprit vigoureux
Trop resserré par l'art sort des règles prescrites,
80 Et de l'art même apprend à franchir leurs limites. (1
Mais ce parfait censeur se trouve rarement.
Tel excelle à rimer qui juge sottement :
Tel s'est fait par ses vers distinguer dans la ville,
Qui jamais de Lucain n'a distingué Virgile. (2
85 III. Auteurs, prêtez l'oreille à mes instructions.
Voulez-vous faire aimer vos riches fictions ?
Qu'en savantes leçons votre muse fertile
Partout joigne au plaisant le solide et l'utile.
Un lecteur sage fuit un vain amusement,

» tion un peu trop subtile sur certains endroits de ses ouvrages, Boi-
» leau, au lieu de dire le proverbe latin, NE SIS PATRUUS MIHI,
» *N'ayez point pour moi la sévérité d'un oncle*, lui disait :
» NE SIS PATRU MIHI, *N'ayez point pour moi la sévérité de*
» *Patru.* »

1. Dans les premières éditions, il y avait *Les limites*, et, d'après la construction, les *limites* se rapportaient à l'art même, au lieu de se rapporter aux *règles*. Desmarêts signala l'équivoque, et l'Auteur la fit disparaître en changeant *les* en *leurs*.

2. C'est Corneille, le grand Corneille lui-même, que l'Auteur a voulu désigner. « Les bons juges de poésie, dit, au rapport de St-Marc,
» le savant Huet, sont plus rares que les bons poëtes. Malherbe don-
» nait la préférence à Stace sur tous les poëtes latins. Et j'ai ouï de
» mes oreilles avec étonnement P. Corneille la donner à Lucain sur
« Virgile. » Soit ; le goût ne va pas toujours avec le génie ; mais Boileau n'eût-il pas dû épargner à un homme tel que Corneille ce trait piquant de satire ?

90 Et veut mettre à profit son divertissement.
    Que votre âme et vos mœurs, peintes dans vos ouvrages,
    N'offrent jamais de vous que de nobles images. (1
    Je ne puis estimer ces dangereux auteurs
    Qui de l'honneur, en vers, infâmes déserteurs,
95 Trahissant la vertu sur un papier coupable,
    Aux yeux de leurs lecteurs rendent le vice aimable. (2
    Je ne suis pas pourtant de ces tristes esprits
    Qui, bannissant l'amour de tous chastes écrits,
    D'un si riche ornement veulent priver la scène ;
100 Traitent d'empoisonneurs et Rodrigue et Chimène. (3
    L'amour le moins honnête, exprimé chastement,
    N'excite point en nous de honteux mouvement. (4
    Didon a beau gémir et m'étaler ses charmes,
    Je condamne sa faute en partageant ses larmes. (5

1. Toutes les éditions antérieures à 1701 portaient :

Que *votre âme* et *vos mœurs peints* dans tous vos ouvrages.

et ni le sévère Patru, ni les ennemis les plus acharnés de Boileau n'avaient aperçu ce solécisme, qui saute aux yeux : ce fut le professeur Gibert du collége des Quatre-Nations, qui, le premier, le signala à l'Auteur.

2. Selon Brossette, c'est à Lafontaine, au sujet de ses *Contes*, que s'adressent ces expressions violentes. Les *Contes* de Lafontaine ne sont assurément que trop libres. Mais le Bon-homme y avait-il vu tout le mal qui s'y trouve réellement, ou celui que peuvent y trouver des esprits moins simples, moins ingénus ?

3. Deux amans, principaux personnages du fameux *Cid* de Corneille. Le docteur Nicolle jugeait leur exemple dangereux pour les mœurs.

4. C'est ce qu'on pourrait prouver par le rôle de *Phèdre*, dans lequel le rigide Arnaud lui-même ne trouvait rien de répréhensible.

5. Dans le quatrième livre de l'*Énéide*. Louis Racine paraît avoir

## CHANT QUATRIÈME. 127

5  Un auteur vertueux, dans ses vers innocens,
Ne corrompt point le cœur en chatouillant les sens :
Son feu n'allume point de criminelle flamme.
Aimez donc la vertu, nourrissez-en votre âme :
En vain l'esprit est plein d'une noble vigueur ;
10 Le vers se sent toujours des bassesses du cœur. (1

IV. Fuyez surtout, fuyez ces basses jalousies,
Des vulgaires esprits malignes frénésies. (2
Un sublime écrivain n'en peut être infecté ;
C'est un vice qui suit la Médiocrité.
15 Du Mérite éclatant cette sombre rivale
Contre lui chez les grands incessamment cabale ;
Et, sur les pieds en vain tâchant de se hausser,
Pour s'égaler à lui cherche à le rabaisser. (3
Ne descendons jamais dans ces lâches intrigues : (4

imité quelque chose de ces vers dans ceux-ci de son poëme de la Religion, Chant II :

De la triste Didon partageant les malheurs,
Son bûcher fut souvent arrosé de mes pleurs.

1. C'est-à-dire que, quelque noblesse et quelque force qu'on ait dans l'esprit, on laisse percer dans les vers, dans le style, les vices dont le cœur est imbu.

2. « Ce que vous dites des esprits médiocres, écrivait Racine à Boi- » leau au sujet de ces vers, est fort vrai, et m'a frappé, il y a long- » temps, dans votre Poétique. » (Lettre du 3 juin 1692.)

3. La médiocrité et le mérite personnifiés dans ces vers, et cette personnification formant une peinture aussi piquante que vraie.

4. Le Brun aimerait mieux *à ces lâches*, que *dans ces lâches intrigues*. Mais *dans* a ici, ce me semble, une énergie que n'aurait pas *à* : il fait entendre qu'on ne va pas seulement jusqu'aux intrigues, mais qu'on y entre, qu'on s'y implique, s'il faut le dire, et qu'on y prend une part très-active.

120 N'allons point à l'honneur par de honteuses brigues.
　　Que les vers ne soient pas votre éternel emploi : (1
Cultivez vos amis, soyez homme de foi. (2
C'est peu d'être agréable et charmant dans un livre,
Il faut savoir encore et converser et vivre.
125　Travaillez pour la gloire, et qu'un sordide gain
Ne soit jamais l'objet d'un illustre écrivain.
Je sais qu'un noble esprit peut, sans honte et sans crime,
Tirer de son travail un tribut légitime : (3
Mais je ne puis souffrir ces auteurs renommés
130 Qui, dégoûtés de gloire, et d'argent affamés, (4

1. Brossette fait assez entendre qu'il s'agit encore ici de ce pauvre Lafontaine, déjà si maltraité plus haut. « Lafontaine, dit-il, n'avait » pour tout mérite que le talent de faire des vers ; et ce talent si rare » n'est pas celui qui fournit le plus de qualités pour la société civile. »

2. « Boileau, observe un des commentateurs, était fondé à donner » le précepte, il avait donné l'exemple. » Mais ce vers serait-il encore, comme on l'a prétendu, dirigé contre Lafontaine, et Boileau y reprocherait-il indirectement au *bon-homme* d'avoir donné sa voix pour exclure de l'Académie française l'abbé Furetière, son confrère, et son ancien ami? Aimons à croire que non. Pour les deux vers qui suivent celui-là, on pourrait très-bien les appliquer à Lafontaine, quand il serait constant que Boileau, en les faisant, ne pensait point à lui. Lafontaine, si *agréable* et si *charmant dans ses livres*, était loin en effet de porter cet *agrément* et ce *charme* dans le commerce de la vie.

3. Boileau faisait présent de ses ouvrages, et jamais libraire, à ce que l'on croit, ne lui en a payé aucun. Racine, au contraire, retirait quelque rétribution des siens, et c'est en sa faveur, c'est pour le consoler en quelque sorte, qu'ont été faits ces deux vers-là.

4. Boileau félicitait Corneille du succès de ses Tragédies, et de la gloire qui lui en revenait. : « Oui, répondit Corneille, je suis soûl de » gloire et affamé d'argent. » Voilà ce que rapporte Brossette ; mais

Mettent leur Apollon aux gages d'un libraire, (1
Et font d'un art divin un métier mercenaire.

V. Avant que la Raison, s'expliquant par la voix, (2
Eût instruit les humains, eût enseigné des lois,
Tous les hommes suivaient la grossière nature,
Dispersés dans les bois couraient à la pâture ;
La force tenait lieu de droit et d'équité ;
Le meurtre s'exerçait avec impunité.
Mais du discours enfin l'harmonieuse adresse (3
De ces sauvages mœurs adoucit la rudesse,
Rassembla les humains dans les forêts épars,
Enferma les cités de murs et de remparts, (4
De l'aspect du supplice effraya l'Insolence, (5
Et sous l'appui des lois mit la faible Innocence.
5 Cet ordre fut, dit-on, le fruit des premiers vers.
De là sont nés ces bruits reçus dans l'univers,

si Boileau, comme l'observe très-bien M. de St-Surin, a pu mettre en vers une réponse chagrine du grand tragique, est-il à croire qu'il ait voulu le caractériser par un trait aussi peu noble et aussi peu honorable ?

1. *Leur Apollon*, pour Les productions de leur Apollon, et en outre pour leur génie : double métonymie de la cause.

2. C'est-à-dire, par la parole.

3. *L'harmonieuse adresse*, pour *L'adroite harmonie*.

4. Le *mur* est un ouvrage de maçonnerie, c'est-à-dire, un ouvrage en pierre, en brique, en chaux, en plâtre et autres matières semblables; le *rempart* est une levée de terre plus ou moins épaisse : un *mur* peut servir de *rempart*, mais un *rempart* peut n'être pas un *mur*.

5. L'*insolence*, pour l'insolent; comme dans le vers qui suit, l'*innocence*, pour l'innocent; l'abstrait pour le concret : espèce de synecdoque.

Qu'aux accens dont Orphée emplit les monts de Thrace,
Les tigres amollis dépouillaient leur audace ; (1
Qu'aux accords d'Amphion les pierres se mouvaient, (2
150 Et sur les murs thébains en ordre s'élevaient.
L'harmonie en naissant produisit ces miracles.
Depuis, le Ciel en vers fit parler les oracles ; (3
Du sein d'un prêtre, ému d'une divine horreur,
Apollon par des vers exhala sa fureur. (4
155 Bientôt, ressuscitant les héros des vieux âges,

1. *Orphée*, poëte et musicien célèbre, était, selon les uns, fils d'Apollon et de Clio ; et, selon les autres, fils d'Œagre, roi de Thrace, et de Calliope, muse de l'éloquence et de la poésie héroïque. Sa vie appartient au merveilleux de la Mythologie.

2. *Amphion*, fils de Jupiter et d'Antiope, femme de Lycus, roi de Thèbes en Béotie, ne porta guère moins loin qu'Orphée le charme et le pouvoir de la musique. Disciple de Mercure, il avait reçu de ce dieu une lyre au son de laquelle il bâtit les remparts de la nouvelle Thèbes, fondée par Cadmus, sur le modèle de la célèbre Thèbes d'Egypte. Cette ville est aujourd'hui, *Tiva*, ou *Stèves* en Livadie, province de la Turquie d'Europe.

3. Les *Oracles* étaient les réponses que les païens s'imaginaient recevoir de leurs dieux touchant l'avenir. On appelait aussi de ce nom le dieu qui était censé rendre ces réponses, et même le lieu où elles se rendaient. Les *Oracles* les plus célèbres de l'antiquité furent ceux de Delphes, de Dodone, et l'antre de Trophonius.

4. C'est surtout à Delphes, où il avait un temple superbe, qu'Apollon rendait ses oracles : il les rendait, ou, pour mieux dire, ses prêtres les faisaient rendre par la bouche d'une prêtresse appelée *Pythie*, du nom du fameux serpent Python tué par le dieu. Dès que la *Pythie*, assise sur le trépied sacré, commençait à recevoir l'inspiration divine, on la voyait entrer en fureur, ses cheveux se dresser sur sa tête ; son regard était farouche, sa bouche écumait, un tremblement subit s'emparait de tout son corps ; ses cris, ses hurlemens faisaient retentir le temple, et jetaient une sainte frayeur dans l'âme des assistans.

## CHANT QUATRIÈME.

Homère aux grands exploits anima les courages. (1
Hésiode, à son tour, par d'utiles leçons,
Des champs trop paresseux vint hâter les moissons. (2
En mille écrits fameux la sagesse tracée
60 Fut, à l'aide des vers, aux mortels annoncée;
Et partout des esprits ses préceptes vainqueurs,
Introduits par l'oreille, entrèrent dans les cœurs.
Pour tant d'heureux bienfaits les muses révérées
Furent d'un juste encens dans la Grèce honorées; (3
165 Et leur art, attirant le culte des mortels,
A sa gloire en cent lieux vit dresser des autels. (4

1. *Courages*, pour Cœurs. On le trouve souvent en ce sens au pluriel dans les poëtes du dix-septième siècle. L'Académie dit encore, *Un grand courage*, pour Un grand cœur, pour Une âme noble : *Un grand courage dédaigne de se venger : Les grands courages ne se laissent point abattre par l'adversité.*

2. Hésiode, qui vivait vers le temps d'Homère, et par conséquent environ mille ans avant Jésus-Christ, a fait, entre autres ouvrages, *Les travaux et les jours*, espèce de poëme sur l'Agriculture, auquel Virgile a emprunté plusieurs traits de ses *Géorgiques*.

3. Les *Muses*, apparemment pour Les nourrissons des muses, pour Les poëtes : car les muses elles-mêmes étaient, ainsi qu'Apollon, au rang des divinités.

4. *A la gloire de leur art*, de cet art sublime des vers dont la *hauteur* est si difficile à atteindre. Nous avons eu déjà occasion de dire que les poëtes furent anciennement regardés comme des personnes sacrées, comme des êtres en quelque sorte surnaturels, en qui habitait un dieu, ou qui du moins entretenaient avec le Ciel un commerce intime. Il est bien certain qu'Homère, entre autres, fut après sa mort honoré comme un dieu. Ptolémée-Philopator, roi d'Égypte, lui érigea un temple magnifique, dans lequel il plaça sa statue, et tout au tour les plans des villes qui se disputaient l'honneur de l'avoir vu naître.

Mais enfin, l'indigence amenant la bassesse,
Le Parnasse oublia sa première noblesse. (1
Un vil amour du gain, infectant les esprits,
170 De mensonges grossiers souilla tous les écrits ;
Et partout, enfantant mille ouvrages frivoles,
Trafiqua du discours et vendit les paroles. (2

  VI. Ne vous flétrissez point par un vice si bas.
Si l'or seul a pour vous d'invincibles appas,
175 Fuyez ces lieux charmans qu'arrose le Permesse : (3
Ce n'est point sur ses bords qu'habite la richesse.
Aux plus savans auteurs, comme aux plus grands guerriers,
Apollon ne promet qu'un nom et des lauriers. (4
Mais quoi ! dans la disette une muse affamée
180 Ne peut pas, dira-t-on, subsister de fumée.
Un auteur qui, pressé d'un besoin importun,
Le soir entend crier ses entrailles à jeun,
Goûte peu d'Hélicon les douces promenades : (5
Horace a bu son soûl quand il voit les Ménades ; (6

 1. Le *Parnasse*, pour les poëtes, comme dans ce vers du premier Chant :

  Le Parnasse parla le langage des halles.

 2. Vers très-noble par un heureux assortiment des termes les plus simples, ou même les plus vulgaires, tels que *trafiquer* et *vendre*.

 3. Le *Permesse*, petite rivière consacrée à Apollon et aux Muses, et qui avait sa source dans l'Hélicon.

 4. Le laurier était même particulièrement consacré à Apollon.

 5. L'*Hélicon*, montagne de Béotie, entre le Parnasse et le Cythéron, et qui, comme le Parnasse et le Pinde, était chère à Apollon et aux Muses.

 6. *Ménades*, surnom des Bacchantes, dérivé de μαίνεσθαι, être en fureur. Il leur fut donné, parce que dans la célébration des

185 Et, libre du souci qui trouble Colletet, (1
　　N'attend pas pour dîner le succès d'un sonnet.
　　　Il est vrai : mais enfin cette affreuse disgrâce
　　Rarement parmi nous afflige le Parnasse. (2
　　　Et que craindre en ce siècle, où toujours les beaux arts
190 D'un astre favorable éprouvent les regards ;
　　Où d'un prince éclairé la sage prévoyance
　　Fait partout au mérite ignorer l'indigence ? (3

orgies, elles étaient agitées de transports furieux. Le Poëte fait allusion au dithyrambe où Horace feint d'avoir vu et entendu Bacchus au milieu de son cortège de Bacchantes et de Satyres, et où dans son enthousiasme il s'écrie : EVOHE ! EVOHE ! C'est la 16e Ode du liv. III.

1. C'est *François*, et non *Guillaume Colletet*. *Guillaume*, père de *François*, fut l'un des premiers membres de l'Académie française, et l'un des poëtes protégés par le cardinal de Richelieu. Il eut quelque réputation, et ne sut pas conserver les ressources que ses protections et ses travaux lui avaient procurées. *François*, né en 1628, hérita de son insouciance et de sa pauvreté, ainsi que de son goût pour la poésie. On a de lui des cantiques spirituels, et de petites poésies insipides, réunies sous le titre de *La Muse coquette*. Ce même Colletet est celui dont il est dit dans la première Satire :

　　Tandis que Colletet, crotté jusqu'à l'échine,
　　S'en va chercher son pain de cuisine en cuisine.

2. Le Parnasse, comme déjà tant de fois, pour Les poëtes.

3. Le Poëte a encore retracé dans deux autres écrits la bienfaisance de Louis XIV envers les gens de lettres :

1°. Dans la Satire 1re :

　　Il est vrai que du Roi la bonté secourable
　　Jette enfin sur la muse un regard favorable ;
　　Et réparant du sort l'aveuglement fatal,
　　Va tirer désormais Phébus de l'hôpital.

2°. Dans l'Épître 1re au Roi :

　　Est-il quelque vertu dans les glaces de l'ourse,
　　Ni dans les lieux brûlés où le jour prend sa source,
　　Dont la triste Indigence ose encore approcher,
　　Et qu'en foule tes dons d'abord n'aillent chercher.

VII. Muses, dictez sa gloire à tous vos nourrissons : (1
Son nom vaut mieux pour eux que toutes vos leçons.
195 Que Corneille, pour lui rallumant son audace,
Soit encor le Corneille et du Cid et d'Horace : (2
Que Racine, enfantant des miracles nouveaux,
De ses héros sur lui forme tous les tableaux : (3
Que de son nom, chanté par la bouche des belles,
200 Benserade (4) en tous lieux amuse les ruelles : (4

« On aime, dit M. de St-Surin, à comparer les différentes manières
» d'un poète qui reproduit cent fois la même idée avec des couleurs
» toujours variées et toujours habilement assorties. »

1. *Dictez sa gloire*, belle expression elliptique, pour dire, Dictez le récit de sa gloire, le récit des grandes et belles actions qui font sa gloire.

2. « Ne le suis-je pas toujours », disait Corneille, en lisant ces deux vers, qu'il prit en mauvaise part. Ce grand homme, chargé de couronnes et d'années, se faisait illusion sur ses plus faibles ouvrages. Voici comment il en parlait à Louis XIV, en 1676, deux ans après la publication de l'*Art poétique* :

. . . . . . . Les derniers n'ont rien qui dégénère
Rien qui les fasse croire enfans d'un autre père :
Ce sont des malheureux étouffés au berceau,
Qu'un seul de tes regards tirerait du tombeau.

3. On donnait, vers ce temps-là, les premières représentations d'*Iphigénie*, et Racine n'avait point encore enfanté le *miracle de Phèdre*, ni le *miracle d'Athalie*.

4. *Benserade*, né à Lyons dans la Haute-Normandie, en 1612, et mort à Paris en 1690, a eu de son temps quelque réputation par ses chansons et par les vers qu'il composa pour les ballets du Roi. Mais il la compromit en mettant les *métamorphoses* d'Ovide en rondeaux. Il était si habitué à ce pitoyable genre de plaisanterie que nous appelons *Calembourg*, qu'il ne put s'en abstenir même dans le fort de la maladie dont il mourut : « C'est un homme mort, disaient les médecins à sa garde ; cependant continuez à lui donner » de la poule bouillie. » — « Pourquoi du bouilli, dit Benserade, » puisque je suis *frit* ? »

5. On appelait *ruelles*, dans ce temps-là, des assemblées qui se

Que Segrais dans l'églogue en charme les forêts ; (1
Que pour lui l'épigramme aiguise tous ses traits. (2
Mais quel heureux auteur, dans une autre Énéide,
Aux bords du Rhin tremblant conduira cet Alcide ? (3
205 Quelle savante lyre, au bruit de ses exploits,
Fera marcher encor les rochers et les bois ; (4
Chantera le Batave, éperdu dans l'orage,
Soi-même se noyant pour sortir du naufrage (5;

tenaient chez les dames pour les conversations d'esprit. Mais ce mot n'est plus usité dans ce sens. « Il y a long-temps, dit Laharpe, qu'il
» n'est plus question de *ruelles*. Aujourd'hui nos rimeurs galans,
» qui font l'amour dans les almanachs, ne croiraient pas leurs vers de
» bon ton, s'ils n'y plaçaient pas un *boudoir;* et peut-être dans cent
» ans, si la mode change, le *boudoir* aura passé comme la *ruelle*. »

1. *Segrais*, qu'on lit peu aujourd'hui, était alors d'autant plus en estime que l'églogue était fort en honneur. S'il est faible, même dans ce genre de poésie, on ne peut du moins lui contester le mérite d'en avoir bien saisi le caractère et le ton. « Il a, comme dit
» Laharpe, du naturel, de la douceur, et du sentiment, et si l'on veut
» songer qu'il écrivait avant les maîtres de la poésie française, n'ayant
» encore pour modèles que Malherbe et Racan, on pourra trouver
» excusables les fautes de sa versification. »

2. L'*Épigramme*, qui n'est aujourd'hui regardée que comme un petit poëme malin et satirique, était alors sans doute regardée par Boileau, de même que par les Anciens, comme pouvant admettre la louange, et être tournée en éloge.

3. *Alcide*. On appelait ainsi Hercule, du nom d'Alcée, son aïeul.

4. Allusion aux prodiges de la lyre d'Orphée.

5. La Hollande s'appelait autrefois *Batavie*. Louis XIV, après le passage du Rhin, l'avait envahie en très-grande partie, et Amsterdam même se disposait à lui envoyer ses clefs. Les Hollandais n'eurent d'autre ressource, pour sauver le reste de leur pays, que de le submerger et de se noyer en quelque sorte, en lâchant les écluses.

8.

Dira les bataillons sous Mastricht enterrés, (1
210 Dans ces affreux assauts du soleil éclairés ? (2
Mais tandis que je parle, une gloire nouvelle
Vers ce vainqueur rapide aux Alpes vous appelle. (3
Déjà Dole et Salins sous le joug ont ployé ; (4
Besançon fume encor sous son roc foudroyé. (5
215 Où sont ces grands guerriers dont les fatales ligues (6
Devaient à ce torrent opposer tant de digues ?

1. Mastricht, l'une des plus fortes places de la Hollande, restait encore aux Hollandais après les pertes immenses qu'ils avaient faites en 1672. Louis XIV en fit le siége en personne ; et après plusieurs assauts donnés en *plein jour*, et dans lesquels on avait emporté tous les dehors l'épée à la main, cette fameuse place se rendit le 29 juin 1673, le siége ayant duré treize jours selon les uns, et huit jours selon les autres, tels que Voltaire.

2. « *Du soleil éclairés*, me paraît mis pour la rime », dit Le Brun. Non, il n'est pas mis pour la rime, mais pour marquer que les assauts avaient eu lieu *en plein jour*.

3. *Aux Alpes*, c'est-à-dire, vers les Alpes, non loin desquelles se trouve la Franche-Comté.

4. Places de la Franche-Comté, à la distance d'environ huit lieues l'une de l'autre, et aujourd'hui toutes deux dans le département du Jura. Les anciennes éditions portaient qu'elles avaient été prises en hiver ; mais elles le furent en été, *Dôle* le 6, et *Salins* le 22 juin 1674.

5. *Besançon* est au pied d'un *rocher*, sur le plateau duquel est assise une vaste et forte citadelle. Le Roi s'en rendit maître le 15 mai 1674, et, depuis cette époque, il a, comme toute la Franche-Comté, appartenu à la France, dont il est une des plus belles villes.

6. L'empereur et le roi d'Espagne avaient renouvelé, en 1673, un traité d'alliance avec les Hollandais ; et le roi d'Angleterre avait fait la paix avec ces derniers le 19 février 1674 : ils étaient tous ensemble ligués contre la France, qui se trouvait abandonnée à ses propres forces.

## CHANT QUATRIÈME.

Est-ce encore en fuyant qu'ils pensent l'arrêter,
Fiers du honteux honneur d'avoir su l'éviter ? (1
Que de remparts détruits ! que de villes forcées !
220 Que de moissons de gloire en courant amassées ! (2
 Auteurs, pour les chanter redoublez vos transports:
Le sujet ne veut pas de vulgaires efforts.
 Pour moi, qui, jusqu'ici nourri dans la satire,
N'ose encor manier la trompette et la lyre, (3
225 Vous me verrez pourtant, dans ce champ glorieux, (4
Vous animer du moins de la voix et des yeux;
Vous offrir ces leçons que ma muse au Parnasse
Rapporta, jeune encor, du commerce d'Horace; (5

1. Montécuculli, général de l'armée d'Allemagne pour les alliés, s'applaudissait d'avoir, en 1673, malgré les savantes manœuvres de Turenne, opéré sa jonction avec le prince d'Orange, sans être contraint de livrer bataille. C'est à cette sorte de *fierté* que le Poëte fait allusion. *Honteux honneur*, belle alliance de mots.

2. On ne peut réellement *moissonner* que les *lauriers*; mais les *lauriers* étant le signe de la *gloire*, le Poëte a pu, par *métonymie*, substituer le dernier nom au premier. Racine, dans *Iphigénie*, Acte V :

  Songez, Seigneur, songez à ces *moissons de gloire*,
  Qu'à vos vaillantes mains présente la victoire.

3. Pour dire, N'ose traiter la poésie épique ni la poésie lyrique. L'Auteur osa plus tard faire une ode qui prouve que ce dernier genre n'était pas en effet le sien. Peut-on bien conclure du *Lutrin*, ou même du *Passage du Rhin*, qu'il eût bien réussi dans l'Épopée héroïque? Quoi qu'il en soit, ce n'est pas *La trompette et la lyre*, mais bien *La trompette ni la lyre*, qu'il fallait, ce me semble, puisque ces deux instrumens sont ici pour deux genres de poésie assez différens l'un de l'autre.

4. Ou, si l'on veut, dans cette carrière, dans cette lice glorieuse.

5. Quel honneur ne fait pas au Poëte cet hommage éclatant qu'il

Seconder votre ardeur, échauffer vos esprits,
230 Et vous montrer de loin la couronne et le prix.
Mais aussi pardonnez, si, plein de ce beau zèle,
De tous vos pas fameux observateur fidèle,
Quelquefois du bon or je sépare le faux, (1
Et des auteurs grossiers j'attaque les défauts :
235 Censeur un peu fâcheux, mais souvent nécessaire,
Plus enclin à blâmer, que savant à bien faire. (2

rend ici à Horace pour tout ce qu'il doit à ce grand maître dans l'art des vers !

1. Très-bel allégorisme, pour dire : *Je sépare le mauvais du bon.*

2. Pradon, qui, pour cause, ne trouvait qu'à redire dans tout l'*Art poétique*, louait du moins ce vers modeste, qu'il disait juste et très-vrai relativement à l'Auteur.

# SUPPLÉMENT
## AUX NOTES DU QUATRIÈME CHANT.

## IMITATIONS.

1. Il est dans tout autre art des degrés différens ;
On peut avec honneur remplir les seconds rangs.
Mais dans l'art dangereux de rimer et d'écrire,
Il n'est point de degrés du médiocre au pire.

. . . . . . . . . . . . . . . *Hoc tibi dictum*
*Tolle memor : certis medium et tolerabile rebus*
*Rectè concedi. Consultus juris, et actor*
*Causarum mediocris, abest virtute diserti*
*Messalæ, nec scit quantùm Cassellius Aulus ;*
*Sed tamen in pretio est : mediocribus esse poëtis*
*Non homines, non Di, non concessére columnæ.*

HORACE, *Art poétique*, vers 367.

2. Aborde en récitant quiconque le salue,
Et poursuit de ses vers les passans dans la rue.

*Indoctum doctumque fugat recitator acerbus.*

Id., v. 474.

3. Qu'en savantes leçons votre muse fertile
Partout joigne au plaisant le solide et l'utile.

*Omne tulit punctum, qui miscuit utile dulci,*
*Lectorem delectando pariterque monendo.*

Id., v. 343.

4. De là sont nés ces bruits reçus dans l'univers,
Qu'aux accens dont Orphée emplit les monts de Thrace,
Les tigres amollis dépouillaient leur audace ;

Qu'aux accords d'Amphion les pierres se mouvaient,
Et sur les murs Thébains en ordre s'élevaient, etc.

*Silvestres homines sacer interpresque deorum*
*Cædibus et victu fœde deterruit Orpheus;*
*Dictus ob hoc lenire tigres rabidosque leones.*
*Dictus et Amphion, Thebanæ conditor arcis,*
*Saxa movere sono testudinis,* etc.

En général tout ce bel éloge de la poésie, qui en comprend l'histoire, est imité d'Horace.

*Art poét.*, v. 392.

5. Un auteur qui, pressé d'un besoin importun,
Le soir entend crier ses entrailles à jeun,
Goûte peu d'Hélicon les douces promenades :
Horace a bu son soûl quand il voit les Ménades.

. . . . . . . . . . *Neque enim cantare sub antro*
*Pierio, Thyrsumve potest contingere mæsta*
*Paupertas, atque æris inops, quo nocte dieque*
*Corpus eget. Satur est cùm dicit Horatius :* OHE !

JUVÉNAL, *Sat. VII*, vers 59.

6. Mais tandis que je parle, une gloire nouvelle
Vers ce vainqueur rapide aux Alpes vous appelle.

« Virgile, observe Brossette, a aussi daté ses Géor-
» giques par les victoires d'Auguste. »

*Hæc super arvorum cultu, pecorumque canebam,*
*Et super arboribus; Cæsar dùm magnus ad altum*
*Fulminat Euphratem bello, victorque,* etc.

7. Fiers du honteux honneur d'avoir su l'éviter.

. . . . . . . . . *Quos opimus*
*Fallere et effugere est triumphus.*

HOR., liv. 4, *Ode IV*, v. 51.

# OBSERVATIONS GÉNÉRALES.

» Le quatrième chant, dit M. de St-Surin, est ce
« qu'il devait être. Après avoir médité sur l'impor-
» tance des règles, dans les trois précédens, on ren-
» contre dans celui-ci des épisodes habilement va-
» riés (1). La poésie y est rappelée à sa sublime ori-
» gine. Enfin, dans un résumé des leçons de l'expé-
» rience, l'Auteur donne les conseils les plus sages et
» les plus nobles. A ses yeux, les dons de l'esprit sont
» inséparables des qualités du cœur; aussi fait-il en-
» tendre le langage du goût le plus exquis et d'une
» âme très-élevée. »

Tout cela est très-vrai assurément, sauf ce qui est
dit dans la première phrase, que *ce chant est ce qu'il
devait être.* Oui, *l'Auteur donne les conseils les plus
sages et les plus nobles :* oui, il montre *le goût le plus
exquis* et *une âme très-élevée;* et oui encore, aux
conseils de la sagesse, aux leçons de l'expérience, à
ces leçons et à ces conseils dictés en quelque sorte par
la raison de tous les siècles, se trouvent liés des *épisodes habilement variés :* d'abord, l'histoire de ce

(1) Par *épisode*, il faut entendre ici la même chose que par *digression;* il faut entendre ce qui dans le poëme est hors du sujet
principal.

mauvais médecin de Florence, devenu bon architecte ; ensuite, l'histoire de la poésie, ce tableau rapide et animé qui en offre l'origine, le progrès, la perfection et la décadence ; enfin, l'éloquent et magnifique épilogue où l'auteur exhorte les poëtes à célébrer les vertus et les victoires du grand roi qui a donné son nom à son siècle. Mais cependant peut-on dire que le chant soit en effet *ce qu'il devait être ?* C'est ce que nous allons voir.

D'abord, à quoi se réduirait ce chant sans les trois épisodes ? Il n'a en tout que deux cent trente-six vers, et les trois épisodes en font ensemble environ cent six, c'est-à-dire, bien près de la moitié. A quoi se réduirait-il, si, de la partie des leçons et des conseils, on retranchait ce qui a été déjà dit, en d'autres termes, dans le premier chant ; si, par conséquent, on en retranchait les trente ou trente-six vers sur le choix d'un censeur, et quinze ou seize sur la nécessité, pour qui veut écrire, d'étudier, avant tout, son talent, et de le bien connaître ?

Mais c'est au quatrième chant, et non au premier, qu'appartiennent tous ces derniers détails ; et c'est au premier, non au quatrième, qu'appartenait l'histoire de la poésie. Il eût donc dû y avoir une sorte d'échange entre ces deux chants, pour les matières de l'un, qui ont été transportées à l'autre. Avec ces matières seules ils eussent pu être encore respectivement assez pauvres ; mais il eût été possible d'en joindre à celles-là d'autres qui n'y eussent pas été mal assorties. J'ai donné l'*argument* du premier chant, conçu d'après ces vues : je vais donner de même l'argument du quatrième, qui, je l'avoue, ne me paraît *ce qu'il devait être*, que pour le style, comme tous les autres.

*Diversité des talens. — Savoir bien reconnaître le sien. — Point de médiocrité en poésie. — La vertu compagne du vrai talent. — Qualités morales nécessaires au poëte. — Connaissances qu'il doit avoir, et études qu'il doit faire. — Avec quel soin il doit travailler ses ouvrages. — Nécessité d'un censeur, et quel il doit être. — Encouragemens dûs aux lettres par le Gouvernement. — Éloge du Monarque qui les protège et les fait fleurir.*

# DES
# SATIRES DE BOILEAU.

Les *Satires* de Boileau ne sont pas ce qu'on estime le plus de ce grand législateur du Parnasse français. Mais les sept premières même, qui, avec le *Discours au Roi*, furent ses premiers essais poétiques, et parmi lesquelles ne se trouvent pas les deux qu'on regarde généralement comme les meilleures, sont pourtant, au jugement de Laharpe, *le premier ouvrage de poésie où le mécanisme de notre versification ait été parfaitement connu, où la diction ait toujours été élégante et pure, où l'oreille et la langue aient été constamment respectées.* Publiées pour la première fois en 1666, un an avant l'*Andromaque* de Racine, elles eurent un succès prodigieux ; « Et ce n'est » pas seulement, dit le célèbre professeur du » Lycée, parce que c'étaient des satires, » c'est que personne n'avait encore écrit si
« bien

» bien en vers. Les pièces de Molière,
» continue-t-il, ne pouvaient pas être des
» modèles du style soutenu, d'abord, parce
» que le genre comique admet le familier,
» et de plus, parce qu'elles fourmillent de
» fautes de langage et de versification. On
» convient que celles de Corneille, dans un
» autre genre, méritent le même reproche.
» C'était donc la première fois que nous
» avions un ouvrage en vers écrit avec toute
» la perfection dont il était susceptible.
» Boileau nous apprit donc le premier à
» chercher toujours le mot propre, à lui
» donner sa place dans le vers, à faire valoir
» les mots par leur arrangement, à relever
» et ennoblir les plus petits détails, à se
» défendre toute construction irrégulière,
» toute locution basse, toute consonnance
» vicieuse ; à éviter les tournures louches,
» ou prosaïques, ou recherchées, les expres-
» sions parasites et les chevilles ; à cadencer
» la période poétique, à la suspendre, à la
» varier, à tirer parti des césures, à imiter
» avec les sons, à n'user des figures qu'avec
» choix et sobriété ; et qu'est-ce que tout

» cela, si ce n'est apprendre aux poëtes à
» bien faire des vers?.... Aussi est-ce après
» lui que parut un homme (Racine) qui
» joignait au génie dramatique qu'avaient pos-
» sédé Corneille et Molière, une pureté,
» une élégance, une harmonie, une sûreté
» de goût que ni l'un ni l'autre n'avait con-
» nues : et il est à croire que, lié avec Des-
» préaux à l'époque de son *Alexandre*, dont
» la versification laisse encore tant à désirer,
» il apprit à être bien plus précis, plus élé-
» gant, plus châtié, plus sévère dans *Andro-*
» *maque*, et bientôt après à s'élever jusqu'à
» la perfection de *Britannicus* et d'*Athalie*,
» au delà desquels il n'y a rien. »

Mais cet éloge de Boileau par rapport à ses *Satires* et à l'heureuse influence qu'elles ont eue sur notre langue et sur notre système de versification, n'empêche point que Laharpe, en considérant ces productions relativement à celles d'Horace, dont plusieurs sont imitées, ne les mette en général au-dessous de ces dernières, comme moins philosophiques, moins variées, moins spirituelles, comme d'une marche moins vive, moins rapide, enfin, comme offrant plus rarement la forme dramatique du dialogue. Toutefois il reconnaît au Satirique français deux grands avantages sur le Satirique latin : c'est d'avoir plus de poésie et de railler plus finement.

Les *Satires* de Boileau sont au nombre de douze qu'on peut désigner ainsi qu'il suit :
Satire I<sup>re</sup>. Boutade d'un pauvre poëte contre Paris.
— II<sup>e</sup>. L'accord de la rime et de la raison.
— III<sup>e</sup>. Le festin ridicule.
— IV<sup>e</sup>. Les folies humaines.
— V<sup>e</sup>. La vraie noblesse.
— VI<sup>e</sup>. Les embarras de Paris.
— VII<sup>e</sup>. L'irrésistible penchant du Poëte pour la satire.
— VIII<sup>e</sup>. L'homme et la brute.
— IX<sup>e</sup>. Apologie du Poëte contre ses ennemis.
— X<sup>e</sup>. Les femmes et leurs défauts.
— XI<sup>e</sup>. Le vrai et le faux honneur.
— XII<sup>e</sup>. L'équivoque et les maux qu'elle a produits.

Celle de toutes ces satires qu'on estime le moins, c'est la douzième, que l'Auteur enfanta dans sa vieillesse, et qui même ne vit le

jour qu'après sa mort. Après la douzième, c'est, à ce qu'il paraît, la onzième, qui pourtant peut bien, je crois, aller de pair avec telle ou telle des sept premières. La dixième n'est, selon Laharpe, qu'un lieu commun qui rebute par la longueur et révolte par l'injustice : cependant on ne peut disconvenir qu'au milieu de cette exagération digne de Juvénal, elle n'étincelle souvent de beautés mâles ou même sublimes. Les sept premières avaient commencé la réputation de l'Auteur, et elles ont, chacune, leur mérite particulier; elles ont toutes celui de cette correction et de cette élégance encore inconnues dans notre langue avant qu'elles parussent. Mais la huitième, et surtout la neuvième, voilà incontestablement les meilleures des douze, et les plus dignes d'éloges. « Elles ne sont
» pas, dit l'un des plus éclairés et plus judi-
» cieux commentateurs du Poëte (1), elles
» ne sont pas les deux meilleurs ouvrages de
» Despréaux ; mais elles sont peut-être les
» deux plus belles satires que l'on ait jamais
» écrites chez aucun peuple. »

(1) M. Daunou.

# MORCEAUX CHOISIS
## DES SATIRES.

### I.

*Combien il est difficile d'accorder la raison avec la rime.* SAT. II.

Encor si pour rimer, dans sa verve indiscrète,
Ma muse au moins souffrait une froide épithète,
Je ferais comme un autre ; et, sans chercher si loin,
J'aurais toujours des mots pour les coudre au besoin.
5 Si je louais Philis *en miracles féconde*,
Je trouverais bientôt, *à nulle autre seconde;*
Si je voulais vanter un objet *nonpareil*,
Je mettrais à l'instant, *plus beau que le soleil;*
Enfin, parlant toujours d'*astres* et de *merveilles,*
10 De *chefs-d'œuvre des cieux*, de *beautés sans pareilles:*(1
Avec tous ces beaux mots souvent mis au hasard,
Je pourrais aisément, sans génie et sans art,

1. L'Auteur avait particulièrement en vue Gilles Ménage, dont les vers offrent beaucoup de ces expressions de remplissage, tournées ici en ridicule, et qui alors étaient fort à la mode. Ménage, né en 1613, à Angers, mort en 1692, avait beaucoup d'érudition, et a fait entre autres ouvrages, un Dictionnaire étymologique de la langue française.

Et transposant cent fois et le nom et le verbe, (1
Dans mes vers recousus mettre en pièces Malherbe.(2
Mais mon esprit, tremblant sur le choix de ses mots,
N'en dira jamais un, s'il ne tombe à propos,
Et ne saurait souffrir qu'une phrase insipide
Vienne à la fin d'un vers remplir la place vide :
Ainsi, recommençant un ouvrage vingt fois,
Si j'écris quatre mots, j'en effacerai trois. (3

Maudit soit le premier dont la verve insensée
Dans les bornes d'un vers renferma sa pensée,
Et, donnant à ses mots une étroite prison,
Voulut avec la rime enchaîner la raison ! (4

1. Ce vers ne fut fait qu'après celui qui vient à la suite. Lafontaine, Molière et tous les amis de l'Auteur l'avaient cru à-peu-près impossible à cause de la difficulté de la rime ; et lorsque Lafontaine l'entendit pour la première fois : « Ah ! le voilà, s'écria-t-il dans sa » modeste ingénuité. Vous êtes bien heureux. Je donnerais le plus » beau de mes contes pour avoir trouvé cela. »

2. Très-bel *allégorisme*, par lequel ces vers à moitié pillés sont représentés comme des lambeaux ajustés et cousus tant bien que mal ensemble. *Malherbe*, par *Métonymie*, pour les ouvrages de Malherbe.

Au sujet de ce vers et du précédent, Brossette rapporte que Boileau faisait ordinairement le second vers avant le premier, pensant que c'était un des secrets de la poésie, pour donner aux vers beaucoup de sens et de force. Suivant le même commentateur, Boileau conseilla à Racine de suivre cette méthode, et il disait à ce propos : *Je lui ai appris à rimer difficilement.*

3. « Le Poëte, observe M. de Saint-Surin, révèle le secret de sa com-
» position. » On voit bien, ajouterai-je, qu'il pratiquait lui-même le précepte de son *Art poétique :*

Vingt fois sur le métier remettez votre ouvrage, etc.

4. Arnauld d'Andilly, père du célèbre docteur de ce nom, admi-

5 Sans ce métier fatal au repos de ma vie,
  Mes jours pleins de loisir couleraient sans envie :
  Je n'aurais qu'à chanter, rire, boire d'autant,
  Et, comme un gras chanoine, à mon aise et content,
  Passer tranquillement, sans souci, sans affaire,
10 La nuit à bien dormir, et le jour à rien faire. (1
  Mon cœur exempt de soins, libre de passion,
  Sait donner une borne à son ambition;
  Et, fuyant des grandeurs la présence importune, (2
  Je ne vais point au Louvre adorer la fortune :
15 Et je serais heureux, si, pour me consumer, (3

rait particulièrement ces quatre vers, qu'il comparait pour la précision aux quatre fameux de Brébeuf, sur l'art de l'écriture :

  C'est de lui que nous vient cet art ingénieux
  De peindre la parole et de parler aux yeux;
  Et par les traits divers des figures tracées,
  Donner de la couleur et du corps aux pensées.

1. Lafontaine dit, dans son épitaphe si connue, qu'il *fit de son temps deux parts, dont il souloit passer*

  L'une à dormir, et l'autre à ne rien faire.

Boileau eût pu de même employer *ne*, et dire, *Le jour à ne rien faire*. Mais il crut sans doute, en supprimant la négative, ajouter au naturel du vers, et mieux peindre l'indolence de la paresse. Il consulta l'Académie, qui, à ce que dit Brossette, l'approuva tout d'une voix, parce que, par la suppression de la négative, *Rien faire* devenait une espèce d'occupation. Mais cette décision n'a pas été confirmée par l'usage.

2. Les *grandeurs*, ici pour Les grands, par une *synecdoque d'abstraction* très-hardie. On a remarqué l'heureux contraste de la pompe de ces deux vers avec le naturel et la simplicité de ceux qui précèdent.

3. La répétition de *et* fait un mauvais effet : Le Brun trouve que

Un destin envieux ne m'avait fait rimer.

Mais depuis le moment que cette frénésie
De ses noires vapeurs troubla ma fantaisie, (1
Et qu'un démon jaloux de mon contentement
40 M'inspira le dessein d'écrire poliment ;
Tous les jours, malgré moi, cloué sur un ouvrage,
Retouchant un endroit, effaçant une page,
Enfin passant ma vie en ce triste métier,
J'envie, en écrivant, le sort de Pelletier. (2
45 Bienheureux Scudéri, dont la fertile plume
Peut tous les mois sans peine enfanter un volume! (3
Tes écrits, il est vrai, sans art et languissans,
Semblent être formés en dépit du bon sens :
Mais ils trouvent pourtant, quoi qu'on en puisse dire,
50 Un marchand pour les vendre, et des sots pour les lire.
Et quand la rime enfin se trouve au bout du vers,
Qu'importe que le reste y soit mis de travers ?
Malheureux mille fois celui dont la manie (4

le vers en est comme allongé d'un pied de plus. Cependant *et* serait très-bien là, s'il n'était pas encore deux vers plus haut.

1. C'est-à-dire, Mon esprit, ma pensée, mon imagination. En grec φαντασία, de φαντάζομαι, s'imaginer, dérivé de φαίνω, paraître, se montrer.

2. Pelletier eut la simplicité de prendre ce vers pour un éloge. Voir dans l'*Art poétique*, Chant II, la note qui le concerne.

3. C'est le fameux Scudéri, auteur du poëme d'Alaric et de beaucoup de romans. On sent bien que le Poëte ne voudrait pas de cette misérable fécondité dont il semble lui envier le bonheur.

4. *Manie* se dit d'une passion portée jusqu'à la folie ou jusqu'à la fureur ; il ne se prend donc qu'en mauvaise part. Mais on sait que le Poëte est loin de parler sérieusement, et qu'il ne fait que plaisanter.

Veut aux règles de l'art asservir son génie !
55 Un sot, en écrivant, fait tout avec plaisir :
Il n'a point en ses vers l'embarras de choisir ;
Et, toujours amoureux de ce qu'il vient d'écrire,
Ravi d'étonnement, en soi-même il s'admire.
Mais un esprit sublime en vain veut s'élever
60 A ce degré parfait qu'il tâche de trouver ; (1
Et, toujours mécontent de ce qu'il vient de faire,
Il plaît à tout le monde, et ne saurait se plaire : (2
Et tel, dont en tous lieux chacun vante l'esprit,
Voudrait pour son repos n'avoir jamais écrit.

## II.

*Le festin ridicule. Premier service.* SAT. III.

J'enrageais. Cependant on apporte un potage.
Un coq y paraissait en pompeux équipage,
Qui, changeant sur ce plat et d'état et de nom,

---

1. *Qu'il tâche de trouver*, n'est-il pas ici un mauvais pléonasme ? *S'efforcer de s'élever à un degré*, n'est-ce pas à-peu-près *tâcher de le trouver* ; et *tâcher de le trouver*, n'est-ce pas à-peu-près *vouloir s'y élever* ? *Qu'il croit pouvoir trouver* eût été, ce me semble, une expression plus exacte.

2. Quand l'Auteur, en récitant cette pièce à Molière, eut fait entendre ce vers, l'illustre Comique, lui serrant la main, l'interrompit par ces mots : « Voilà la plus belle vérité que vous ayez jamais dite. » Je ne suis pas de ces esprits sublimes dont vous parlez ; mais tel » que je suis, je n'ai rien fait en ma vie dont je sois véritablement » content. »

La Bruyère fait, dans son chapitre des *Ouvrages d'esprit*, une réflexion assez analogue à celle du Poète : « La même justesse d'esprit » qui nous fait écrire de bonnes choses, nous fait appréhender qu'elles » ne le soient pas assez pour mériter d'être lues. »

Par tous les conviés s'est appelé chapon. (1
5 Deux assiettes suivaient, dont l'une était ornée
D'une langue en ragoût, de persil couronnée;
L'autre, d'un godiveau tout brûlé par dehors, (2
Dont un beurre gluant inondait tous les bords.
On s'assied : mais d'abord notre troupe serrée
10 Tenait à peine autour d'une table carrée,
Où chacun, malgré soi, l'un sur l'autre porté,
Faisait un tour à gauche, et mangeait de côté. (3
Jugez en cet état si je pouvais me plaire,
Moi qui ne compte rien ni le vin ni la chère, (4
15 Si l'on n'est plus au large assis en un festin,

1. *S'est appelé chapon par tous les conviés!* Un verbe réfléchi peut-il prendre la préposition *par* avec un régime *actif*, avec un régime qui rende *patient* de l'action ce même sujet qui en est censé l'*agent*, et est dit la produire sur lui-même? Il y a là, ce me semble, contradiction dans les termes. Pourquoi ne pas avoir mis: *Il est appelé chapon?*

2. *Godiveau*, pâté chaud, composé d'andouillettes, de hachis de veau et de béatilles, c'est-à-dire, de menues choses délicates, telles que ris de veau, crêtes de coq, foies gras, ailerons, etc.

3. « Peinture aussi vraie que plaisante, dit Le Brun : le pinceau de » Teniers n'eût pas mieux réussi. » Un épilogueur demanderait si *chacun* peut être *porté l'un sur l'autre* : mais supposé qu'il y eût là une petite incorrection, ne serait-elle pas bien rachetée par la beauté de cette peinture?

4. « On dirait en prose, observe Le Brun, *Moi qui ne compte* » *pour rien.* » En prose on dirait sans négation : *Moi qui compte pour rien*, et peut-être fallait-il aussi le dire en poésie pour l'exactitude du sens : car que signifie le vers de l'Auteur, pris à la lettre? *Moi qui ne fais cas de rien, ni du vin, ni de la chère.* Or, ce n'est pas ce qu'il a voulu dire, mais bien :

Moi qui compte pour rien et le vin et la chère.

Qu'aux sermons de Cassagne ou de l'abbé Cotin. (1

Notre hôte cependant s'adressant à la troupe :
Que vous semble, a-t-il dit, du goût de cette soupe?
Sentez-vous le citron dont on a mis le jus
20 Avec des jaunes d'œufs mêlés dans du verjus ? (2
Ma foi, vive Mignot et tout ce qu'il apprête !
Les cheveux cependant me dressaient à la tête : (3
Car Mignot, c'est tout dire, et dans le monde entier,
Jamais empoisonneur ne sut mieux son métier. (4

1. L'auteur a voulu faire entendre qu'*on était assis au large* aux sermons de ces deux prédicateurs, et c'est sur quoi, au reste, ne laisseraient aucun doute ces deux vers de la Satire IX :

Avant lui Juvénal avait dit en latin :
*Qu'on est assis à l'aise aux sermons de Cotin.*

Mais si l'on voulait prendre les mots selon leur sens le plus naturel, n'entendrait-on pas précisément le contraire? Boursault en avait fait l'observation dans sa *Satire des satires*, et certes ce n'est pas en cela qu'il a eu tort. Il faudrait pour l'exactitude du sens : *Si l'on n'est plus encore au large* : ce seul mot *encore* arrangerait tout, et l'on pourrait l'introduire dans le vers en supprimant *assis*. Observons toutefois que l'expression de l'Auteur est sans reproche, si elle peut se prendre dans un sens ironique.

2. Ces sortes de soupes étaient alors à la mode, et on les appelait des soupes de l'*Écu d'argent*, parce qu'elles étaient de l'invention d'un traiteur qui avait cette enseigne.

3. « *A la tête* est, dit Le Brun, plus poétique et plus euphonique » que *sur la tête*. » Mais *à la tête* se dit en prose comme en vers; on le dit même en conversation. Avec *sur la tête*, il ne faudrait pas: *Les cheveux me dressaient*, mais bien, *Mes cheveux se dressaient*

4. *Mignot*, pâtissier-traiteur, rue de Laharpe, avait la charge de *Maître-queux*, c'est-à-dire, de maître cuisinier de la maison du Roi, et celle d'écuyer de la bouche de la Reine. Il crut qu'il était de son honneur de ne pas souffrir qu'on traitât d'empoisonneur un officier tel que lui. Il porta donc plainte en diffamation devant le lieute-

25 J'approuvais tout pourtant de la voix et du geste,
Pensant qu'au moins le vin dût réparer le reste.
Pour m'en éclaircir donc, j'en demande : et d'abord
Un laquais effronté m'apporte un rouge-bord (1
D'un auvernat fumeux, qui, mêlé de lignage, (2
30 Se vendait chez Crenet (3) pour vin de l'hermitage,(4
Et qui, rouge et vermeil, mais fade et doucereux,
N'avait rien qu'un goût plat et qu'un déboire affreux. (5

nant-criminel et devant le procureur du Roi. Ces magistrats le renvoyèrent en lui disant que c'était une plaisanterie dont il devait rire lui-même tout le premier. Alors, résolu à se faire justice lui-même, il s'avisa d'un expédient tout nouveau. Il fit imprimer à ses frais une satire de Cotin contre leur ennemi commun, et il en enveloppait tous les biscuits qu'on venait acheter chez lui. Cela leur donna une vogue extraordinaire. Boileau lui-même en envoyait chercher quand il voulait s'égayer avec ses amis. La colère de Mignot s'apaisa quand il vit que le trait satirique qu'il avait regardé comme le signal de sa ruine, n'avait fait que servir à le rendre célèbre et à l'enrichir.

1. On appelle aujourd'hui *rouge-bord* un verre plein de vin jusqu'au bord. *Rasade* veut dire aussi un verre plein jusqu'au bord ; mais il s'entend de toute sorte de liqueur, et non pas seulement du vin *rouge.*

2. L'*Auvernat* et le *Lignage,* deux fameux vins du terroir d'Orléans. L'*Auvernat* tire son nom d'un raisin noir dont le plant est venu d'*Auvergne*: le *Lignage* est moins fort en couleur, parce qu'il se fait avec toutes sortes de raisins.

3. Fameux marchand de vin, logé à la Pomme de pin, vis-à-vis l'église de la Madeleine, près du Pont-Notre-Dame. Ce cabaret était déjà renommé du temps de Regnier et de Rabelais.

4. L'*Hermitage,* nom d'un coteau du Dauphiné, renommé pour son excellent vin : ce coteau touche presque au Rhône, et domine les deux petites villes de Tain et de Tournon, situées sur les deux rives opposées de ce fleuve.

5. Le *déboire* est le mauvais goût qui reste d'une liqueur après qu'on l'a bue.

A peine ai-je senti cette liqueur traîtresse,
Que de ces vins mêlés j'ai reconnu l'adresse. (1
35 Toutefois avec l'eau, que j'y mets à foison,
J'espérais adoucir la force du poison.
Mais, qui l'aurait pensé? pour comble de disgrace,
Par le chaud qu'il faisait nous n'avions point de glace.
Point de glace, bon Dieu! dans le fort de l'été!
40 Au mois de juin (2)! Pour moi, j'étais si transporté, (3
Que, donnant de fureur tout le festin au diable,
Je me suis vu vingt fois prêt à quitter la table;
Et, dût-on m'appeler et fantasque et bourru,
J'allais sortir enfin quand le rôt a paru. (4

1. *L'adresse de ces vins mêlés*, pour *L'adresse du mélange de ces vins*, ce qui serait pour *Le mélange adroit*, etc. : *Synecdoque d'abstraction* remarquable par sa hardiesse.

2. Dans ce temps-là il n'y avait que ceux qui se piquaient de rafinement qui sussent ce que c'était que de boire à la glace. Ce n'est que vers la fin du dix-septième siècle qu'a commencé à être un peu plus connu ce genre de jouissance dont les anciens Romains faisaient leurs délices. Au reste, il faut observer que ce n'est pas l'Auteur lui-même qui parle et fait ce récit, mais un interlocuteur qu'il a mis en scène, et que l'on croit être le comte du Broussin, grand connaisseur et grand amateur en fait de repas.

3. On peut dire simplement *transporté* lorsqu'il s'agit de transports de joie ou de plaisir; mais il n'en est pas de même lorsqu'il s'agit de transports de fureur : alors il faut nécessairement que *de fureur* se trouve joint à *transporté*. *Fureur* est bien dans le vers suivant, mais il eût été mieux à sa place dans celui-ci.

4. L'Auteur avait demandé au comte du Broussin s'il fallait dire, *Le Rôt*, ou *le Rôti*: « Le Rôt est plus noble, » lui répondit gravement le comte, qui ne plaisantait pas sur les repas, et qui se vantait de posséder à fond la science que l'on appelle aujourd'hui du nom de *Gastronomie*.

## III.

*Le festin ridicule. Second service.* SAT. III.

   Sur un lièvre flanqué de six poulets étiques (1
S'élevaient trois lapins, animaux domestiques,
Qui, dès leur tendre enfance, élevés dans Paris, (2
Sentaient encor le chou dont ils furent nourris.
5 Autour de cet amas de viandes entassées
Régnait un long cordon d'alouettes pressées, (3
Et sur les bords du plat six pigeons étalés
Présentaient pour renfort leurs squelettes brûlés. (4
A côté de ce plat paraissaient deux salades,
10 L'une de pourpier jaune, et l'autre d'herbes fades,
Dont l'huile de fort loin saisissait l'odorat,
Et nageait dans des flots de vinaigre rosat. (5
Tous mes sots, à l'instant changeant de contenance,
Ont loué du festin la superbe ordonnance;

  1. Les viandes alors se servaient en pyramide dans une espèce de bassin. *Flanqué*, c'est-à-dire, qui avait à ses *flancs*, à ses côtés.

  2. *S'élevaient* et *élevés* ne se trouvent-ils pas un peu trop rapprochés, quoiqu'ils ne soient pas tous deux dans le même sens, mais l'un dans un sens physique, l'autre dans un sens moral?

  3. Les Latins disaient, Une *couronne* d'alouettes, de grives, de tourds, etc., comme Martial dans ce vers :

    *At mihi de turdis facta corona placet.*

  4. « C'est là, j'en conviens, dit Laharpe, un très-mauvais rôt;
» mais ce sont de bien bons vers. »

  5. *Rosat*, adjectif des deux genres, se dit de quelques compositions dans lesquelles il entre des roses.

5 Tandis que mon faquin, qui se voyait priser,
Avec un ris moqueur les priait d'excuser.
Surtout certain hableur, à la gueule affamée, (1
Qui vint à ce festin conduit par la fumée,
Et qui s'est dit profès dans l'ordre des coteaux, (2
20 A fait, en bien mangeant, l'éloge des morceaux. (3
Je riais de le voir, avec sa mine étique,
Son rabat jadis blanc, et sa perruque antique,
En lapins de garenne ériger nos clapiers, (4
Et nos pigeons cauchois en superbes ramiers; (5
25 Et, pour flatter notre hôte, observant son visage,
Composer sur ses yeux son geste et son langage : (6

1. L'Auteur a voulu, dit-on, désigner un ancien président de la cour des Monnaies, son cousin issu de germain, qui avait dissipé tout son bien, et se trouvait réduit à vivre chez ses amis.

2. Ce nom fut, suivant Boileau, donné à trois grands seigneurs tenant table ouverte, et qui étaient partagés sur l'estime qu'on devait faire des vins de trois coteaux des environs de Reims en Champagne. Le *profès* est celui *qui a fait profession* dans un ordre religieux, c'est-à-dire, celui qui s'est engagé dans cet ordre par les vœux d'usage, après le temps du noviciat expiré. On sent bien que ce mot et celui d'*ordre* ne sont ici qu'en plaisanterie.

3. Vers devenu proverbe.

4. Les lapins domestiques. On les appelle *clapiers* du nom d'une machine de bois où l'on a coutume de les élever, et qui est faite à l'imitation des *clapiers* de garenne, lesquels sont certains petits trous creusés exprès pour les lapins.

5. *Cauchois* veut dire à la lettre, Du pays de Caux en Normandie; mais on appelle ainsi des pigeons d'une grosse espèce, tels que ceux du pays de Caux. *Ramiers,* pigeons sauvages qui perchent sur les arbres.

6. Racine dans *Britannicus :*
Mais ceux qui de la cour ont un plus long usage,
Sur les yeux de César composent leur visage.

Quand notre hôte charmé, m'avisant sur ce point :
« Qu'avez-vous donc, dit-il, que vous ne mangez point?(1
» Je vous trouve aujourd'hui l'âme tout inquiète,
» Et les morceaux entiers restent sur votre assiette.
» Aimez-vous la muscade ? on en a mis partout. (2
» Ah! monsieur, ces poulets sont d'un merveilleux goût!
» Ces pigeons sont dodus, mangez, sur ma parole.
» J'aime à voir aux lapins cette chair blanche et molle. (3
» Ma foi, tout est passable, il le faut confesser,
» Et Mignot aujourd'hui s'est voulu surpasser.
» Quand on parle de sauce, il faut qu'on y rafine ;
» Pour moi, j'aime surtout que le poivre y domine :
» J'en suis fourni, Dieu sait ! et j'ai tout Pelletier
» Roulé dans mon office en cornets de papier. (4 »
A tous ces beaux discours j'étais comme une pierre,
Ou comme la statue est au Festin de Pierre ; (5

1. Tour un peu négligé, si l'on veut, mais qui ne déplaît point dans le style familier. Entre *Qu'avez-vous donc* et *Que vous ne mangez point*, on supplée une Ellipse : *Qui fait* ou *Qui est cause ?*

2. Autre vers devenu proverbe. La *muscade* autrefois recherchée, n'était plus alors de mode.

3. Voyez encore le bon goût de l'hôte! Cette *chair blanche et molle* qu'il vante est précisément celle des mauvais lapins, des *clapiers*.

4. Raillerie d'autant plus fine qu'elle est indirecte. Ce *Pelletier* est celui dont l'Auteur dit dans la seconde satire :

J'envie en écrivant le sort de *Pelletier*.

*Tout Pelletier*, pour Tous les ouvrages de Pelletier : espèce de *Métonymie de la cause.*

5. Dans une pièce de Molière qui porte le titre de *Festin de*

Et, sans dire un seul mot, j'avalais au hasard
Quelque aile de poulet dont j'arrachais le lard.
5 Cependant mon hâbleur, avec une voix haute,
Porte à mes campagnards la santé de notre hôte,
Qui tous deux pleins de joie, en jetant un grand cri,
Avec un rouge-bord acceptent son défi.
Un si galant exploit réveillant tout le monde,
50 On a porté partout des verres à la ronde,
Où les doigts des laquais, dans la crasse tracés,
Témoignaient par écrit qu'on les avait rincés. (1
Quand un des conviés, d'un ton mélancolique,
Lamentant tristement une chanson bachique, (2
55 Tous mes sots à la fois, ravis de l'écouter,
Détonnant de concert, se mettent à chanter.
La musique sans doute était rare et charmante !
L'un traîne en longs fredons une voix glapissante ;

*Pierre*, et que Thomas Corneille a mise en vers, une statue de marbre ou de pierre paraît à table comme un convive.

1. Comme l'Auteur sait ennoblir ce qu'il y a de plus vil ! Pradon disait que c'étaient les *doigts* des laquais, plutôt que les *verres* mêmes, qui étaient *rincés* dans ces vers. Il avait raison, à ne considérer la phrase que grammaticalement. Mais, comme des *doigts tracés* ne sont que des *traces de doigts*, et qu'on peut encore moins *rincer des traces de doigts* que des *doigts en nature*, il ne saurait y avoir d'équivoque réelle.

2. *Lamenter une chanson*, pour dire, *La chanter d'une voix lamentable*, expression aussi neuve que plaisante, surtout dès qu'il s'agit d'une *chanson* fort gaie, comme le sont ordinairement les *chansons bachiques*, les chansons à boire. *Tristement* pourrait paraître inutile ; mais en allongeant en quelque sorte *lamenter*, et en le traînant jusqu'au bout de l'hémistiche, il le rend vraiment pittoresque.

Et l'autre, l'appuyant de son aigre fausset,
Semble un violon faux qui jure sous l'archet. (1

## IV.

*Tous les hommes plus ou moins fous, et tous érigeant leur propre folie en sagesse.* SAT. IV.

Un avare, idolâtre et fou de son argent,
Rencontrant la disette au sein de l'abondance,
Appelle sa folie une rare prudence,
Et met toute sa gloire et son souverain bien
5 A grossir un trésor qui ne lui sert de rien.
Plus il le voit accru, moins il en sait l'usage.
Sans mentir, l'avarice est une étrange rage,
Dira cet autre fou, non moins privé de sens,
Qui jette, furieux, son bien à tous venans,
10 Et dont l'âme inquiète, à soi-même importune,
Se fait un embarras de sa bonne fortune. (2

1. Le vers ne semble-t-il pas *jurer* comme le violon ? Suivant Marmontel, il eût fallu *Ressemble à un violon faux*, et non pas *Semble un violon faux*, parce que *sembler* ne peut se construire directement qu'avec un adjectif ou qu'avec un verbe, et que *ressembler* peut seul se construire avec un nom, mais toutefois indirectement et au moyen de la préposition *à* ; parce que, d'ailleurs, *ressembler*, qui signifie *Avoir de la ressemblance*, serait ici plus propre que *sembler*, qui veut dire *Avoir l'apparence*. Pour moi, je ne trouverai point *semble* répréhensible, si, après ce mot, on peut, comme je le crois, supposer le verbe *être* sous-entendu.

2. *Bonne fortune*, ne se prendrait point pour *richesses*, s'il n'était déterminé à ce sens par les circonstances du discours. *Grande* ou *rare fortune* eût peut-être mieux valu.

Qui des deux en effet est le plus aveugle ?
  L'un et l'autre, à mon sens, ont le cerveau troublé,
Répondra chez Fredoc (1), ce marquis sage et prude,(2
5 Et qui, sans cesse au jeu, dont il fait son étude,
Attendant son destin d'un quatorze ou d'un sept,
Voit sa vie ou sa mort sortir de son cornet. (3
Que si d'un sort fâcheux la maligne inconstance
Vient par un coup fatal faire tourner la chance, (4
10 Vous le verrez bientôt, les cheveux hérissés,
Et les yeux vers le ciel de fureur élancés,
Ainsi qu'un possédé que le prêtre exorcise,
Fêter dans ses sermens tous les saints de l'Église. (5

1. Fredoc tenait dans la place du Palais-Royal une *académie de jeu* très-fréquentée : on désigne vulgairement par un terme moins honnête une maison de jeu.

2. La *pruderie* est l'affectation d'une grande régularité dans les mœurs et dans la conduite : ce marquis *prude* n'a donc qu'une sagesse apparente.

3. « Condillac lui-même, dit M. de Saint-Surin, cite ce vers comme » un modèle de précision et d'énergie. » Mais qu'est-ce qui fait cette précision et cette énergie ? C'est cette *métonymie* si vive de l'*effet pour la cause*, c'est-à-dire, de la *vie* et de la *mort*, pour Ce qui donne la mort ou la vie.

4. *Chance*, sorte de jeu de dés. Après *Vient faire tourner la chance*, on sous-entend *Contre lui*. Mais comment l'*inconstance d'un sort fâcheux* peut-elle être *maligne* ? Un *sort fâcheux* ne devient-il pas favorable par son *inconstance*? Ou il fallait employer le mot *sort* d'une manière générale et sans épithète, ou il fallait un autre mot que celui d'*inconstance*. Celui d'*influence* eût pu ne pas convenir tout-à-fait, mais il eût été moins déplacé.

5. *Fêter*, dans un sens ironique, pour *Blasphémer*; *Sermens*, pour *Juremens*.

Qu'on le lie; ou je crains, à son air furieux,
25 Que ce nouveau Titan n'escalade les cieux. (1

Mais laissons-le plutôt en proie à son caprice :
Sa folie, aussi-bien, lui tient lieu de supplice.
Il est d'autres erreurs dont l'aimable poison
D'un charme bien plus doux enivre la raison :
30 L'esprit dans ce nectar heureusement s'oublie. (2
Chapelain veut rimer, et c'est là sa folie.
Mais, bien que ses durs vers, d'épithètes enflés,
Soient des moindres grimauds chez Ménage sifflés, (3
Lui-même il s'applaudit, et, d'un esprit tranquille,
35 Prend le pas au Parnasse au-dessus de Virgile.
Que ferait-il, hélas! si quelque audacieux
Allait pour son malheur lui dessiller les yeux,
Lui faisant voir ses vers et sans force et sans grâces,
Montés sur deux grands mots, comme sur des échasses, (4

1. Les Géans, enfans des *Titans*, et *Titans* eux-mêmes, voulant détrôner Jupiter, entassèrent montagnes sur montagnes pour escalader le ciel; mais Jupiter les foudroya et les écrasa sous ces montagnes amoncelées.

2. Ce n'est ici qu'un *nectar* métaphorique : le *nectar* réel était, selon la Fable, le breuvage des Dieux. Ce nom vient de νη, particule privative, et de κτέω, faire mourir (qui empêche de mourir) : le *nectar* rendait immortel.

3. Il se tenait chez Ménage, toutes les semaines, et apparemment le *mercredi*, une asssemblée dite *Mercuriale*, où allaient beaucoup de petits esprits. Le Poëte leur applique le nom de *grimauds*, que, dans les colléges, on donne par mépris aux écoliers des basses classes.

4. Boileau, pour se moquer de ces mots *gigantesques*, citait ordinairement ce vers du ridicule auteur de la *Pucelle* :

○ Ses termes sans raison l'un de l'autre écartés,
Et ses froids ornemens à la ligne plantés ?
Qu'il maudirait le jour où son âme insensée
Perdit l'heureuse erreur qui charmait sa pensée ! (1
 Jadis certain bigot, d'ailleurs homme sensé,
5 D'un mal assez bizarre eut le cerveau blessé,
S'imaginant sans cesse, en sa douce manie,
Des esprits bienheureux entendre l'harmonie.
Enfin un médecin fort expert en son art,
Le guérit par adresse, ou plutôt par hasard.
50 Mais voulant de ses soins exiger le salaire, (2
« Moi ! vous payer ! lui dit le bigot en colère,
» Vous, dont l'art infernal, par des secrets maudits,
» En me tirant d'erreur m'ôte du paradis ! »

 De ce sourcilleux roc l'inébranlable cime ;

et il le disposait comme on le voit ici à côté. Dans cette disposition, il semble que le mot de *roc* soit en effet monté sur deux *échasses*, qui sont : *sourcilleux* et *inébranlable*.

 ROC
De ce sourcilleux    l'inébranlable cime.

 1. Il dut la *perdre* lorsque sa *Pucelle*, paraissant au grand jour de l'impression, montra combien l'on s'était abusé en croyant voir en lui le premier poëte du siècle.

 2. Avant *voulant,* il faut sous-entendre, *Lui, le médecin ;* mais ce participe, dont le Poëte fait ce qu'on appelle en latin un *ablatif absolu*, semble se rapporter par la construction au *bigot,* sujet de la phrase.

## V.

*Ce n'est qu'à l'héroïsme qu'on peut reconnaître le fils des héros.* SAT. V.

Dites-moi, grand héros, esprit rare et sublime,
Entre tant d'animaux, qui sont ceux qu'on estime?
On fait cas d'un coursier, qui, fier et plein de cœur,
Fait paraître en courant sa bouillante vigueur;
5 Qui jamais ne se lasse, et qui dans la carrière
S'est couvert mille fois d'une noble poussière. (1
Mais la postérité d'Alfane et de Bayard, (2
Quand ce n'est qu'une rosse, est vendue au hasard,
Sans respect des aïeux dont elle est descendue,
10 Et va porter la malle ou tirer la charrue.
Pourquoi donc voulez-vous que, par un sot abus,
Chacun respecte en vous un honneur qui n'est plus?
On ne m'éblouit point d'une apparence vaine:
La vertu, d'un cœur noble est la marque certaine.

1. *Noble poussière:* épithète remarquée, et en effet remarquable, que Racine a aussi employée dans *Phèdre:*

Quand pourrai-je au travers d'une noble poussière?

Quoi de plus juste, au reste, que d'*ennoblir* la poussière de la carrière de la gloire, cette poussière de tout temps si honorable pour ceux qui s'en sont couverts?

2. *Alfane* et *Bayard*, chevaux renommés dans nos vieux romans pour leur force et leur agilité extraordinaires. *Alfane* portait le géant Gradasse, qui était venu conquérir l'épée du fameux Renaud de Montauban. *Bayard* portait ce même Renaud, l'aîné et le plus vaillant des quatre fils Aymon. Son nom lui venait de la couleur de son poil, qui était bai.

Si vous êtes sorti de ces héros fameux,
Montrez-nous cette ardeur qu'on vit briller en eux,
Ce zèle pour l'honneur, cette horreur pour le vice.
Respectez-vous les lois ? fuyez-vous l'injustice ?
Savez-vous pour la gloire oublier le repos,
Et dormir en plein-champ le harnais sur le dos ? (1
Je vous connais pour noble à ces illustres marques.
Alors soyez issu des plus fameux monarques,
Venez de mille aïeux ; et, si ce n'est assez,
Feuilletez à loisir tous les siècles passés ; (2
5 Voyez de quel guerrier il vous plaît de descendre ;
Choisissez de César, d'Achille, ou d'Alexandre : (3
En vain un faux censeur voudrait vous démentir,
Et, si vous n'en sortez, vous en devez sortir. (4
Mais, fussiez-vous issu d'Hercule en droite ligne,
0 Si vous ne faites voir qu'une bassesse indigne,
Ce long amas d'aïeux que vous diffamez tous, (5

1. *En plein champ*, pour dire, Au milieu d'un champ, Loin de toute habitation. *Sous le harnais*, c'est-à-dire, Sous les armes : on appelait autrefois *harnais* l'armure complète d'un homme de guerre.

2. *Feuilleter les siècles*, « expression de génie, » dit Le Brun. C'est une métaphore hardie par laquelle on transporte aux siècles ce qui n'appartient qu'aux annales des siècles.

3. Ce sont là, avec *Hercule*, les plus grands héros de l'Antiquité : *Alexandre* et *César* pour l'Histoire, *Hercule* et *Achille* pour la Mythologie. Le nom de *César*, quand il est seul, s'entend toujours de *Jules*, et non d'Octave, à moins que le discours ne roule sur ce dernier.

4. « Ce vers, dit Le Brun, est aussi précis que la pensée est forte. »

5. Vous les *diffamez*, en vous donnant pour leur descendant,

Sont autant de témoins qui parlent contre vous ;
Et tout ce grand éclat de leur gloire ternie (1
Ne sert plus que de jour à votre ignominie. (2
En vain, tout fier d'un sang que vous déshonorez,
Vous dormez à l'abri de ces noms révérés ; (3
En vain vous vous couvrez des vertus de vos pères :
Ce ne sont à mes yeux que de vaines chimères ;
Je ne vois rien en vous qu'un lâche, un imposteur, 5
Un traître, un scélérat, un perfide, un menteur, (4
Un fou dont les accès vont jusqu'à la furie, (5
Et d'un tronc fort illustre une branche pourrie. (6

vous si indigne d'eux. Combien *diffamer* n'est-il pas ici plus expressif que ne le serait *déshonorer*, dont il tient la place ! 10

1. *Ternie* par vous.

2. Ne sert plus qu'à la faire mieux paraître.

3. *A l'abri,* non sans doute pour *A couvert,* mais pour *Sous l'abri*, car il a aussi ce sens.

4. Accumulation assez mal ménagée : car il s'en faut que *perfide* et *menteur* enchérissent sur *imposteur, traître* et *scélérat. Menteur* dit bien moins qu'*imposteur, perfide* bien moins que *traître ;* et *scélérat* ne dit pas seulement plus qu'aucun de ces adjectifs, il les comprend tous, en quelque sorte, dans sa signification.

5. Le Brun n'a pas tort de trouver cette expression un peu outrée. Mais peut-on trouver bien juste ce qui précède immédiatement ? Suffit-il qu'un prétendu noble honore peu ses aïeux pour être tout de suite ce que dit le Poëte, un *lâche,* un *imposteur,* un *traître,* etc.? Peut-être avait-il en vue quelqu'un qui méritait toutes ces qualifications ; mais s'il a voulu parler en général, c'est mal à propos qu'il a dit : *Je ne vois rien en vous ;* il eût dû dire simplement, *Je puis ne voir en vous.*

6. *Allégorisme* non moins plein de justesse que d'énergie.

## VI.

*L'homme esclave de ses passions.* SAT. VIII.

Voilà l'homme en effet. Il va du blanc au noir;
Il condamne au matin (1) ses sentimens du soir :
Importun à tout autre, à soi-même incommode,
Il change à tout moment d'esprit comme de mode :
Il tourne au moindre vent, il tombe au moindre choc.
Aujourd'hui dans un casque, et demain dans un froc. (2

Cependant à le voir, plein de vapeurs légères,
Soi-même se bercer de ses propres chimères,
Lui seul de la nature est la base et l'appui,
Et le dixième ciel ne tourne que pour lui. (3

1. *Au matin* n'est pas, si l'on veut, une faute; mais on dirait plutôt *Le matin* : *le matin* eût aussi mieux convenu avec *condamner*, qu'*au matin*, qui semble en être le régime indirect. Remarquez à cette occasion, que, bien que l'on emploie avec *soir* la préposition-article *au* (*à le*), on la supprime ordinairement avec *matin*, et que l'on ne dit pas *Demain au matin*, comme *Demain au soir*, mais seulement *Demain matin*.

2. *Sous un casque* ne serait-il pas plus juste que *dans un casque* ? Le *casque* ne couvre que la tête, dont il est une sorte de coiffure. C'est différent pour le *froc*, qui, en couvrant la tête, retombe sur l'estomac et sur les épaules, et enveloppe à-peu-près tout le corps : *Froc* se dit d'ailleurs de tout l'habit monacal. Du reste, très-beau vers pour dire *Aujourd'hui militaire, et demain moine* : le signe, la marque de la profession, par *métonymie*, pour la profession même.

3. Le *dixième ciel*, sans doute pour la partie la plus élevée du ciel, pour le ciel le plus éloigné de nous : le *ciel ne tourne autour de nous* qu'en apparence, et c'est la terre qui tourne en réalité au milieu de l'espace que le ciel semble terminer tout autour d'elle en forme de voûte.

De tous les animaux il est, dit-il, le maître.
« Qui pourrait le nier? » poursuis-tu.—Moi, peut-être.
Mais, sans examiner si, vers les antres sourds, (1
L'ours a peur du passant, ou le passant de l'ours,
15 Et si, sur un édit des pâtres de Nubie,
Les lions de Barca videraient la Libye; (2
Ce maître prétendu qui leur donne des lois,
Ce roi des animaux, combien a-t-il de rois?
L'Ambition, l'Amour, l'Avarice, la Haine,
20 Tiennent comme un forçat son esprit à la chaîne. (3
   Le sommeil sur ses yeux commence à s'épancher :
Debout, dit l'Avarice, il est temps de marcher. —
Hé! laissez-moi. – Debout! – Un moment. – Tu répliques! –
A peine le soleil fait ouvrir les boutiques. —
25 N'importe, lève-toi. — Pour quoi faire après tout ? —
Pour courir l'océan de l'un à l'autre bout,
Chercher jusqu'au Japon la porcelaine et l'ambre, (4

  1. *Antres sourds*, apparemment pour *Antres silencieux*, pour les antres sombres, obscurs de ces solitudes profondes d'où ne pourrait se faire entendre la voix humaine, et d'où l'on crierait en vain au secours.

  2. La *Nubie*, *Barca* et la *Libye*, trois contrées de l'Afrique : la *Nubie* au midi de l'Egypte, *Barca* et la *Libye* à l'occident. *Barca*, qu'on appelle aussi le *pays de Derne*, n'est qu'une partie de l'ancienne *Libye* : il s'y trouve de grands déserts où les lions abondent.

  3. Les *Forçats* sont des malheureux condamnés à servir sur les galères, et qu'on tient *enchaînés* pour les empêcher de fuir. Les *galères* sont des bâtimens de mer, longs et de bas bord, qu'on fait ordinairement aller à force de rames.

  4. L'*ambre* est une substance résineuse odoriférante; la *porcelaine*, une terre cuite très-fine et transparente, sous toutes sortes

Rapporter de Goa le poivre et le gingembre. — (1
Mais j'ai des biens en foule, et je puis m'en passer.—
30 On n'en peut trop avoir; et, pour en amasser,
Il ne faut épargner ni crime ni parjure;
Il faut souffrir la faim, et coucher sur la dure;
Eût-on plus de trésors que n'en perdit Galet, (2
N'avoir en sa maison ni meubles ni valet;
35 Parmi les tas de blé vivre de seigle et d'orge;
De peur de perdre un liard, souffrir qu'on vous égorge.-
Et pourquoi cette épargne enfin? — L'ignores-tu?
Afin qu'un héritier, bien nourri, bien vêtu,
Profitant d'un trésor en tes mains inutile,
40 De son train quelque jour embarrasse la ville. (3
Que faire? Il faut partir : les matelots sont prêts.

de figures, de vases et d'ustensiles, qu'on ne pouvait tirer autrefois que de la Chine et du Japon, mais dont il y a maintenant des manufactures en Europe, et particulièrement en France.

1. *Goa,* ville des Portugais dans les Indes orientales, sur la côte occidentale de la presqu'île en deçà du Gange. C'est de ces contrées que nous vient le *Poivre,* fruit d'un arbrisseau où il croît en grappes par petits grains ronds. Le *Gingembre* en vient aussi : c'est une plante dont les racines, que l'on broie, ont un goût approchant de celui du poivre.

2. Fameux joueur dont parle Regnier. Il avait gagné des sommes immenses, qu'il perdit dans la suite. Après avoir fait bâtir l'hôtel de Sulli, dans la rue Saint-Antoine, il le joua en un coup de dé.

3. *Train,* ici pour l'appareil d'un équipage fastueux, d'une suite nombreuse.

## VII.

*La raison de l'homme souvent moins sûre que l'instinct de la brute.* SAT. VIII.

Mais, sans perdre en discours le temps hors de saison,(1
L'homme, venez au fait, n'a-t-il pas la raison ?
N'est-ce pas son flambeau, son pilote fidèle ? (2
  Oui. Mais de quoi lui sert que sa voix le rappelle,
5 Si, sur la foi des vents, tout prêt à s'embarquer,
Il ne voit point d'écueil qu'il ne l'aille choquer ? (3
Et que sert à Cotin la raison qui lui crie : (4
« N'écris plus, guéris-toi d'une vaine furie ; »

1. Le Poëte a voulu dire : *Mais sans perdre le temps en discours hors de saison ;* et il est loin de l'avoir dit : son *inversion* est moins un *ordre inverse* qu'un véritable *désordre.*

2. Comment la raison, qui est un *flambeau,* peut-elle devenir tout de suite un *pilote?* Ou il ne fallait qu'une seule métaphore, ou il fallait, à vouloir en employer deux, que l'une pût conduire à l'autre par un sorte de synonymie et de gradation. *Étoile,* par exemple, eût été assez bien assorti avec *flambeau,* ou *mentor* avec *pilote.*

3. « Le faux de cette pensée est sensible, dit Condillac: car on est
» encore à terre quand on est prêt à s'embarquer, et par conséquent
» on ne va pas heurter contre les écueils. » Condillac n'a-t-il pas raison ? Il ne fallait pas que l'homme fût seulement sur le point de s'embarquer, *tout prêt à s'embarquer,* mais qu'il fût déjà embarqué en effet, ou que du moins il allât, il courût s'embarquer : *Tout prompt à s'embarquer, ardent à s'embarquer* pourrait encore passer.

4. L'abbé Cotin avait écrit contre Boileau et contre Molière; mais aussi n'a-t-il été épargné ni par l'un ni par l'autre : Molière fit par rapport à lui ses *Femmes savantes,* où il le voue au ridicule sous le nom de *Trissotin* ( trois fois sot ), et Boileau ne laisse échapper aucune occasion de le *faire passer par l'étamine.*

Si tous ces vains conseils, loin de la réprimer,
10 Ne font qu'accroître en lui la fureur de rimer?
Tous les jours de ses vers, qu'à grand bruit il récite,
Il met chez lui voisins, parens, amis en fuite.
Car lorsque son démon commence à l'agiter, (1
Tout, jusqu'à sa servante, est prêt à déserter.
15 Un âne, pour le moins (2), instruit par la nature,
A l'instinct qui le guide obéit sans murmure;
Ne va point follement de sa bizarre voix
Défier aux chansons les oiseaux dans les bois :
Sans avoir la raison, il marche sur sa route. (3
20 L'homme seul, qu'elle éclaire, en plein jour ne voit goutte;
Réglé par ses avis, fait tout à contre-temps,
Et dans tout ce qu'il fait n'a ni raison ni sens. (4
Tout lui plaît et déplaît, tout le choque et l'oblige;
Sans raison il est gai, sans raison il s'afflige;
25 Son esprit au hasard aime, évite, poursuit,
Défait, refait, augmente, ôte, élève, détruit.
Et voit-on, comme lui, les ours ni les panthères (5

1. *Son démon*, c'est-à-dire, le démon des vers, la manie dont il est possédé.

2. *Du moins* eût mieux valu pour le sens que *pour le moins*, qui ne peut mieux valoir que pour la mesure du vers.

3. Sur la *route de la raison*; mais on pourrait croire que c'est sur *sa propre route*, sur la route de l'âne.

4. Ce vers est beau en lui-même; mais on est fâché, en le rapprochant des vers précédens, d'y retrouver le mot *raison*, qui vient d'être employé, et de l'y retrouver dans un sens qui n'est plus le même.

5. La phrase n'étant pas grammaticalement négative, ce n'est pas *ni*, mais *et*, qu'il fallait.

S'effrayer sottement de leurs propres chimères;
Plus de douze attroupés craindre le nombre impair,(1
30 Ou croire qu'un corbeau les menace dans l'air? (2
Jamais l'homme, dis-moi, vit-il la bête folle
Sacrifier à l'homme, adorer son idole,
Lui venir, comme au dieu des saisons et des vents,
Demander à genoux la pluie ou le beau temps?
35 Non. Mais cent fois la bête a vu l'homme hypocondre(3
Adorer le métal que lui-même il fit fondre;
A vu dans un pays les timides mortels
Trembler aux pieds d'un singe assis sur leurs autels; (4
Et sur les bords du Nil les peuples imbéciles,
40 L'encensoir à la main, chercher les crocodiles. (5

1. C'est une superstition assez généralement répandue que, si l'on se trouve treize à table, l'un des treize doit infailliblement mourir dans l'année.

2. Le cri du corbeau a été de tout temps regardé comme de mauvais augure. Aussi L. Racine dit-il dans son tableau des superstitions humaines, poëme de la *Religion*, Chant V :

Le seul cri d'un hibou peut nous flétrir le cœur.

3. *Hypocondre*, pour Bizarre et mélancolique. Pradon et Desmarêts, ainsi que beaucoup d'autres, avaient prétendu qu'il fallait dire, L'*homme hypocondriaque*, l'*hypocondre* étant le siége de la maladie; mais ce dernier mot s'emploie aussi adjectivement dans le même sens qu'*hypocondriaque*; et à l'autorité de Boileau se joint celle de l'Académie dans son Dictionnaire.

4. Apparemment dans l'île du golfe de Naples appelée *Pithécuse*, nom qui veut dire, *Ile des singes*. Mais ces animaux étaient aussi en grande vénération en Égypte, où, suivant l'expression de Racine, *les hommes étaient déjà plus rares que les dieux.*

5. Ce n'était pourtant pas dans toute l'Égypte, mais dans une partie seulement, et particulièrement à Thèbes, et du coté du lac Mœris

## VIII.

*Le poëte gourmandant son esprit sur sa fureur de médire.* SAT. IX.

Quel démon vous irrite, et vous porte à médire ?
Un livre vous déplaît ! qui vous force à le lire ?
Laissez mourir un fat dans son obscurité :
Un auteur ne peut-il pourrir en sûreté ?
5 Le Jonas inconnu sèche dans la poussière ; (1
Le David imprimé n'a point vu la lumière ; (2
Le Moïse commence à moisir par les bords. (3
Quel mal cela fait-il ? Ceux qui sont morts sont morts:(4

que le crocodile était honoré d'une sorte de culte. Après en avoir apprivoisé un, on lui mettait aux oreilles des pierres précieuses et d'autres ornemens d'or, et on le nourrissait de viandes consacrées. Quand il était mort, on l'embaumait et on le déposait dans des urnes que l'on portait dans le labyrinthe destiné aux sépultures des rois.

1. *Jonas* ou *Ninive pénitente,* poëme héroïque, par Coras, né à Toulouse vers 1630, et mort en 1677. Coras fit aussi un poëme de *David,* et les poëmes de *Josué* et de *Samson,* tous aussi pitoyables que son *Jonas.*

2. *David,* poëme de Les-Fargues, qui a beaucoup écrit en prose et en vers, mais dont la prose et les vers sont également oubliés. Les-Fargues vivait du temps de Boileau, et l'on croit qu'il était de Toulouse ; mais on ne connaît pas la date de sa naissance, ni celle de sa mort.

3. Nous avons vu dans l'*Art poétique,* chant 1er, que le *Moïse* est de Saint-Amand. Boileau a-t-il voulu, ainsi que le prétend Pradon, et même Le Brun, jouer sur les mots *Moïse* et *moisir* ? Ce serait, comme le dit Pradon, une assez mauvaise pointe, et il ne faudrait pas, comme dit Le Brun, lui en faire un mérite.

4. C'est-à-dire, *Ceux qui sont morts ne reviennent* ou *ne revivent pas, ne sont plus à craindre :* par conséquent, *Sont*

Le tombeau contre vous ne peut-il les défendre ?
10 Et qu'ont fait tant d'auteurs, pour remuer leur cendre? (1
Que vous ont fait Perrin, Bardin, Pradon, Hainaut,
Colletet, Pelletier, Titreville, Quinault, (2

*morts* n'est pas pris la seconde fois dans le même sens que la première;
et il le faut bien pour que cet hémistiche signifie quelque chose.

1. *Pour remuer leur cendre*, semble se rapporter au sujet *auteurs*, et il faudrait à la rigueur, *Pour que vous remuiez leur cendre*; mais le sens est pourtant assez clair pour qu'on ne se méprenne point.

2. Il est question de *Colletet* dans le quatrième chant de l'*Art poétique*, comme de *Pelletier* dans le second : disons un mot des autres victimes enchaînées dans cette accumulation que Le Brun trouve très-piquante.

L'abbé *Perrin*, né à Lyon, mort vers 1680, fut le premier qui donna des opéras français, à l'imitation de ceux de l'Italie. Il fit une traduction en vers de l'*Énéide*, mais du style le plus plat, comme en général toutes ses poésies.

*Bardin*, né à Rouen en 1590, auteur d'un ouvrage intitulé *Le Lycée*. Il était de l'Académie française, et il se noya en 1637, en voulant secourir M. d'Humières.

*Pradon*, dont la vie est presque ignorée, a fait des tragédies, et, entre autres, une *Phèdre* qui, par les efforts d'une indigne cabale, fut un moment préférée à l'immortel chef-d'œuvre de ce nom, enfanté par le génie du grand Racine.

*Hesnault*, et non pas *Hainaut*, comme l'écrivait Boileau, paraît avoir été ici sacrifié au besoin de la rime. Boileau lui-même, s'il faut en croire La Monnoye, le regardait comme un des hommes de son temps qui tournait le mieux un vers. C'est à lui qu'est dû le fameux sonnet de l'*Avorton*, qu'on trouve dans tous les recueils de poésie. Mort à Paris en 1682 : on ignore la date de sa naissance.

*Titreville* serait aujourd'hui tout-à-fait ignoré sans la triste immortalité assurée à son nom par Boileau.

Quant à *Quinault*, on est fâché de le voir en telle compagnie, lui qui est le premier de son genre, comme La Fontaine et Molière le sont chacun du leur. « Boileau, dit le Dictionnaire historique, se-

Dont les noms en cent lieux, placés comme en leurs niches,
Vont de vos vers malins remplir les hémistiches?
15 Ce qu'ils font vous ennuie!.. O le plaisant détour!
Ils ont bien ennuyé le Roi, toute la cour,
Sans que le moindre édit ait, pour punir leur crime,
Retranché les auteurs, ou supprimé la rime.
Écrive qui voudra. Chacun à ce métier
20 Peut perdre impunément de l'encre et du papier.
Un roman, sans blesser les lois ni la coutume,
Peut conduire un héros au dixième volume. (1
De là vient que Paris voit chez lui de tout temps
Les auteurs à grands flots déborder tous les ans, (2
25 Et n'a point de portail où jusques aux corniches, (3
Tous les piliers ne soient enveloppés d'affiches. (4

» rait aujourd'hui bien étonné de voir ce Quinault qu'il outrageait,
» mis par la postérité sur la même ligne que lui, et peut-être au-
» dessus. » La postérité ne met pas Quinault au-dessus de Boileau,
ni peut-être aussi haut que lui; mais elle le met assez haut pour qu'il
ne manque rien à sa gloire. On allègue pour la justification du Satirique, que Quinault, à l'époque de cette satire, n'avait encore fait
que ses tragédies, qui en général sont si faibles, et que ce n'est que
postérieurement qu'il a fait ses opéras, auxquels il doit sa réputation
et son immortalité. Quinault, né en 1636, la même année que Boileau,
mort en 1688.

1. Les romans de *Cyrus* et de *Clélie*, de mademoiselle de *Scudéri*,
ont chacun dix volumes.

2. C'est depuis long-temps qu'on appelle *flots* les mouvemens
pressés et tumultueux d'une multitude agitée. Mais comment la répétition des mots *tout* et *tous* peut-elle paraître à Le Brun *presque
une grâce*? Accordons-lui qu'elle ne soit pas *une négligence*.

3. La *corniche* est un ornement en saillie qui sert de couronnement à toute sorte d'ouvrages d'architecture.

4. D'*affiches* où l'on annonce de nouveaux ouvrages.

Vous seul, plus dégoûté, sans pouvoir et sans nom,
Viendrez régler les droits et l'état d'Apollon!
 Mais vous, qui raffinez sur les écrits des autres, (1
30 De quel œil pensez-vous qu'on regarde les vôtres?
Il n'est rien en ce temps à couvert de vos coups:
Mais savez-vous aussi comme on parle de vous?
 « Gardez-vous, dira l'un, de cet esprit critique:
» On ne sait bien souvent quelle mouche le pique.
35 » Mais c'est un jeune fou qui se croit tout permis,
» Et qui pour un bon mot va perdre vingt amis. (2
» Il ne pardonne pas aux vers de la *Pucelle*, (3
» Et croit régler le monde au gré de sa cervelle.
» Jamais dans le barreau trouva-t-il rien de bon?
40 » Peut-on si bien prêcher qu'il ne dorme au sermon?
» Mais lui, qui fait ici le régent du Parnasse,
» N'est qu'un gueux revêtu des dépouilles d'Horace. (4

---

 1. C'est-à-dire, Vous qui cherchez avec tant de subtilité, à découvrir des défauts, des imperfections dans les écrits des autres. Ce n'est pourtant pas là le sens le plus ordinaire de *raffiner*.

 2. Regnier avait, comme notre Poëte, dit, d'après Horace:
  Quoi! monsieur, n'est-ce pas cet homme à la satire,
  Qui perdrait son ami plutôt qu'un mot pour rire?

 3. On sait assez que c'est le fameux poëme de Chapelain.

 4. Saint-Pavin, abbé de Livri, que Boileau, dans sa première satire, avait attaqué comme irréligieux, se vengea du Satirique par un sonnet où il le représente enrichi *des dépouilles d'Horace* et de Regnier. Ce sonnet n'est pas, au reste, si mal tourné; le voici:

  Despréaux grimpé sur Parnasse
  Avant que personne en sût rien,
  Trouva Regnier avec Horace,
  Et rechercha leur entretien.

» Avant lui, Juvénal avait dit en latin
» *Qu'on est assis à l'aise aux sermons de Cotin.* (1
45 » L'un et l'autre, avant lui, s'étaient plaints de la rime;
» Et c'est aussi sur eux qu'il rejette son crime :
» Il cherche à se couvrir de ces noms glorieux.
» J'ai peu lu ces auteurs : mais tout n'irait que mieux
» Quand de ces médisans l'engeance tout entière
50 » Irait la tête en bas rimer dans la rivière. » (2

Voilà comme on vous traite : et le monde effrayé
Vous regarde déjà comme un homme noyé. (3

   Sans choix et de mauvaise grâce,
   Il pilla presque tout leur bien;
   Il s'en servit avec audace,
   Et s'en para comme du sien.
   Jaloux des plus fameux poëtes,
   Dans ses satires indiscrètes
   Il choque leur gloire aujourd'hui.
   En vérité je lui pardonne,
   S'il n'eût mal parlé de personne,
   Ou n'eût jamais parlé de lui.

1. Cotin traitait aussi Boileau de plagiaire, et le Satirique, par une raillerie neuve et piquante, rappelle ce qu'il a dit contre lui dans la satire du *Repas* :

  Moi qui ne compte rien ni le vin ni la chère,
  *Si l'on n'est plus au large assis en un festin*
  *Qu'aux sermons de Cassagne ou de l'abbé Cotin.*

2. « L'austère vertu dont le duc de Montausier faisait profession,
» dit Brossette, lui fit regarder les précédentes satires de Boileau
» comme des médisances affreuses qu'on ne devait pas autoriser; de
» sorte qu'un jour il dit, dans un mouvement de colère, qu'il fau-
» drait envoyer Boileau et tous les satiriques rimer dans la rivière. »
C'est à ce mot que l'Auteur fait allusion. « *Rimer la tête en bas,* dit
« Le Brun, est charmant par le ridicule qu'il exprime. »

3. L'Auteur oublie sans doute qu'il parle à son *esprit* : sans cela en ferait-il un homme noyé ?

## IX.

*L'esprit du Poète se prétendant en droit, ainsi que tout le monde, de critiquer les mauvais auteurs.* SAT. IX.

Tous les jours à la cour un sot de qualité
Peut juger de travers avec impunité;
A Malherbe, à Racan, préférer Théophile, (1
Et le clinquant du Tasse à tout l'or de Virgile. (2
5    Un clerc, pour quinze sous, sans craindre le *holà*,
Peut aller au parterre attaquer Attila; (3

1. On peut voir pour *Racan* et *Malherbe* les notes de l'*Art poétique*, chant premier. *Théophile*, né vers l'an 1590, et mort en 1626, à trente-six ans, a fait plusieurs tragédies et un assez grand nombre de petites poésies en général assez faibles; mais il ne manquait pourtant pas d'esprit ni d'imagination; il n'en abusa même que trop souvent pour son malheur: un ouvrage qu'il publia sous le titre de *Parnasse satirique*, le fit déclarer coupable de Lèse-Majesté divine, et condamner à être brûlé vif; il ne fut pourtant exécuté qu'en effigie.

2. On a presque fait un crime à Boileau de ce vers, qui cependant est justifié par Laharpe, grand admirateur du Tasse. Laharpe fait remarquer que Voltaire, dans ses stances sur les poètes épiques, ne juge guère autrement le chantre de la *Jérusalem délivrée*, puisqu'après avoir parlé de Virgile, il dit:

> De faux brillans, trop de magie,
> Mettent Le Tasse un cran plus bas;
> Mais que ne tolère-t-on pas
> Pour Armide et pour Herminie?

*Clinquant* en parlant d'ouvrages d'esprit, signifie *faux brillant*.

3. L'une des dernières et des plus faibles pièces de Corneille, qui parut la même année qu'*Andromaque*, en 1667. C'est le *roi des Huns* qui en est le héros.

Et,

Et, si le roi des Huns ne lui charme l'oreille,
Traiter de visigoths tous les vers de Corneille. (1
Il n'est valet d'auteur, ni copiste, à Paris,
10 Qui, la balance en main, ne pèse les écrits.
Dès que l'impression fait éclore un poëte,
Il est esclave né de quiconque l'achète :
Il se soumet lui-même aux caprices d'autrui,
Et ses écrits tout seuls doivent parler pour lui.
15 Un auteur à genoux, dans une humble préface,
Au lecteur qu'il ennuie a beau demander grâce ;
Il ne gagnera rien sur ce juge irrité
Qui lui fait son procès de pleine autorité.
Et je serai le seul qui ne pourrai rien dire !
20 On sera ridicule, et je n'oserai rire ! (2
Et qu'ont produit mes vers de si pernicieux,
Pour armer contre moi tant d'auteurs furieux ?
Loin de les décrier, je les ai fait paraître :
Et souvent, sans ces vers qui les ont fait connaître,
25 Leur talent dans l'oubli demeurerait caché :
Et qui saurait sans moi que Cotin a prêché ? (3

1. Corneille se faisait donc bien illusion sur lui-même, si, comme on l'a prétendu, il prenait ce vers pour un éloge. Il est vrai que l'amour-propre, jusque dans les grands hommes, est si ingénieux à se tromper.

2. Quel argument fort et précis renfermé dans ce vers si vif, et quelle conviction ne porte-t-il pas avec lui-même !

3. « Quelque temps après la publication de la Satire IlI, dit Brossette, l'abbé Cassagne prêcha dans l'église de Saint-Benoît. La curiosité attira à son sermon plus de monde qu'il n'en avait ordinairement ; ce que notre Auteur ayant appris : *Il m'est redevable de cet honneur,* dit-il, *parce que je l'ai fait connaître.*

La satire ne sert qu'à rendre un fat illustre :
C'est une ombre au tableau, qui lui donne du lustre.
En les blâmant enfin j'ai dit ce que j'en croi;
30 Et tel qui m'en reprend en pense autant que moi.
　　　Il a tort, dira l'un; pourquoi faut-il qu'il nomme?
Attaquer Chapelain! ah! c'est un si bon homme!
Balzac en fait l'éloge en cent endroits divers. (1
Il est vrai, s'il m'eût cru, qu'il n'eût point fait de vers.
35 Il se tue à rimer; que n'écrit-il en prose?
　　　Voilà ce que l'on dit. Et que dis-je autre chose?
En blâmant ses écrits, ai-je d'un style affreux
Distillé sur sa vie un venin dangereux?
Ma muse en l'attaquant, charitable et discrète,
40 Sait de l'homme d'honneur distinguer le poëte.
Qu'on vante en lui la foi, l'honneur, la probité;
Qu'on prise sa candeur et sa civilité;
Qu'il soit doux, complaisant, officieux, sincère :
On le veut, j'y souscris, et suis prêt à me taire.
45 Mais que pour un modèle on montre ses écrits;
Qu'il soit le mieux renté de tous les beaux esprits, (2

» *Sans moi l'on ne sauroit pas que l'abbé Cassagne eût*
» *prêché.* Il appliqua ensuite à l'abbé Cotin ce qu'il avait dit de
« l'abbé Cassagne. »

1. C'est sans doute dans les lettres qu'il lui a adressées, et qui forment un volume où elles sont divisées en six livres. On peut reprocher à Balzac de la prétention et de la recherche; mais il est un des premiers écrivains qui ont donné à notre prose de la noblesse et de l'harmonie. Né à Angoulême en 1592, mort en 1654. Il était de l'Académie française.

2. Chapelain avait 8,000 fr. de pension, somme très-considérable pour ce temps-là; et le grand Corneille était presque dans l'indigence.

Comme roi des auteurs qu'on l'élève à l'empire :
Ma bile alors s'échauffe, et je brûle d'écrire ;
Et, s'il ne m'est permis de le dire au papier,
50 J'irai creuser la terre, et, comme ce barbier,
Faire dire aux roseaux par un nouvel organe :
*Midas, le roi Midas a des oreilles d'âne.* (1
Quel tort lui fais-je enfin ? Ai-je par un écrit
Pétrifié sa veine et glacé son esprit ? (2
55 Quand un livre au palais se vend et se débite,
Que chacun par ses yeux juge de son mérite,
Que Bilaine l'étale au deuxième pilier, (3
Le dégoût d'un censeur peut-il le décrier ?
En vain contre le *Cid*, un ministre se ligue. (4

1. Apollon, voulant punir Midas, roi de Phrygie, d'avoir décerné le prix du chant à Pan son rival, lui donna des oreilles d'âne. Midas les cachait avec soin sous sa tiare de pourpre ; mais son barbier les vit, et, n'osant en parler à personne, il fit un trou dans la terre, y déposa son secret, recouvrit le trou, et s'en alla. Peu après il crût en cet endroit des roseaux, qui, agités par le vent, articulaient des paroles : ils apprirent à tout le monde la honte de Midas.

2. Les *veines* renferment le sang, les humeurs, les esprits animaux, l'esprit vital : elles ont donc été naturellement réputées la source, le principe du talent ; et, par *métonymie du physique pour le moral*, on a appelé *veine* le talent poétique, le talent pour la poésie : *veine noble et féconde* ; *veine stérile* ; *veine épuisée, tarie*, etc.

3. *Bilaine*, fameux libraire dont la boutique était contre le deuxième pilier de la grande salle du palais. C'est lui qui vendait la *Pucelle*.

4. On sait que le *Cid* fut la première des bonnes tragédies de Corneille. Le cardinal de Richelieu, jaloux de ce grand poète, voulut faire examiner, c'est-à-dire censurer son ouvrage par l'Académie. Telle fut la *ligue* formée par le *ministre* despote. On pourrait dire

## SATIRES.

Et Paris pour Chimène a les yeux de Rodrigue. (1
L'académie en corps a beau le censurer,
Le public révolté s'obstine à l'admirer.

### X.

*Esprit du Poëte justifiant son goût pour la Satire, et montrant l'utilité de ce genre de Poésie.* SAT. IX.

La satire, dit-on, est un métier funeste,
Qui plaît à quelques-uns et choque tout le reste.
La suite en est à craindre : en ce hardi métier
La peur plus d'une fois fit repentir Regnier. (2
Quittez ces vains plaisirs dont l'appât vous abuse :
De plus doux emplois occupez votre muse ;
Laissez à Feuillet réformer l'univers. (3
Et sur quoi donc faut-il que s'exercent mes vers ?
Irai-je dans une ode, en phrases de Malherbe, (4

---

que *se liguer* demande pour sujet un nom d'individu au pluriel, ou un nom collectif, parce que *se liguer* c'est se réunir plusieurs pour un dessein. Mais un *ministre*, et surtout un *ministre* tel que Richelieu, à qui tout obéit, et qui meut tout à son gré, ne se prête-t-il pas à l'imagination avec la force et le pouvoir d'une multitude ?

1. *Rodrigue et Chimène*, amans l'un de l'autre, sont les héros du Cid. Rodrigue, dans cette pièce, reçoit, après une victoire signalée, remportée sur les Maures, le titre de *Cid*, qui, en langue arabe, signifie *Chef, Commandant, Seigneur*.

2. « Et moi aussi, » disait quelquefois le Poëte.

3. Fameux prédicateur, fort outré dans ses prédications.

4. Suivant Brossette, l'Auteur désigne ici Charles du Perrier, qui

*Troubler dans ses roseaux le Danube superbe;* (1
*Délivrer de Sion le peuple gémissant;* (2
*Faire trembler Memphis, ou pâlir le Croissant;* (3
*Et, passant du Jourdain les ondes alarmées;* (4
*Cueillir,* mal-à-propos, *les palmes idumées ?* (5
Viendrai-je, en une églogue, entouré de troupeaux,
Au milieu de Paris enfler mes chalumeaux,
Et, dans mon cabinet, assis au pied des hêtres,
Faire dire aux échos des sottises champêtres?
Faudra-t-il, de sang froid, et sans être amoureux,
Pour quelque Iris en l'air faire le langoureux; (6

faisait des odes dans lesquelles il affectait d'imiter Malherbe. C'est de ce poëte qu'il est dit dans le quatrième Chant de l'*Art poétique*, qu'il

Aborde en récitant quiconque le salue,
Et poursuit de ses vers les passans dans la rue.

1. Grand fleuve d'Europe, qui prend sa source près de la Forêt-Noire en Souabe, et qui va, de l'ouest à est, se jeter dans la Mer-Noire, en traversant l'Allemagne, la Hongrie et la Turquie d'Europe.

2. C'est-à-dire, le peuple de la Judée, le peuple juif captif à Babylone. La Judée désignée par la célèbre montagne de *Sion*, que Jérusalem, sa capitale, renferme dans son enceinte : *Synecdoque de la partie pour le tout.*

3. *Memphis*, ancienne et fameuse capitale de l'Égypte. Le *Croissant* (forme de la lune dans son premier quartier), signe ou symbole de l'Empire Turc, et même du *Mahométisme*, comme la *Croix* l'est du *Christianisme* : ici, par *Métonymie*, pour La puissance Ottomane.

4. Fleuve de la Judée, célèbre dans l'Écriture sainte.

5. L'Idumée, voisine de la Judée au midi, était abondante en palmiers.

6. Suivant Brossette, ces vers regardent Charles et Pierre Perrault, qui alors s'occupaient de Stances amoureuses, d'Églogues tendres, d'Élégies à Iris, etc.

Lui prodiguer les noms de *Soleil* et d'*Aurore*,
Et, toujours bien mangeant, mourir par métaphore? (1
Je laisse aux doucereux ce langage affété, (2
Où s'endort un esprit de mollesse hébêté.
25 La satire, en leçons, en nouveautés fertile,
Sait seule assaisonner le plaisant et l'utile,
Et, d'un vers qu'elle épure aux rayons du bon sens,
Détromper les esprits des erreurs de leur temps.
Elle seule, bravant l'orgueil et l'injustice,
30 Va jusque sous le dais faire pâlir le vice; (3
Et souvent sans rien craindre, à l'aide d'un bon mot,
Va venger la raison des attentats d'un sot.
C'est ainsi que Lucile, appuyé de Lélie, (4
Fit justice en son temps des Cotins d'Italie,
35 Et qu'Horace, jetant le sel à pleines mains, (5
Se jouait aux dépens des Pelletiers romains. (6
C'est elle qui, m'ouvrant le chemin qu'il faut suivre,

1. *Mourir par métaphore*, c'est, on le sent bien, mourir fictivement et en paroles, comme quand on dit par exagération: *Je meurs de chaud, de froid, de faim*, etc. *Je meurs d'envie, de honte, d'ennui, d'impatience*, etc.

2. Combien *affété* ne vaut-il pas mieux ici qu'*affecté* ! L'*afféterie* est cette *affectation* toute petite et toute mignarde d'une coquette ou d'une précieuse qui cherche à plaire.

3. Le *Dais*, somptueux pavillon ou poêle en forme de ciel-de-lit, sous lequel se placent dans certaines solennités les grands de la terre.

4. *Lælius*, consul romain, intime ami de Scipion l'Africain le jeune.

5. *Sel*, par *métaphore*, pour Plaisanterie fine et un peu satirique.

6. Il a été déjà assez question de *Pelletier* et de *Cotin*.

M'inspira dès quinze ans la haine d'un sot livre ;
Et sur ce mont fameux où j'osai la chercher, (1
40 Fortifia mes pas, et m'apprit à marcher.
C'est pour elle, en un mot, que j'ai fait vœu d'écrire.

## XI.

*Histoire comique d'un couple avare.* SAT. X.

Le Poëte, après avoir tracé le portrait de la Joueuse, continue ainsi qu'il suit :

Mais que plutôt son jeu mille fois te ruine,
Que si la famélique et honteuse lésine ( 2
Venant mal-à-propos la saisir au collet,
Elle te réduisait à vivre sans valet,
5 Comme ce magistrat de hideuse mémoire, (3
Dont je veux bien ici te crayonner l'histoire.
Dans la robe on vantait son illustre maison. (4
Il était plein d'esprit, de sens et de raison.
Seulement pour l'argent un peu trop de faiblesse,

1. Quel *mont fameux ?* Le Parnasse.

2. Épargne sordide et raffinée jusque dans les plus petites choses : elle est ici personnifiée.

3. Le lieutenant-criminel Tardieu, qui avait tenu sur les fonts de baptême le frère de Boileau, docteur de Sorbonne.

4. La *robe*, pour La profession des gens de judicature, qui, dans l'exercice de leurs fonctions, sont ordinairement revêtus d'une longue robe : *métonymie du signe* pour *la chose signifiée ;* mais métonymie tellement usitée, qu'il faut bien moins la regarder comme une vraie figure, que comme ce qu'on appelle une *catachrèse*.

10 De ces vertus en lui ravalait la noblesse. (1
　Sa table toutefois sans superfluité
　N'avait rien que d'honnête en sa frugalité.
　Chez lui deux bons chevaux, de pareille encolure,
　Trouvaient dans l'écurie une pleine pâture,
15 Et, du foin que leur bouche au ratelier laissait,
　De surcroît une mule encor se nourrissait. (2
　Mais cette soif de l'or qui le brûlait dans l'âme
　Le fit enfin songer à choisir une femme,
　Et l'honneur dans ce choix ne fut point regardé.
20 Vers son triste penchant son naturel guidé
　Le fit, dans une avare et sordide famille,
　Chercher un monstre affreux sous l'habit d'une fille; (3

---

1. Voltaire, dans ses commentaires sur Corneille, prétend que *ravaler* n'est plus d'usage; mais on voit qu'il se trouve dans Boileau, et on le trouve aussi dans Racine, qui dit dans *Britannicus*, acte III, scène 4 :

> Quoi ! tu ne vois donc pas jusqu'où l'on me *ravale*,
> Albine ? C'est à moi qu'on donne une rivale.

On le trouve dans J. B. Rousseau, Ode au prince Eugène :

> Il sait qu'en ce vaste intervalle
> Où les destins nous ont placés,
> D'une fierté qui les *ravale*
> Les mortels sont toujours blessés.

2. Le lieutenant-criminel, obligé d'accompagner les coupables au supplice, était sur une *mule*, ancienne monture des magistrats avant l'usage des carrosses.

3. Trois vers plus haut, *le fit songer* ne choque point, parce que *songer* n'est qu'un verbe neutre, et n'a qu'un régime indirect; mais *chercher* a un régime direct (un monstre), et *lui fit chercher* vaudrait mieux, ce me semble, que *le fit chercher*. *Le fit chercher* parait même une véritable faute.

MORCEAUX CHOISIS. 189

 Et, sans trop s'enquérir d'où la laide venait,
 Il sut, ce fut assez, l'argent qu'on lui donnait.
25 Rien ne le rebuta, ni sa vue éraillée, (1
 Ni sa masse de chair bizarrement taillée:
 Et trois cent mille francs avec elle obtenus
 La firent à ses yeux plus belle que Vénus.
 Il l'épouse ; et bientôt son hôtesse nouvelle
30 Le prêchant lui fit voir qu'il était, au prix d'elle, (2
 Un vrai dissipateur, un parfait débauché.
 Lui-même le sentit, reconnut son péché,
 Se confessa prodigue, et, plein de repentance,
 Offrit sur ses avis de régler sa dépense.
35 Aussitôt de chez eux tout rôti disparut.
 Le pain bis, renfermé, d'une moitié décrut;
 Les deux chevaux, la mule, au marché s'envolèrent;
 Deux grands laquais, à jeun, sur le soir s'en allèrent;
 De ces coquins déjà l'on se trouvoit lassé,
40 Et pour n'en plus revoir le reste fut chassé :
 Deux servantes déjà, largement souffletées,
 Avaient à coups de pied descendu les montées,
 Et se voyant enfin hors de ce triste lieu,
 Dans la rue en avaient rendu grâces à Dieu.
45 Un vieux valet restait, seul chéri de son maître,
 Que toujours il servit, et qu'il avait vu naître,

---

1. La *vue*, ici pour L'œil, par une *métonymie de l'effet pour la cause* : l'œil est ce qu'on appelle *éraillé*, quand il a des filets rouges qui le font paraître déchiré et tout en sang.

2. *Au prix*, pour En comparaison. *Auprès* vaudrait mieux, surtout en parlant d'objets qui d'ordinaire ne se mettent point à prix.

11*

Et qui de quelque somme amassée au bon temps, (1
Vivait encor chez eux partie à ses dépens.
Sa vue embarrassait ; il fallut s'en défaire :
50 Il fut de la maison chassé comme un corsaire.
Voilà nos deux époux sans valets, sans enfans,
Tout seuls dans leur logis libres et triomphans.
Alors on ne mit plus de borne à la lésine :
On condamna la cave, on ferma la cuisine ;
55 Pour ne s'en point servir aux plus rigoureux mois,
Dans le fond d'un grenier on séquestra le bois.
L'un et l'autre dès lors vécut à l'aventure
Des présens qu'à l'abri de la magistrature, (2
Ce mari quelquefois des plaideurs extorquait,
60 Ou de ce que la femme aux voisins escroquait.
 Mais, pour bien mettre ici leur crasse en tout son lustre, (3
Il faut voir du logis sortir ce couple illustre ;
Il faut voir le mari tout poudreux, tout souillé,
Couvert d'un vieux chapeau de cordon dépouillé,
65 Et de sa robe, en vain de pièces rajeunie,

---

 1. Non-seulement cet *Et qui* est choquant après *Et qu'il avait vu naître*, qui semblait terminer la phrase, mais il est assez équivoque ; car, par la construction, il se rapporte au *maître*, et par le sens il se rapporte au *valet*.

 2. *A l'abri*, pour *Sous l'abri*, comme dans le vers de la cinquième Satire :

  Vous dormez *à l'abri* de ces noms révérés.

 3. C'est-à-dire, Dans tout son jour, et peut-être aussi Dans toute son horreur. Mais *lustre* a ici, par rapport à *crasse*, quelque chose d'ironique et de piquant qui le rend de beaucoup préférable tant à l'une qu'à l'autre des deux expressions dont il semble tenir la place.

A pied dans les ruisseaux traînant l'ignominie. (1
Mais qui pourrait compter le nombre de haillons,
De pièces, de lambeaux, de sales guenillons,
De chiffons ramassés dans la plus noire ordure,
70 Dont la femme aux bons jours composait sa parure?
Décrirai-je ses bas en trente endroits percés,
Ses souliers grimaçans vingt fois rapetassés,
Ses coiffes, d'où pendait au bout d'une ficelle
Un vieux masque pelé presque aussi hideux qu'elle? (2
75 Peindrai-je son jupon bigarré de latin,
Qu'ensemble composaient trois thèses de satin; (3
Présent qu'en un procès sur certain privilége,
Firent à son mari les régens d'un collége;
Et qui sur cette jupe à maint rieur encor
80 Derrière elle faisait dire : ARGUMENTABOR ? (4

1. Voilà deux vers sur lesquels on passerait à Le Brun de s'être extasié, et dont il n'a rien dit. Qu'est-ce qui en fait la beauté? C'est cette heureuse *Synecdoque d'abstraction relative: L'ignominie de sa robe*, pour *Sa robe ignominieuse*. Au moyen de cette *Synecdoque*, les mots *Ignominie* et *Robe* ont pu être assez séparés l'un de l'autre pour que, celui-ci commençant la phrase et celui-là la terminant, il en résulte la plus noble et la plus poétique inversion, et une sorte de tableau où vous voyez comme étalée devant vous toute la honte du hideux magistrat.

2. La plupart des femmes portaient alors un masque de velours noir lorsqu'elles sortaient.

3. C'était assez l'usage autrefois dans les colléges de faire imprimer en satin quelques exemplaires du programme des actes publics appelés *Thèses*: ce satin auquel on donnait, par *métonymie du contenant*, le nom de *Thèse*, était en grandes feuilles qu'on pouvait faire encadrer comme des cartes de géographie.

4. Dans les Thèses publiques, ceux qui allaient argumenter contre

Mais peut-être j'invente une fable frivole.
Démens donc tout Paris, qui, prenant la parole,
Sur ce sujet encor de bons témoins pourvu,
Tout prêt à le trouver, te dira : Je l'ai vu ; (1
85 Vingt ans j'ai vu ce couple, uni d'un même vice,
A tous mes habitans montrer que l'avarice
Peut faire dans les biens trouver la pauvreté,
Et nous réduire à pis que la mendicité.
Des voleurs, qui chez eux pleins d'espérance entrèrent,
90 De cette triste vie enfin les délivrèrent :
Digne et funeste fruit du nœud le plus affreux
Dont l'hymen ait jamais uni deux malheureux !

le *soutenant*, s'annonçaient par une formule d'usage dans laquelle entrait le mot *argumentabor*. C'est à quoi le Poëte fait allusion.

1. « Ce *Je l'ai vu*, dit Le Brun, est admirable de rapidité et de » franchise. » Il est très-beau en effet, surtout revenant par redoublement dans le vers qui suit.

# DES
# ÉPITRES DE BOILEAU.

Les Épîtres de Boileau sont, comme ses Satires, au nombre de douze : en voici les objets respectifs.

Épître Iʳᵉ. *Au Roi*. Contre les conquêtes.
— IIᵉ. *A l'abbé des Roches*. Contre les procès.
— IIIᵉ. *A Antoine Arnauld*. La mauvaise honte.
— IVᵉ. *Au Roi*. Le passage du Rhin.
— Vᵉ. *A M. de Guilleragues*. Se connaître soi-même.
— VIᵉ. *A M. de Lamoignon*. La campagne et la ville.
— VIIᵉ. *A Racine*. Le profit à tirer des critiques.
— VIIIᵉ. *Au Roi*. Remercîment.

Épitre IX$^e$. *Au marquis de Seignelay.* Rien n'est beau que le vrai.

— X$^e$. *A mes vers.* Détails de la vie de l'Auteur, et son apologie.

— XI$^e$. *A mon jardinier.* Le travail.

— XII$^e$. *A l'abbé Renaudot.* L'amour de Dieu.

« Ces Épîtres, qui toutes sont posté-
» rieures à la neuvième Satire, sont, dit
» M. Daunou, le fruit d'un talent plus mûr;
» la versification y offre plus de souplesse et
» de grâce, le style plus d'égalité, de con-
» sistance, de plénitude; des pensées plus
» fortes, plus étroitement enchaînées y sont
» exprimées avec plus de vérité, de couleur
» et d'énergie. » M. Daunou excepte pourtant de ces éloges les trois dernières Épîtres; il en excepte aussi la seconde, et la rejette même au-dessous des trois dernières, comme ne contenant, en cinquante vers, que des lieux communs sur la manie des procès, et un bien aride apologue. Il n'estime pas peu la troisième, la cinquième, la sixième et la huitième; il les trouve toutes quatre enrichies de vives descriptions, de vers élégans,

harmonieux, et souvent pittoresques, d'ornemens variés et toujours convenables. Mais les plus belles, selon lui, ce sont les quatre autres : celle où le Poëte célèbre le passage du Rhin; celle où il chante les vertus guerrières, et recommande les vertus pacifiques; celle où il enseigne à n'aimer que le vrai, à ne chercher que dans le vrai la beauté morale et la beauté poétique; enfin celle où, consolant Racine de tant d'injustes critiques, il lui apprend comment un génie tel que lui peut les faire servir à sa gloire et à son triomphe : « C'est, dit-il, en des sujets si
» divers que Despréaux, prenant tous les
» tons avec justesse, ennoblit, agrandit le
» genre de l'Épître, et remplace au moins
» par des beautés sévères, l'enjouement gracieux
» d'Horace, son abandon inimitable,
» et sa négligence si parfaite.

Le jugement de Laharpe sur les Épîtres diffère un peu de celui de M. Daunou; mais cependant il s'en rapproche assez, comme on va le voir. « Si Boileau, dit le professeur
» du lycée, est inférieur à Horace dans les
» Satires (excepté la neuvième), il est pour

» le moins son égal dans les Epîtres (1). Je
» ne crois pas même que les meilleures du
« favori de Mécène puissent soutenir le pa-
» rallèle avec l'Épître à M. de Seignelay,
» *sur le vrai*, et avec celle qui est adressée à
» M. de Lamoignon, *sur les plaisirs de la*
» *campagne*, mis en opposition avec la vie
» inquiète et agitée qu'on mène à la ville.
» Auguste, dans les Épîtres d'Horace, n'a
» jamais été loué avec autant de finesse, ni
» chanté avec un ton si noble, si élevé, si

---

(1) Faut-il laisser ignorer à ceux qui pourraient ne pas le savoir, que telle n'était pas à-beaucoup-près l'opinion de Delille? Voici ce qu'il dit dans une des notes de son *Homme des champs*, chant IV, au sujet des imitations d'Horace par le législateur du Parnasse français : « Boileau, en traduisant Horace, est encore » Boileau. Ce poëte, si *supérieur à son modèle* dans » la Satire, n'a jamais eu dans la poésie philoso- » phique (et par conséquent dans l'Épître) ni sa dou- » ceur, ni sa grâce, ni son aimable abandon. » Mais à Delille, on peut opposer non-seulement M. Daunou et Laharpe, mais la plupart des premiers juges en littérature, et entre autres, Voltaire lui-même : Voltaire met les *Épîtres* de Boileau en général bien au-dessus de ses *Satires*.

» poétique (1), que Louis XIV l'a été dans
» celles de Boileau. Enfin, celles d'Horace
» n'ont pas un seul morceau comparable au
» *Passage du Rhin.* »

(1) C'est *aussi*, et non pas *si*, qu'il fallait. *Si* peut bien, ou même doit bien, en certains cas, se mettre pour *aussi;* mais il ne suffit pas pour cela que la phrase soit négative, il faut encore que la négation porte directement sur cet adverbe. Or, elle porte ici uniquement sur le verbe *chanter;* c'est si vrai qu'avant *si poétique,* ce n'est pas la conjonction *ni*, mais la conjonction *et* qu'on mettrait. *Si* irait très-bien, s'il y avait, par exemple: *Il n'a pas le ton si noble, si élevé, si poétique.*

# MORCEAUX CHOISIS
## DES ÉPITRES.

### I.

*La paix préférable à la guerre pour un roi vraiment roi.* EPÎT. 1$^{re}$, adressée au Roi.

Oui, grand roi, laissons là les siéges, les batailles :
Qu'un autre aille, en rimant, renverser des murailles;
Et souvent, sur tes pas marchant sans ton aveu,
S'aille couvrir de sang, de poussière et de feu. (1
5 A quoi bon, d'une muse au carnage animée,
Échauffer ta valeur déjà trop allumée ?
Jouissons à loisir du fruit de tes bienfaits,
Et ne nous lassons point des douceurs de la paix.
 Pourquoi ces éléphans, ces armes, ce bagage,
10 Et ces vaisseaux tout prêts à quitter le rivage ?
Disait au roi Pyrrhus un sage confident, (2

 1. Dès que la seconde proposition se lie à la première par la conjonction *et*, l'infinitif *couvrir* pouvait être régi par le même *aille* que *renverser :* il n'en fallait donc pas un second, que repoussent également l'esprit et l'oreille, comme inutile au sens, et comme contraire à l'harmonie.

 2. *Cinéas*, également célèbre, et comme philosophe, et comme ora-

Conseiller très-sensé d'un roi très-imprudent.
Je vais, lui dit ce prince, à Rome où l'on m'appelle. —
Quoi faire? — L'assiéger. — L'entreprise est fort belle,
5 Et digne seulement d'Alexandre ou de vous :
Mais, Rome prise enfin, Seigneur, où courons-nous? —
Du reste des Latins la conquête est facile. —
Sans doute, on les peut vaincre: est-ce tout? — La Sicile (1
De là nous tend les bras, et bientôt sans effort
10 Syracuse reçoit nos vaisseaux dans son port. — (2
Bornez-vous là vos pas? — Dès que nous l'aurons prise,
Il ne faut qu'un bon vent, et Carthage est conquise. (3
Les chemins sont ouverts: qui peut nous arrêter? —
Je vous entends, Seigneur, nous allons tout dompter :
15 Nous allons traverser les sables de Libye, (4
Asservir en passant l'Égypte, l'Arabie, (5

teur. Pyrrhus disait qu'il avait pris plus de villes par l'éloquence de ce digne disciple de Démosthènes, que par ses propres armes.

*Pyrrhus*, roi d'Épire, qui, au jugement d'Annibal, avait été le plus grand capitaine du monde après Alexandre. Mort 272 ans avant l'ère chrétienne.

1. La *Sicile* est à l'extrémité de l'Italie, dont elle n'est séparée que par un détroit qu'on appelle le *Phare de Messine*.

2. *Syracuse*, autrefois la première ville de la Sicile, et la capitale d'une fameuse république. Elle avait vu naître Archimède, si célèbre par les machines qu'il inventa pour la défendre contre les Romains. Elle s'appelle aujourd'hui *Siragoça*.

3. *Carthage*, la célèbre rivale de Rome, en Afrique, non loin de l'emplacement où est aujourd'hui Tunis.

4. La *Libye*, aujourd'hui en partie le pays de *Barca* ou de *Derne*, à l'occident de l'Égypte; pays presque stérile et peu habité.

5. L'*Égypte*, contrée célèbre de l'Afrique, bornée à l'orient par

Courir delà le Gange en de nouveaux pays, (1
Faire trembler le Scythe au bords du Tanaïs, (2
Et ranger sous nos lois tout ce vaste hémisphère.
30 Mais, de retour enfin, que prétendez-vous faire? —
Alors, cher Cinéas, victorieux, contens,
Nous pourrons rire à l'aise, et prendre du bon temps. —
Hé, Seigneur, dès ce jour, sans sortir de l'Épire, (3
Du matin jusqu'au soir qui vous défend de rire? (4
35 Le conseil était sage et facile à goûter:
Pyrrhus vivait heureux s'il eût pu l'écouter.
Mais à l'ambition d'opposer la prudence,
C'est aux prélats de cour prêcher la résidence. (5

la Mer-Rouge, au nord, par la Méditerranée, et traversée du midi au nord par le Nil, auquel elle doit sa fécondité.

L'*Arabie*, contrée de l'Asie, séparée de l'Afrique par la Mer-Rouge, et qui se distingue en trois parties : l'*Arabie pétrée*, l'*Arabie déserte*, et l'*Arabie heureuse*.

1. Le *Gange*, grand et célèbre fleuve d'Asie, qui prend sa source vers les confins du Petit-Tibet, et va, à travers plusieurs royaumes, se jeter par deux embouchures dans le golfe de Bengale.

2. Il est question du *Tanaïs* au troisième chant de l'*Art poétique*. C'est le fleuve appelé aujourd'hui le *Don*, et qui, séparant l'Europe de l'Asie, va se jeter dans le *Palus-Méotide*. Les Scythes ont aussi changé de nom, et ne s'appellent plus que *Tartares*.

3. L'*Épire*, où régnait Pyrrhus, est cette partie de la Grèce qui répond à ce qu'on appelle aujourd'hui la *Basse-Thessalie*, et qui est bornée au nord par la Haute-Thessalie, à l'occident par le golfe de Venise.

4. Tout ce dialogue, qui est traduit de Plutarque, peut être cité comme un modèle en ce genre.

5. La *résidence* dans leurs diocèses, où les appellent les fonctions de l'épiscopat.

Ce n'est pas que mon cœur du travail ennemi
Approuve un fainéant sur le trône endormi :
Mais, quelques vains lauriers que promette la guerre, (1
On peut être héros sans ravager la terre.
Il est plus d'une gloire. En vain aux conquérans
L'erreur, parmi les rois, donne les premiers rangs ;
5 Entre les grands héros ce sont les plus vulgaires.
Chaque siècle est fécond en heureux téméraires :
Chaque climat produit des favoris de Mars ;
La Seine a des Bourbons, le Tibre a des Césars : (2
On a vu mille fois des fanges méotides (3
Sortir des conquérans, Goths, Vandales, Gépides. (4
Mais un roi vraiment roi, qui, sage en ses projets,
Sache en un calme heureux maintenir ses sujets,
Qui du bonheur public ait cimenté sa gloire,
Il faut, pour le trouver, courir toute l'histoire.

1. Est-ce l'épithète de *vains* qu'il fallait ici à *lauriers* ? Quoi d'étonnant, si la *guerre* ne *promet* que de *vains lauriers*, qu'on puisse être héros sans faire la guerre ? Qu'on mette *beaux* à la place de *vains*, alors tout sera dans l'ordre, et le vers offrira un sens raisonnable, non un sens tout-à-fait inepte.

2. La *Seine*, pour La France, et le *Tibre*, pour Rome : le fleuve du pays ou de la ville, pour le pays ou la ville même : *Synecdoque de la partie pour le tout.*

3. C'est-à-dire, les *fanges* du *Palus* ou Marais *Méotide,* appelé aujourd'hui la *Mer-d'Azof,* et qui communique à la *Mer-Noire* par le détroit de Caffa.

4. C'est en effet des environs du *Palus Méotide* que sont sortis autrefois les *Goths* et les *Gépides* ; mais les *Vandales,* peuples plus septentrionaux, étaient venus du côté de la *Mer-Baltique,* vers l'embouchure de l'Oder.

55 La terre compte peu de ces rois bienfaisans :
Le Ciel à les former se prépare long-temps.
Tel fut cet empereur sous qui Rome adorée (1
Vit renaître les jours de Saturne et de Rhée; (2
Qui rendit de son joug l'univers amoureux;
60 Qu'on n'alla jamais voir sans revenir heureux;
Qui soupirait le soir, si sa main fortunée
N'avait par ses bienfaits signalé la journée. (3
Le cours ne fut pas long d'un empire si doux. (4
Mais où cherché-je ailleurs ce qu'on trouve chez nous?

1. Titus, fils et successeur de Vespasien, né l'an 40 de Jésus-Christ. Mais quelle est cette *Rome adorée*? Est-ce le *peuple* ou bien le *Gouvernement* de Rome? Si c'est le *peuple*, comment et par qui peut-il *être adoré*? Si c'est le *Gouvernement*, il peut *être adoré* sans doute, et même il doit l'être dans la circonstance; mais faut-il dire de lui qu'il *voit renaître* ces jours fortunés dont il opère lui-même la renaissance?

2. Selon la Fable, Saturne, chassé du ciel, s'étant réfugié en Italie, y régna avec Rhéa sa femme, et son règne fut cet âge d'or si célébré par les poëtes.

3. L'empereur Titus, ayant laissé passer un jour sans signaler sa bienfaisance, s'écria en soupirant : « Voilà un jour de perdu : *Diem » perdidi.* »

4. Il ne dura que deux ans deux mois et vingt jours. On peut remarquer l'inversion de ce vers comme un vrai latinisme; mais faut-il cependant la condamner, dès qu'elle n'entraîne point d'obscurité, et qu'elle donne tout-à-la-fois de la noblesse et de l'harmonie à une phrase qui, selon la construction ordinaire, serait du style le plus commun? Il est tel poëte qui, à la place de Boileau, eût dit : *Long ne fut pas le cours*; mais à ce tour on reconnaîtrait Ronsard ou Chapelain. L'inversion la plus conforme au génie de notre langue serait celle-ci :

D'un empire si doux le cours ne fut pas long.

Mais il n'en résulterait qu'un vers encore assez prosaïque.

5 Grand Roi, sans recourir aux histoires antiques,
Ne t'avons-nous pas vu dans les plaines belgiques,
Quand l'ennemi vaincu, désertant ses remparts,
Au-devant de ton joug courait de toutes parts,
Toi-même te borner, au fort de ta victoire,
10 Et chercher dans la paix une plus juste gloire? (1

## II.

### *Les bienfaits de Louis XIV.* ÉPÎT. I.

Assez d'autres sans moi, d'un style moins timide,
Suivront au champ de Mars ton courage rapide;
Iront de ta valeur effrayer l'univers,
Et camper devant Dôle au milieu des hivers. (2
5 Pour moi, loin des combats, sur un ton moins terrible,
Je dirai les exploits de ton règne paisible :
Je peindrai les plaisirs en foule renaissans; (3

---

1. La paix de 1668.

2. Le Roi venait de conquérir pour la première fois la Franche-Comté. Parti de Saint-Germain le 2 février, il était revenu le 28. C'était en 1668.

3. Le Carrousel de 1662, et les fêtes données en 1664 à Versailles, sous le nom de *Plaisirs de l'Ile enchantée*. Mais fallait-il *renaissans*, au pluriel? *Renaissant* est ou participe actif, ou adjectif verbal, suivant l'occasion : comme participe, il représente *l'action de renaître*, et comme adjectif, *l'état de ce qui vient de renaître*. Or, qu'a voulu exprimer le Poëte? L'action et le moment même de la renaissance des plaisirs. Il fallait donc qu'il employât, non l'adjectif, mais le participe, qui, comme on sait, est indéclinable. D'ailleurs *en foule* ne peut aller qu'avec le participe.

La même observation peut s'appliquer au vers qui suit.

# ÉPÎTRES.

Les oppresseurs du peuple à leur tour gémissans. (1
On verra par quels soins ta sage prévoyance
Au fort de la famine entretint l'abondance. (2
On verra les abus par ta main réformés;
La licence et l'orgueil en tous lieux réprimés; (3
Du débris des traitans ton épargne grossie; (4
Des subsides affreux la rigueur adoucie; (5
Le soldat, dans la paix, sage et laborieux; (6
Nos artisans grossiers rendus industrieux; (7
Et nos voisins frustrés de ces tributs serviles
Que payait à leur art le luxe de nos villes. (8

1. Une chambre de justice fut établie en 1661, pour punir les malversations des traitans, c'est à dire, des percepteurs des deniers publics.

2. En 1662, le royaume et particulièrement la ville de Paris étant menacés d'une grande famine par une stérilité de deux années, le Roi fit venir de Prusse et de Pologne une grande quantité de blé. On construisit des fours dans le Louvre, et le pain fut distribué au peuple à un prix modique.

3. Plusieurs édits donnés pour réformer le luxe.

4. *Le débris des traitans*, les restitutions auxquelles ils furent condamnés : le trésor royal autrefois s'appelait *Epargne*.

5. Diminution des tailles et de divers droits.

6. Les soldats employés aux travaux publics.

7. Établissement des manufactures, particulièrement des tapisseries aux Gobelins, et des points de France, en 1665; des glaces, en 1666.

8. Le Poëte ne pouvait exprimer d'une manière plus noble ni plus poétique, le prix excessif des objets que l'on tirait de l'étranger : une garniture de points de Gênes et de Venise s'était vendue jusqu'à sept mille francs.

Lafontaine faisait un cas particulier de ces deux vers, et sans doute il s'y connaissait.

Tantôt je tracerai tes pompeux bâtimens, (1
Du loisir d'un héros nobles amusemens.
J'entends déjà frémir les deux mers étonnées
De voir leurs flots unis au pied des Pyrénées. (2
Déjà de tous côtés la Chicane aux abois
S'enfuit au seul aspect de tes nouvelles lois. (3
Oh ! que ta main par là va sauver de pupilles !
Que de savans plaideurs désormais inutiles !
Qui ne sent point l'effet de tes soins généreux ?
L'univers sous ton règne a-t-il des malheureux ?
Est-il quelque vertu, dans les glaces de l'ourse, (4
Ni dans ces lieux brûlés où le jour prend sa source, (5
Dont la triste indigence ose encore approcher,

1. *Tantôt* n'est là, ni pour *bientôt*, ni pour *tout-à-l'heure*, mais comme quand il sert à marquer des actions différentes dont l'une succède à l'autre : il devait donc être redoublé, comme il l'est dans ces vers de l'Épître VI :

*Tantôt*, un livre en main, errant dans les prairies,
J'occupe ma raison d'utiles rêveries;
*Tantôt*, cherchant la fin d'un vers que je construi,
Je trouve au coin d'un bois le mot qui m'avait fui.

L'Auteur a fait la même faute dans le second chant de l'*Art poétique*, lorsque, sans redoubler *tantôt*, il a dit de l'Ode :

*Tantôt*, comme une abeille ardente à son ouvrage,
Elle s'en va de fleurs dépouiller le rivage.

2. Le canal du Languedoc, qui joint la Méditerranée à l'Océan.

3. La célèbre ordonnance de 1667, sur la procédure civile.

4. L'*Ourse*, pour le Nord, qui est sous les deux constellations de ce nom.

5. C'est-à-dire, dans l'Orient. Il ne fallait pas *ni*, puisque la phrase est affirmative par sa forme grammaticale. *Ou* n'irait point mal ici à la place de *ni*.

Et qu'en foule tes dons d'abord n'aillent chercher? (1
C'est par toi qu'on va voir les muses enrichies
De leur longue disette à jamais affranchies. (2
35 Grand roi, poursuis toujours, assure leur repos.
Sans elles un héros n'est pas long-temps héros :
Bientôt, quoi qu'il ait fait, la mort d'une ombre noire
Enveloppe avec lui son nom et son histoire.
En vain, pour s'exempter de l'oubli du cercueil,
40 Achille mit vingt fois tout Ilion en deuil ;
En vain, malgré les vents, aux bords de l'Hespérie, (3
Énée enfin porta ses dieux et sa patrie :
Sans le secours des vers, leurs noms tant publiés
Seraient depuis mille ans avec eux oubliés. (4

1. Le Roi, en 1668, donna des pensions à beaucoup de gens de Lettres de toute l'Europe.

2. Ici les Muses, pour Les nourrissons des Muses, pour Les gens de Lettres.

3. L'Italie : le nom d'*Hespérie* lui est commun avec l'Espagne ; mais elle le doit à *Hesperus* qui, chassé par son frère Atlas, s'y était retiré, et l'*Espagne* le doit à l'étoile du soir, *Hesper* ou *Vesper*, parce que, vers le soir, elle est à l'occident par rapport à la Grèce, et par rapport à l'Italie même.

4. Ces mêmes idées se trouvent dans Horace, liv. 4, Ode IX : on les trouve aussi dans l'Ode de J. B. Rousseau au prince Eugène :

Non, non ; sans le secours des filles de Mémoire,
Vous vous flattez en vain, partisans de la gloire,
D'assurer à vos noms un heureux souvenir :
Si la main des neuf sœurs ne pare vos trophées,
    Vos vertus étouffées
N'éclaireront jamais les yeux de l'avenir.

## III.

*La mauvaise honte, cause et principe de tous nos maux.* ÉPÎT. III.

Des superbes mortels le plus affreux lien,
N'en doutons point, Arnauld, c'est la honte du bien.
Des plus nobles vertus cette adroite ennemie
Peint l'honneur à nos yeux des traits de l'infamie ;
5 Asservit nos esprits sous un joug rigoureux,
Et nous rend l'un de l'autre esclaves malheureux.
Par elle la vertu devient lâche et timide. (1
Vois-tu ce libertin en public intrépide,
Qui prêche contre un Dieu que dans son âme il croit?
10 Il irait embrasser la vérité qu'il voit :
Mais de ses faux amis il craint la raillerie,
Et ne brave ainsi Dieu que par poltronnerie. (2
C'est là de tous nos maux le fatal fondement.
Des jugemens d'autrui nous tremblons follement;
15 Et, chacun l'un de l'autre adorant les caprices, (3

  1. La *vertu*, pour L'homme vertueux : *Synecdoque d'abstraction absolue*. Mais *timide* n'est-il pas un peu faible après *lâche*, sur lequel il devrait enchérir ?

  2. Belle alliance de mots qui semblent s'exclure, comme dans ce vers de la *Henriade*, où Henri IV dit en parlant de Valois :

  Et par timidité me déclara la guerre.

  3. On peut faire de ce vers la même critique que de celui de la Satire du Repas, n° II :

  Où chacun malgré soi l'un sur l'autre porté.

Comment ce pronom distributif *chacun*, qui isole les individus et ne les présente à l'esprit qu'un à un, peut-il en comprendre en soi deux ou plusieurs ensemble, comme le dit *l'un de l'autre?*

Nous cherchons hors de nous nos vertus et nos vices. (1
Misérables jouets de notre vanité,
Faisons au moins l'aveu de notre infirmité.
A quoi bon, quand la fièvre en nos artères brûle,
20 Faire de notre mal un secret ridicule ?
Le feu sort de vos yeux pétillans et troublés,
Votre pouls inégal marche à pas redoublés ;
Quelle fausse pudeur à feindre vous oblige ? (2
Qu'avez-vous?–Je n'ai rien.–Mais...–Je n'ai rien, vous dis-je,
25 Répondra ce malade à se taire obstiné.
Mais cependant voilà tout son corps gangrené ;
Et la fièvre, demain se rendant la plus forte,
Un bénitier aux pieds va l'étendre à la porte. (3
Prévenons sagement un si juste malheur.
30 Le jour fatal est proche, et vient comme un voleur. (4
Avant qu'à nos erreurs le Ciel nous abandonne,

1. C'est-à-dire, Nous empruntons du dehors, d'autrui, nos vertus et nos vices.

2. Quelle *fausse*, quelle *mauvaise honte* vous oblige à *feindre que vous êtes bien portant*, ou plutôt *à dissimuler que vous soyez malade* ?

3. *Va l'étendre*, pour *Va le faire étendre*, ou *Va faire qu'on l'étendra*. C'est l'usage à Paris et dans bien d'autres endroits, comme ce l'était chez les Grecs et chez les Romains, d'exposer les morts à l'entrée des maisons, les pieds tournés vers la porte.

Plusieurs des neuf ou dix derniers vers sont imités, les uns d'Horace, les autres de Perse, et l'imitation n'est point au-dessous des modèles.

4. Comparaison tirée des Livres saints, où elle est souvent employée. « Vous savez bien, dit saint Paul aux Thessaloniciens, dans sa
» première Épître, chapitre V; vous savez bien que le jour du
» Seigneur viendra comme un voleur de nuit: (*Scitis quia dies*
» *Domini, sicut fur in nocte, ita veniet.*) »

Profitons de l'instant que de grâce il nous donné.
Hâtons-nous; le temps fuit, et nous traîne avec soi :
Le moment où je parle est déjà loin de moi. (1

35 Mais quoi! toujours la honte en esclaves nous lie!
Oui, c'est toi qui nous perds, ridicule folie :
C'est toi qui fis tomber le premier malheureux,
Le jour que d'un faux bien sottement amoureux, (2
Et n'osant soupçonner sa femme d'imposture,
40 Au démon, par pudeur, il vendit la nature. (3
Hélas! avant ce jour qui perdit ses neveux, (4

1. Ces trois derniers vers sont une paraphrase de ce vers de Perse, Satire V :

*Vive memor lethi : fugit hora ; hoc quod loquor inde est;*
vers si serré, si précis, et le plus connu, le plus remarquable de ce poëte. Mais si le *quod loquor inde est* de Perse *a des ailes*, comme le dit Sélis son traducteur, le vers de Boileau qui y correspond ne va-t-il pas assez vite ?

Le moment où je parle est déjà loin de moi.

Quand Boileau, récitant son épître à Arnauld, en fut à ce vers, il sut si bien, par le ton qu'il prit, en exprimer la légèreté et la rapidité, que le savant docteur se leva brusquement de son siége, et se mit à répéter plusieurs fois en courant par la chambre comme un homme qui fuit :

Le moment où je parle est déjà loin de moi.

2. *Adam*, le père du genre humain. Dans le langage de l'Écriture, on dit absolument *tomber*, pour *pécher*: les fautes, les péchés sont des *chutes*.

3. *Pudeur* peut-il par lui-seul signifier, *mauvaise honte*? D'ailleurs est-ce par mauvaise honte qu'Adam, cédant aux sollicitations de sa femme, *vendit la nature au démon*? N'est-ce pas plutôt par faiblesse, par une lâche et coupable complaisance?

4. C'étaient bien ses *enfans*, et peut-être fallait-il le dire. *Ses neveux*, s'il était question de tout autre qu'*Adam*, ou que Noé,

Tous les plaisirs couraient au-devant de ses vœux.
La faim aux animaux ne faisait point la guerre :
Le blé, pour se donner, sans peine ouvrant la terre, (1
45 N'attendait point qu'un bœuf pressé de l'aiguillon
Traçât à pas tardifs un pénible sillon :
La vigne offrait partout des grappes toujours pleines,
Et des ruisseaux de lait serpentaient dans les plaines.
Mais dès ce jour Adam, déchu de son état,
50 D'un tribut de douleur paya son attentat.
Il fallut qu'au travail son corps rendu docile,
Forçât la terre avare à devenir fertile.
Le chardon importun hérissa les guérêts ; (2
Le serpent venimeux rampa dans les forêts ;
55 La canicule en feu désola nos campagnes ; (3
L'aquilon en fureur gronda sur les montagnes. (4

second père du genre humain, conviendrait très-bien, et signifierait non pas *sa postérité*, mais *la postérité*.

1. Le contraste de ce vers avec les deux suivans est assez remarquable : quelle rapidité dans l'un, et quelle lenteur dans les autres L'harmonie imitative, dans ces deux derniers, est, comme le di Le Brun, portée à son dernier période.

2. Faut-il, comme Marmontel, voir une négligence dans la liaison des mots, *chardon importun* ? La rencontre des nasales *on* e *im* paraîtra au contraire heureusement ménagée pour peindre l'objet désagréable dont il s'agit. Mais que dire de l'hiatus que formen quelques vers plus haut les mots, *la faim aux animaux* Comme il n'a rien de pittoresque, on ne voit pas ce qui pourrait l justifier.

3. C'est la constellation du *grand chien*, à laquelle on attribu les grandes chaleurs, parce qu'elle se lève et se couche avec le soleil durant les mois de juillet et d'août.

4. L'*Aquilon*, vent du nord, vent froid et orageux.

Alors pour se couvrir durant l'âpre saison,
Il fallut aux brebis dérober leur toison.
La peste en même temps, la guerre et la famine,
60 Des malheureux humains jurèrent la ruine.

## IV.

*Le passage du Rhin.* ÉPÎT. IV.

Aux pieds du mont Adule (1), entre mille roseaux,
Le Rhin tranquille, et fier du progrès de ses eaux,
Appuyé d'une main sur son urne penchante,
Dormait au bruit flatteur de son onde naissante : (2

1. Le mont *Adule*, qu'on appelle à présent le mont *Saint-Gothard*, est une des plus hautes montagnes de la Suisse. Non seulement le *Rhin*, mais le *Russ*, le *Rhône* et le *Tésin*, y prennent leur source. C'est parce que le *Rhône* et le *Rhin* naissent si près l'un de l'autre, que L. Racine, dans son poëme de la *Religion*, chant Ier, appelle ces deux fleuves *frères* :

Le Rhône suit vers nous le penchant qui l'entraîne,
Et son *frère* emporté par un contraire choix,
Sorti du même sein, va chercher d'autres lois.

2. Dans les notes de la traduction de l'*Énéide* par Delille, on rapproche ces beaux vers de ceux de Virgile (liv. VIII), auxquels correspondent les cinq suivans de la traduction française :

Tout-à-coup, à travers des peupliers voisins,
Le Tibre s'offre à lui durant la nuit obscure ;
Des tresses de roseaux ceignent sa chevelure,
Et du lin le plus fin le léger vêtement
De ses plis azurés l'entoure mollement ;

Et l'auteur des notes (M. J. Michaud) trouve que le poëte français ne perd rien à côté du poëte latin. Non, sans doute, il n'y perd rien, et il est même permis de croire que le poëte latin n'a rien de comparable au charme des deux vers français où le Rhin est représenté endormi.

# EPÎTRES.

5 Lorsqu'un cri, tout-à-coup suivi de mille cris, (1
Vient d'un calme si doux retirer ses esprits.
Il se trouble, il regarde, et partout sur ses rives,
Il voit fuir à grands pas ses naïades craintives, (2
Qui toutes accourant vers leur humide roi,
10 Par un récit affreux redoublent son effroi.
Il apprend qu'un héros, conduit par la victoire,
A de ses bords fameux flétri l'antique gloire; (3
Que Rhinberg et Wesel, terrassés en deux jours, (4
D'un joug déjà prochain menacent tout son cours.
15 « Nous l'avons vu, dit l'une, affronter la tempête
» De cent foudres d'airain tournés contre sa tête.
» Il marche vers Tholus (5), et tes flots en courroux
» Au prix de sa fureur sont tranquilles et doux.
» Il a de Jupiter la taille et le visage; (6

1. Le Brun trouve *savante* la répétition de ces *i*: elle lui semble produire *un son monotone et terrible pour l'oreille*.

2. On appelle *naïades* les nymphes des fleuves.

3. *Flétri*, c'est-à-dire, éclipsé, effacé.

4. Ces deux villes, qui étaient alors sous la domination des Hollandais, et qui maintenant dépendent de la Prusse, sont situées sur le Rhin, l'une sur la rive gauche du fleuve, et l'autre sur la rive droite: Wesel fut pris le 4 juin 1672, et Rhinberg, le 6 du même mois.

5. Village sur la rive gauche du Rhin, au-dessus du fort de Skink: *Tholus*, en langage flamand, signifie *un bureau où l'on reçoit les péages*. C'est là que les Français passèrent le Rhin à la nage.

6. « Louis XIV, observe Brossette, est ici comparé à Jupiter, mais
» c'est à Jupiter foudroyant et exterminateur. Ainsi cette comparai-
» son est bien plus glorieuse que si le Poëte avait dit, comme le
» voulaient quelques critiques, que le Roi ressemblait au dieu Mars:
» car Mars n'est qu'un Dieu subalterne. Homère, *Iliade*, liv. II,

20 » Et, depuis ce Romain dont l'insolent passage
  » Sur un pont en deux jours trompa tous tes efforts, (1
  » Jamais rien de si grand n'a paru sur tes bords. »
    Le Rhin tremble et frémit à ces tristes nouvelles ;
    Le feu sort à travers ses humides prunelles.
25 « C'est donc trop peu, dit-il, que l'Escaut en deux mois
  » Ait appris à couler sous de nouvelles lois ; (2
  » Et de mille remparts mon onde environnée
  » De ces fleuves sans nom suivra la destinée !
  » Ah ! périssent mes eaux ! ou par d'illustres coups
30 » Montrons qui doit céder des mortels ou de nous. »
    A ces mots, essuyant sa barbe limoneuse, (3

» donne au roi Agamemnon la tête et les yeux de Jupiter quand il
» lance la foudre. »

Voilà probablement la raison pour laquelle l'Auteur, dans son Ode
sur la prise de Namur, emploie la même comparaison : il dit en s'adressant à cette ville :

    Quelle effroyable puissance
    Aujourd'hui pourtant s'avance,
    Prête à foudroyer tes monts ?
    Quel bruit, quel feu l'environne !
    C'est *Jupiter* en personne,
    Ou c'est le vainqueur de Mons.

1. Jules César, pendant qu'il faisait la guerre dans les Gaules, passa deux fois le Rhin pour aller châtier les peuples de la Germanie qui avaient envoyé des secours aux Gaulois. On avait employé *dix jours* à la construction du pont sur lequel se fit le premier passage ; mais le passage ne s'en effectua pas moins *en deux jours*, c'est-à-dire, *très-promptement, en moins de rien*, ainsi que le dit Boileau lui-même en répondant à une critique de Brossette.

2. En l'année 1667, le Roi avait conquis une partie de la Flandre qui est arrosée par l'Escaut.

3. Marmontel trouve *grotesque* et *choquante* cette image du

Il prend d'un vieux guerrier la figure poudreuse :
Son front cicatrisé rend son air furieux ; (1
Et l'ardeur du combat étincelle en ses yeux.
5 En ce moment il part ; et, couvert d'une nue,
Du fameux fort de Skink prend la route connue. (2
Là, contemplant son cours, il voit de toutes parts
Ses pâles défenseurs par la frayeur épars :
Il voit cent bataillons qui, loin de se défendre,
40 Attendent sur des murs l'ennemi pour se rendre.
Confus, il les aborde ; et renforçant sa voix :
« Grands arbitres, dit-il, des querelles des rois, (3

fleuve *essuyant sa barbe limoneuse* : elle le serait en effet, s'il avait simplement *essuyant sa barbe* ; mais l'épithète *limoneuse* jointe à *barbe*, lui donne de la noblesse. Toutefois elle ne lui e donne pas assez, ce me semble, pour en faire un vers vraimen héroïque.

Horace, dans la dixième satire du liv. Ier., dit : « *La tête limo neuse du Rhin ( Rheni luteum caput).* »

1. Dans toutes les éditions données par Boileau, ou avouées p. lui, on lit *cicatricé*, et Brossette prétend que c'est là le mot propr « Quelques-uns, dit-il, ont prétendu qu'il fallait dire *cicatris* » mais ils n'ont pas pris garde que *cicatrisé* se dit d'une plaie q » commence à se fermer, au lieu que *cicatricé* signifie *couve* » *de cicatrices, recousu en divers endroits.* »
*Cicatricé* ne se dit point, et *cicatrisé* peut signifier *couvert cicatrices*, tout comme il se dit d'*une plaie qui commence* se fermer.

2. Ce fort est situé à la pointe de l'île de *Betaw* ou *Betuw* qui est l'endroit où le Rhin se divise : les Hollandais le firent bâ en 1586, par le colonel Martin *Schenk*, dont il porte le nom.

3. Ironie amère contre les Hollandais, qui, en 1668, après la p d'Aix-la-Chapelle, avaient fait frapper une médaille avec une

» Est-ce ainsi que votre âme, aux périls aguerrie,
» Soutient sur ces remparts l'honneur et la patrie? (1
45 » Votre ennemi superbe, en cet instant fameux,
» Du Rhin, près de Tholus, fend les flots écumeux:
» **Du** moins en vous montrant sur la rive opposée
» N'oseriez-vous saisir une victoire aisée?
» Allez, vils combattans, inutiles soldats;
50 » Laissez là ces mousquets trop pesans pour vos bras; (2
» Et, la faux à la main, parmi vos marécages,
» Allez couper vos joncs, et presser vos laitages; (3
» Ou, gardant les seuls bords qui vous peuvent couvrir,
» Avec moi, de ce pas, venez vaincre ou mourir. »

gueilleuse inscription latine, dans laquelle ils prenaient à-peu-près les titres d'*arbitres des rois*, de *réformateurs de la religion*, de *protecteurs des lois*.

1. Les drapeaux hollandais portaient pour devise : *pro honore et patriâ*.

2. Le *mousquet* est une ancienne arme à feu, que remplace à présent le fusil dans les armées.

3. La construction de ces vers ne manqua pas d'être censurée du temps même de Boileau. *On ne va point*, disait-on, *presser des laitages la faux à la main*. « Non, sans doute, répond Le Brun;
» mais ce n'est pas non plus ce que l'Auteur prétend. *Allez cou-*
» *per vos joncs la faux à la main, et puis après vous presse-*
» *rez vos laitages* : voilà ce qu'on entend, et ce qu'il a voulu dire.
» Il eut pourtant, ajoute-t-il, la faiblesse de convenir de la pré-
» tendue faute; mais il s'en corrigea bientôt, et avec raison, en
» ne gâtant point son vers. »

Il aurait sans doute eu tort de gâter son vers; mais s'il avait pu, sans le gâter, changer sa construction, il eût dû la changer : elle est visiblement irrégulière, puisqu'elle ne fait pas moins rapporter grammaticalement, à *presser vos laitages*, qu'à *couper vos joncs*, le complément circonstanciel, *la faux à la main*.

# ÉPÎTRES.

55  Ce discours d'un guerrier que la colère enflamme
Ressuscite l'honneur déjà mort en leur âme;
Et, leurs cœurs s'allumant d'un reste de chaleur,
La honte fait en eux l'effet de la valeur.
Ils marchent droit au fleuve, où Louis en personne
60  Déjà prêt à passer, instruit, dispose, ordonne.
Par son ordre, Grammont le premier dans les flots (1
S'avance, soutenu des regards du héros:
Son coursier, écumant sous son maître intrépide,
Nage tout orgueilleux de la main qui le guide. (2
65  Revel le suit de près: sous ce chef redouté
Marche des cuirassiers l'escadron indompté.
Mais déjà devant eux une chaleur guerrière
Emporte loin du bord le bouillant Lesdiguière, (3
Vivonne, Nantouillet, et Coislin, et Salart;
70  Chacun d'eux au péril veut la première part:
Vendôme, que soutient l'orgueil de sa naissance, (4

1. Le comte de Guiche, fils aîné du maréchal de Grammont. Le Roi lui ayant commandé de voir s'il n'y avait pas un gué dans le Rhin, il vint annoncer qu'il y en avait un facile vers Tholus, promit de passer à la tête de la cavalerie. Il n'y en avait pourtant pas, et l'armée fut obligée de traverser une partie du fleuve à la nage.

2. « Dans ces deux vers dont l'action est si présente, Boileau » dit Le Brun, semble avec Grammont, traverser le Rhin sur les » ailes du génie. »

3. Le comte de Saux: il fut blessé en passant le fleuve; mais il avança toujours, sortit de l'eau le premier, et donna le premier coup à l'ennemi.

4. Le chevalier de Vendôme, depuis grand-prieur de France, et qui n'avait pas encore dix-sept ans: il prit un drapeau et un étendard qu'il apporta au Roi.

Au même instant dans l'onde impatient s'élance :
La Salle (1), Beringhen, Nogent (2), d'Ambre, Cavois,
Fendent les flots tremblans sous un si noble poids.
75 Louis, les animant du feu de son courage,
Se plaint de sa grandeur qui l'attache au rivage. (3
Par ses soins cependant trente légers vaisseaux
D'un tranchant aviron déjà coupent les eaux : (4
Cent guerriers s'y jetant signalent leur audace.
80 Le Rhin les voit d'un œil qui porte la menace ;
Il s'avance en courroux. Le plomb vole à l'instant,
Et pleut de toutes parts sur l'escadron flottant.
Du salpêtre en fureur l'air s'échauffe et s'allume, (5
Et des coups redoublés tout le rivage fume.
85 Déjà du plomb mortel plus d'un brave est atteint. (6

1. Le marquis de la Salle reçut plusieurs coups des cuirassiers français qui le prirent pour un Hollandais.

2. Armand de Bautru, comte de Nogent, fut tué au passage du Rhin, d'un coup de mousquet à la tête.

3. Non-seulement le Poëte prévient adroitement tout reproche de lâcheté qu'on eût pu faire au Roi, mais il donne une grande idée de son courage : *Louis eût voulu, comme héros, passer le fleuve avec son armée ; mais comme roi, il se devait et il devait à l'état de ne point exposer sa personne.*

4. L'*aviron* est une sorte de rame dont on se sert pour faire aller les bateaux sur les rivières.

5. Le *salpêtre*, pour la poudre, dans la composition de laquelle on le fait entrer. *Synecdoque de la partie pour le tout.*

6. Brossette rapporte, au sujet de ces vers, que Boileau se vantait d'avoir parlé le premier en vers de l'artillerie moderne. Suivant L. Racine, ce n'est pas d'en avoir parlé le premier qu'il se vantait, mais d'en avoir parlé le premier poétiquement et par de nobles périphrases.

Sous les fougueux coursiers l'onde écume et se plaint.(1
De tant de coups affreux la tempête orageuse
Tient un temps sur les eaux la fortune douteuse.
Mais Louis d'un regard sait bientôt la fixer :
90 Le destin à ses yeux n'oserait balancer. (2
Bientôt avec Grammont courent Mars et Bellone ; (3
Le Rhin à leur aspect d'épouvante frissonne :
Quand, pour nouvelle alarme à ses esprits glacés,
Un bruit s'épand qu'Enguien et Condé sont passés; (4
95 Condé, dont le seul nom fait tomber les murailles,
Force les escadrons, et gagne les batailles ; (5
Enguien, de son hymen le seul et digne fruit,
Par lui dès son enfance à la victoire instruit. (6

1. « Se *plaint* est admirable, dit Le Brun : il imprime au vers
» le sentiment et la vie. »

2. « Ce vers, dit le même commentateur, était fait pour enivrer
» l'orgueil de Louis XIV : c'était le mettre au-dessus des dieux de
» la fable, qui fléchissaient sous le destin : *irrevocabile fatum*. »

3. Dès que le Poëte, dans cette épître, emploie le merveilleux
de la mythologie, il n'est pas étonnant qu'il oppose *Mars* et
*Bellone* au dieu du Rhin.

4. *Enguien*, Henri-Jules de Bourbon, né en 1643, mort en
1709 : son père, le célèbre Condé, né en 1621, mort en 1686, lui
dut la vie à la bataille de Senef, la dernière qu'il ait gagnée.

5. Ces deux vers d'une *hyperbole* qui peut paraître assez forte,
mais qu'on trouvera justifiée dans le *Manuel des tropes*, ont été
empruntés à Corneille, qui, dans la comédie de l'*Illusion*, fait
dire au capitan Matamore :

    Le seul bruit de mon nom renverse les murailles,
    Défait les escadrons, et gagne les batailles.

6. Voltaire, dans la *Henriade*, Chant Ier, dit de Valois :
    Aux combats dès l'enfance instruit par la victoire.

L'ennemi renversé fuit et gagne la plaine :
100 Le Dieu lui-même cède au torrent qui l'entraîne,
Et seul, désespéré, pleurant ses vains efforts,
Abandonne à Louis la victoire et ses bords.

## V.

*Le bonheur dans la paix du cœur et dans la modération.* EPÎT. V.

C'est au repos d'esprit que nous aspirons tous;
Mais ce repos heureux se doit chercher en nous.
Un fou rempli d'erreurs, que le trouble accompagne,
Et malade à la ville ainsi qu'à la campagne,
5 En vain monte à cheval pour tromper son ennui :
Le chagrin monte en croupe, et galope avec lui. (1
Que crois-tu qu'Alexandre, en ravageant la terre,
Cherche parmi l'horreur, le tumulte et la guerre ?
Possédé d'un ennui qu'il ne saurait dompter,
10 Il craint d'être à soi-même, et songe à s'éviter.
C'est là ce qui l'emporte aux lieux où naît l'aurore,
Où le Perse est brûlé de l'astre qu'il adore (2.

---

1. Horace dit, ode I<sup>re</sup> du livre III : « Le noir chagrin s'assied » derrière le cavalier : »

*Post equitem sedet atra cura.*

Notre poëte fait plus que mettre le *chagrin en croupe;* il le fait *galoper* avec le cavalier qui cherche à le fuir.

2. Les Persans adoraient le soleil sous le nom de *Mithras.* Si, comme il y paraît, *les lieux où naît l'aurore* sont ici les mêmes que ceux *où le Perse est brûlé* du soleil, alors, par ces lieux, il faut entendre, non l'*Orient,* c'est-à-dire, les États de l'Asie orien-

De nos propres malheurs auteurs infortunés,
Nous sommes loin de nous à toute heure entraînés.
A quoi bon ravir l'or au sein du Nouveau-Monde ? (1
Le bonheur tant cherché sur la terre et sur l'onde,
Est ici comme aux lieux où mûrit le coco, (2
Et se trouve à Paris de même qu'à Cusco : (3
On ne le tire point des veines du Potose. (4
Qui vit content de rien, possède toute chose.
Mais, sans cesse ignorans de nos propres besoins, (5
Nous demandons au Ciel ce qu'il nous faut le moins.
 Oh ! que si cet hiver un rhume salutaire,
Guérissant de tous maux mon avare beau-père,
5 Pouvait, bien confessé, l'étendre en un cercueil,
Et remplir sa maison d'un agréable deuil !

tale, tels que l'empire du Mogol, les royaumes de la Chine, de Siam, etc. ; mais le *Levant*, c'est-à-dire, les régions de l'Asie occidentale, lesquelles sont, par rapport à nous, du côté où le soleil se *lève*.

1. L'Amérique, découverte seulement dans le quinzième siècle.

2. C'est le fruit du cocotier, qui est gros comme un melon, et quelquefois davantage. Il mûrit dans les Indes orientales et dans l'Afrique.

3. Ville du Pérou, qui était le séjour des anciens rois, et dont les temples étaient revêtus de plaques d'or, enrichies elles-mêmes de turquoises et d'émeraudes.

4. Montagne du Pérou où se trouvent les mines les plus célèbres de toute la terre, quoiqu'elles ne soient que d'argent. Auprès de cette montagne est une ville qui, de son nom, s'appelle *Potosi*.

5. *Ignorans de nos propres besoins* a été repris mal-à-propos par Saint-Marc : il se dit très-bien, et vaut mieux ici qu'*ignorant nos propres besoins*, parce qu'il marque mieux l'habitude et l'état continuel, permanent de cette ignorance.

Que mon âme, en ce jour de joie et d'opulence,
D'un superbe convoi plaindrait peu la dépense !
Disait le mois passé, doux, honnête et soumis,
30 L'héritier affamé de ce riche commis (1
Qui, pour lui préparer cette douce journée,
Tourmenta quarante ans sa vie infortunée. (2
La mort vient de saisir le vieillard catarrheux :
Voilà son gendre riche; en est-il plus heureux ?
35 Tout fier du faux éclat de sa vaine richesse,
Déjà nouveau seigneur il vante sa noblesse.
Quoique fils de meunier, encor blanc du moulin, (3
Il est prêt à fournir ses titres en vélin. (4
En mille vains projets à toute heure il s'égare :
40 Le voilà fou, superbe, impertinent, bizarre,
Rêveur, sombre, inquiet, à soi-même ennuyeux.
Il vivrait plus content, si, comme ses aïeux,
Dans un habit conforme à sa vraie origine,
Sur le mulet encore il chargeait la farine.
45   Mais ce discours n'est pas pour le peuple ignorant,
Que le faste éblouit d'un bonheur apparent.
L'argent, l'argent, dit-on; sans lui tout est stérile :

---

1. *Affamé* : l'avide impatience de cet héritier pouvait-elle être exprimée par un mot plus énergique ?

2. *Tourmenta quarante ans sa vie*, heureuse expression pour dire : *Se tourmenta pendant quarante ans de sa vie.*

3. *Blanc du moulin*, heureuse elipse pour dire, Blanc par l'effet du moulin, ou Blanc de la farine du moulin.

4. *Le vélin*, peau de veau préparée, plus mince et plus unie que le parchemin.

La vertu sans l'argent n'est qu'un meuble inutile. (1
L'argent en honnête homme érige un scélérat ;
50 L'argent seul au palais peut faire un magistrat. (2
« Qu'importe qu'en tous lieux on me traite d'infâme?
» Dit ce fourbe sans foi, sans honneur et sans âme ;
» Dans mon coffre, tout plein de rares qnalités,
» J'ai cent mille vertus en louis bien comptés.
55 » Est-il quelque talent que l'argent ne me donne? »
C'est ainsi qu'en son cœur ce financier raisonne.
Mais pour moi, que l'éclat ne saurait décevoir, (3
Qui mets au rang des biens l'esprit et le savoir,
J'estime autant Patru, même dans l'indigence, (4
60 Qu'un commis engraissé des malheurs de la France.(5
Non que je sois du goût de ce sage insensé
Qui, d'un argent commode esclave embarrassé,

---

1. Horace, épître Ire, liv. Ier : « Citoyens, de l'argent, ayons
» d'abord de l'argent, puis de la vertu : »

*O cives, cives, quærenda pecunia primùm est ;*
*Virtus post nummos.*

2. Allusion à la vénalité des charges de judicature.

3. *Décevoir*, c'est séduire, tromper par quelque chose de spécieux et d'engageant. Ce mot et celui de *décevant* sont aujourd'hui moins usités qu'autrefois : serait-ce, comme le dit Roubaud, que nous n'en connaissons pas le prix aussi bien que nos pères ?

4. *Patru*, l'un des quarante de l'Académie française, négligea sa profession d'avocat par amour pour les belles-lettres, et ruina ainsi sa fortune.

5. Belle ellipse pour dire, *Engraissé par suite* ou *par l'effet des malheurs* de la France qui ont tourné à son profit : *engraissé*, métaphoriquement pour *enrichi*.

Jeta tout dans la mer pour crier : *Je suis libre.* (1)
De la droite raison je sens mieux l'équilibre :
65 Mais je tiens qu'ici-bas, sans faire tant d'apprêts,
La vertu se contente et vit à peu de frais.

## VI.

*Le Poëte oubliant à la campagne les chagrins de la ville.* ÉPÎT. VI, adressée à M. de Lamoignon.

Oui, Lamoignon (2), je fuis les chagrins de la ville,
Et contre eux la campagne est mon unique asile.
Du lieu qui m'y retient veux-tu voir le tableau ?
C'est un petit village (3), ou plutôt un hameau,
5 Bâti sur le penchant d'un long rang de collines,
D'où l'œil s'égare au loin dans les plaines voisines.
La Seine, au pied des monts que son flot vient laver,
Voit du sein de ses eaux vingt îles s'élever,
Qui, partageant son cours en diverses manières,

---

1. C'est ce que fit Cratès, philosophe cynique, qui vivait vers l'an 328 avant Jésus-Christ. Horace dit la même chose du philosophe Aristipse, qui voyageant dans la Libye, ordonna à ses esclaves de jeter son or, qui les embarrassait et les empêchait d'aller vite.

2. Chrétien-François de Lamoignon, depuis président à mortier, fils de Guillaume de Lamoignon, premier président du parlement de Paris. Son père figure dans le *Lutrin* sous le nom d'Ariste, et le vertueux Malesherbes était son petit-fils.

3. *Hautile*, près de la Roche-Guion, du côté de Mantes, à treize lieues de Paris. La différence entre le *village* et le *hameau* est assez connue ; le *village* est, en général, un lieu non fermé de murailles, composé de maisons de paysans ; il peut être le chef-lieu d'une pa-

10  D'une rivière seule y forment vingt rivières.
    Tous ses bords sont couverts de saules non plantés,
    Et de noyers souvent du passant insultés. (1
    Le village au-dessus forme un amphithéâtre :
    L'habitant ne connaît ni la chaux ni le plâtre;
15  Et dans le roc, qui cède et se coupe aisément,
    Chacun sait de sa main creuser son logement.
    La maison du seigneur (2), seule un peu plus ornée,
    Se présente au dehors de murs environnée.
    Le soleil en naissant la regarde d'abord,
20  Et le mont la défend des outrages du nord. (3
        C'est là, cher Lamoignon, que mon esprit tranquille
    Met à profit les jours que la Parque me file. (4
    Ici, dans un vallon bornant tous mes désirs,
    J'achète à peu de frais de solides plaisirs : (5
25  Tantôt, un livre en main, errant dans les prairies,

roisse, et on l'appelle *bourg*, quand il est d'une certaine étendue, et qu'il a un marché : le *hameau* est un petit nombre de maisons écartées du lieu de la paroisse.

1. « Ces détails, dit Le Brun, sont d'une naïveté charmante. Le
» *saule*, comme on sait, ne se *plante* point, et il n'y a pas d'é-
» colier dont le caillou n'*insulte* le noyer. »

2. Ce *seigneur* était alors Dongois, greffier en chef du Parlement, neveu de l'Auteur; ce même Dongois dont Voltaire dit à Boileau dans l'Épître qu'il lui adresse :

   Chez ton ami Dongois je passai mon enfance,
   Bon bourgeois qui se crut un homme d'importance.

3. Déjà en 1785 il existait à peine quelques vestiges de ce château.

4. Ce ne peut être que par allusion à la mythologie, que le Poëte fait *filer ses jours par la Parque.*

5. Quels sont ces *solides plaisirs*? Ils vont faire l'objet des huit vers suivans.

J'occupe ma raison d'utiles rêveries : (1
Tantôt, cherchant la fin d'un vers que je construi, (2
Je trouve au coin d'un bois le mot qui m'avait fui ;
Quelquefois, aux appâts d'un hameçon perfide, (3
30 J'amorce, en badinant, le poisson trop avide ;
Ou d'un plomb qui suit l'œil, et part avec l'éclair,
Je vais faire la guerre aux habitans de l'air. (4

1. Suivant Brossette, ce vers caractérise les *Essais de Montaigne*, que Boileau lisait alors, et que Montaigne lui-même regardait comme des « *rêveries* d'homme qui n'a goûté des sciences que la croûte » première. »

2. « Boileau, dit Le Brun, a supprimé le s à la première personne » du verbe : c'est une espèce de licence que tous les poëtes n'au- » raient pas droit de prendre, mais qui est rachetée par le naturel » du second vers, qui se sent de l'inspiration du lieu dont parle le » Poëte. »

Le *naturel* du second vers est bien fait pour racheter la licence du premier ; mais pourquoi ce qui a été permis à Boileau, ne le serait-il pas à tous les poëtes en semblable occasion ? S'il peut y avoir quelque privilége pour le talent, est-ce d'être moins tenu au respect de la langue et des règles ?

3. Brossette croit que l'Auteur aurait dû mettre *à l'appât*, ce mot ne s'employant au pluriel que dans le sens figuré, comme dans ces exemples, *les appas de la volupté*, *les appas d'une belle*. Saint-Marc va jusqu'à dire que *aux appas d'un hameçon* est une vraie faute de langue, et il paraît avoir raison, même après tout ce que dit M. de Saint-Surin en faveur de cette expression.

4. Le choix des mots, leur son et la légèreté du vers entier peignent très-bien l'éclat et le prompt effet d'un coup de fusil. J.-B. Rousseau ne reste-t-il pas au-dessous de notre Poëte quand il dit à l'abbé Courtin :

> Vas-tu, dès l'aube du jour,
> Secondé d'un plomb rapide,
> Ensanglanter le retour
> De quelque lièvre timide ?

Une table, au retour, propre et non magnifique,
Nous présente un repas agréable et rustique :
35 Là, sans s'assujettir aux dogmes du Broussain, (1
Tout ce qu'on boit est bon, tout ce qu'on mange est sain;
La maison le fournit, la fermière l'ordonne,
Et, mieux que Bergerat, l'appétit l'assaisonne. (2
O fortuné séjour! ô champs aimés des Cieux!
40 Que, pour jamais foulant vos prés délicieux,
Ne puis-je ici fixer ma course vagabonde,
Et connu de vous seuls oublier tout le monde! (3

1. « Le comte du Broussain faisait tous les jours, dit Boileau, de nou-
» velles découvertes dans le pays de la bonne chère, jusqu'à vouloir
» faire trouver aux mets ordinaires tout un autre goût que leur goût na-
» turel. Quand il avait à donner quelque *repas d'érudition* (ce sont
» ses termes), il était sur pied dès quatre heures du matin, et prenait
» un compas pour faire poser la table du festin, afin qu'elle ne pen-
» chât pas plus d'un côté que de l'autre. Il ne parlait pas moins que
» de faire condamner au fouet, ou d'envoyer au carcan, des valets
» qui se seraient mépris sur l'ordre des services. »

2. Fameux traiteur, qui demeurait rue des *Bons-Enfans*, à
l'enseigne des *Bons-Enfans*.

3. Ces quatre derniers vers ont été imités de ceux-ci d'Horace,
Sat. VI. liv. II :

*O rus! quandò te aspiciam! quandòque licebit*
*Nunc veterum libris, nunc somno et inertibus horis*
*Ducere sollicitæ jucunda oblivia vitæ!*

et on a trouvé que dans l'imitation il y avait moins de sentiment et de
charme que dans l'original. C'est du moins l'opinion de Delille, qui,
voulant à son tour, lutter contre le poëte latin, a fait, dans son
*Homme des champs*, cette espèce de paraphrase du même passage :

O champs! ô mes amis! quand vous verrai-je encore!
Quand pourrai-je, tantôt goûtant un doux sommeil,
Et des bons vieux auteurs amusant mon réveil,

## VII.

*Le séjour de la campagne, désormais nécessaire à la muse du Poëte.* EPÎT. VI.

Qu'heureux est le mortel qui, du monde ignoré,
Vit content de soi-même en un coin retiré ;
Que l'amour de ce rien, qu'on nomme renommée,
N'a jamais enivré d'une vaine fumée ;
5 Qui de sa liberté forme tout son plaisir,
Et ne rend qu'à lui seul compte de son loisir ! (1
Il n'a point à souffrir d'affronts ni d'injustices,
Et du peuple inconstant il brave les caprices.
Mais nous autres faiseurs de livres et d'écrits,
10 Sur les bords du Permesse aux louanges nourris, (2

Tantôt ornant sans art mes rustiques demeures,
Tantôt laissant couler mes indolentes heures,
Boire l'heureux oubli des soins tumultueux,
Ignorer les humains, et vivre ignoré d'eux !

1. Ce vœu du Poëte rappelle celui d'Agamemnon, dans la première scène d'*Iphigénie* :

Heureux qui, satisfait de son humble fortune,
Libre du joug superbe où je suis attaché,
Vit dans l'état obscur où les dieux l'ont caché !

et si dans l'un on sent tous les ennuis, tout le poids de ce *joug superbe* du roi des rois de la Grèce, ne sent-on pas aussi dans l'autre toute la vanité, tout le *néant de ce rien qu'on nomme renommée ?*

2. Aujourd'hui l'on dirait plutôt, *nourri dans* ; mais alors on disait aussi, *nourri à* : Racine, dans *Athalie*, rôle d'Abner :

Moi, *nourri* dans la guerre *aux horreurs* du carnage :

Nous ne saurions briser nos fers et nos entraves,
Du lecteur dédaigneux honorables esclaves (1
Du rang où notre esprit une fois s'est fait voir,
Sans un fâcheux éclat nous ne saurions déchoir.
15 Le public, enrichi du tribut de nos veilles, (2
Croit qu'on doit ajouter merveilles sur merveilles.
Au comble parvenus, il veut que nous croissions : (3
Il veut en vieillissant que nous rajeunissions.
Cependant tout décroît; et moi-même à qui l'âge
20 D'aucune ride encor n'a flétri le visage, (4
Déjà moins plein de feu, pour animer ma voix,

et même Voltaire dans la *Henriade*, au sujet de la consternation des Vices à la vue de Henri IV :

> Ils ne l'ont jamais vu ; jamais leur troupe impie
> N'approcha de son âme *à la vertu nourrie.*

1. *Honorables esclaves, et honorables esclaves d'un lecteur dédaigneux* : deux alliances de mots qui n'augmentent pas peu la force et l'énergie du sens. *Honorables esclaves*, non pas pour *Esclaves dignes d'être honorés*, mais pour *Esclaves qui nous honorons de notre esclavage.*

2. Métaphoriquement pour *Du fruit de nos veilles :* les *veilles*, longs et pénibles travaux d'esprit. Si le Poëte eût dit, comme il l'eût pu très-légitimement, *Enrichi de nos veilles*, il faudrait voir dans *veilles* une sorte de métonymie de la cause pour l'effet : *nos veilles*, alors, pour Nos productions, nos ouvrages, *fruits de nos veilles.*

3. *Parvenir au comble*, n'est-ce pas *monter*, plutôt que *croître ?* Ce n'est donc pas *Que nous croissions*, mais bien *Que nous montions*, que le Poëte eût, ce semble, dû dire. Ce serait peut-être différent, s'il y avait, *A notre comble*, parce que par, *Notre comble*, on pourrait entendre le dernier degré de notre croissance.

4. L'Auteur était alors dans sa quarante-unième année.

J'ai besoin du silence et de l'ombre des bois :
Ma muse, qui se plaît dans leurs routes perdues,
Ne saurait plus marcher sur le pavé des rues. (1
25 Ce n'est que dans ces bois, propres à m'exciter,
Qu'Apollon quelquefois daigne encor m'écouter.
   Ne demande donc plus par quelle humeur sauvage
Tout l'été, loin de toi, demeurant au village,
J'y passe obstinément les ardeurs du lion, (2
30 Et montre pour Paris si peu de passion.
C'est à toi, Lamoignon, que le rang, la naissance,
Le mérite éclatant, et la haute éloquence,
Appellent dans Paris aux sublimes emplois,
Qu'il sied bien d'y veiller pour le maintien des lois.
35 Tu dois là tous tes soins au bien de la patrie :
Tu ne t'en peux bannir que l'orphelin ne crie ;
Que l'oppresseur ne montre un front audacieux ; (3
Et Thémis pour voir clair a besoin de tes yeux. (4

1. Le mot *pavé* est-il employé moins noblement dans ce vers que dans celui de l'*Esther* de Racine, si souvent cité pour exemple du *pouvoir d'un mot mis en sa place* ?

Je baise avec respect le *pavé* de tes temples.

2. *Les ardeurs du lion*, pour Le *temps des ardeurs du lion*, paraît à Le Brun une *ellipse peu élégante* : il eût pu ajouter, *Et peut-être aussi peu naturelle*. Mais qu'est-ce que Le *temps des ardeurs du lion* ? C'est le temps où le soleil est dans le signe du lion, et ce temps est le mois de juillet.

3. Ces quatre derniers vers indiquent très-bien les fonctions d'un avocat-général, qui sont de veiller au maintien des lois, de défendre les intérêts de l'État, et d'intervenir dans la cause de la veuve et de l'orphelin.

4. *Thémis*, pour la justice : *mythologisme* tellement usité qu'il semble tenir au fonds de la langue.

Mais pour moi, de Paris citoyen inhabile,
40 Qui ne lui puis fournir qu'un rêveur inutile,
Il me faut du repos, des prés et des forêts. (1
Laisse-moi donc ici, sous leurs ombrages frais,
Attendre que septembre ait ramené l'automne,
Et que Cerès contente ait fait place à Pomone. (2

## VIII.

*L'Envie et la Critique utiles au génie.* Epît. VIII;
adressée à Racine.

Toi donc qui, t'élevant sur la scène tragique,
Suis les pas de Sophocle (3), et, seul de tant d'esprits,
De Corneille veilli sais consoler Paris; (4
Cesse de t'étonner si l'Envie animée,
5 Attachant à ton nom sa rouille envenimée,

---

1. Lafontaine disait :
   Solitude où je trouve une douceur secrète,
   Lieux que j'aimai toujours, ne pourrai-je jamais
   Loin du monde et du bruit, goûter l'ombre et le frais !

2. Très-bel *allégorisme mythologique*, pour dire : *Et que les moissons aient fait place aux fruits:* on sait que *Cérès* est, selon la Mythologie, la déesse des moissons, et *Pomone*, la déesse des fruits, dont son nom indique même une des principales espèces.

3. Voir pour *Sophocle* les notes de l'*Art-poétique*, chant III. Euripide était le poëte de prédilection de Racine; « mais ce n'est pas sans raison, observe M. de Saint-Surin, que Boileau nomme ici Sophocle, au lieu d'Euripide : il a voulu faire entendre que son ami savait, quand il le fallait, atteindre à la plus haute élévation.

4. Corneille, né en 1606, avait alors environ soixante et onze ans, et il avait cessé depuis long-temps de donner des pièces dignes de lui.

La calomnie en main, quelquefois te poursuit. (1
En cela, comme en tout, le Ciel qui nous conduit,
Racine, fait briller sa profonde sagesse.
Le Mérite en repos s'endort dans la paresse ;
Mais par les envieux un génie excité
Au comble de son art est mille fois monté :
Plus on veut l'affaiblir, plus il croît et s'élance.
Au *Cid* persécuté *Cinna* doit sa naissance ; (2
Et peut-être ta plume aux censeurs de Pyrrhus (3
Doit les plus nobles traits dont tu peignis Burrhus. (4

1. La *calomnie en main*. « Belle expression, dit Le Brun, mais
» que Boileau doit peut-être à Corneille. Pauline, dans *Polyeucte*,
» dit :
   » Je l'ai vu cette nuit, ce malheureux Sévère,
   » *La vengeance à la main*, l'œil ardent de colère. »

Y a-t-il lieu, en effet, de s'extasier sur cette expression? On sait très-bien ce que veut dire *La vengeance à la main*, dans les vers de Corneille : *La vengeance*, c'est l'arme qui doit servir à la vengeance : *Métonymie de l'effet pour la cause instrumentale*. Mais qu'est-ce que *La calomnie à la main*? Ce n'est pas facile à concevoir. Si la *calomnie* est pour l'arme ou pour l'instrument de la calomnie, quel est cet instrument, ou quelle est cette arme ?

2. On sait que le cardinal de Richelieu, ministre tout-puissant, avait fait censurer le *Cid* par l'Académie française. Mais qu'arriva-t-il ? Après le *Cid*, Corneille fit son chef-d'œuvre de *Cinna*.

3. Les critiques s'exercèrent particulièrement contre le rôle de *Pyrrhus* dans la tragédie d'*Andromaque*. Le grand Condé surtout le condamnait comme celui d'un *malhonnête homme qui manquait de parole à Hermione*.

4. *Burrhus*, un des principaux personnages de la tragédie de *Britannicus*, qui suivit celle d'*Andromaque*. Racine semble s'être attaché à en faire tout le contraire de *Pyrrhus*, c'est-à-dire un parfaitement honnête homme : c'est un des plus beaux et plus nobles caractères qu'il y ait au théâtre.

Moi-même, dont la gloire, ici moins répandue,
Des pâles envieux ne blesse point la vue, (1
Mais qu'une humeur trop libre, un esprit peu soumis,
De bonne heure a pourvu d'utiles ennemis,
20 Je dois plus à leur haine, il faut que je l'avoue,
Qu'au faible et vain talent dont la France me loue. (2
Leur venin, qui sur moi brûle de s'épancher,
Tous les jours en marchant m'empêche de broncher.(3
Je songe, à chaque trait que ma plume hasarde,
25 Que d'un œil dangereux leur troupe me regarde.
Je sais sur leurs avis corriger mes erreurs,
Et je mets à profit leurs malignes fureurs. (4
Sitôt que sur un vice ils pensent me confondre,
C'est en me guérissant que je sais leur répondre:
30 Et plus en criminel ils pensent m'ériger, (5

1. L'envie ronge, dessèche, et par conséquent rend *pâle* le malheureux qui l'a dans son cœur.

2. Sous ce vers en apparence si modeste, l'amour-propre de l'Auteur se trahit encore assez.

3. « Personnifier le *venin* est d'un vrai poëte, dit Le Brun. » Passons la personnification du *venin*, qui est pour Haine envenimée. Mais ne pourrait-on pas chicaner sur la construction du second vers? *En marchant*, à la place où il est, ne semble-t-il pas se rapporter plutôt au *venin* lui-même qu'à *moi* ?

4. Pour détourner le Poëte de la satire, on lui représentait qu'il s'attirerait des ennemis qui le calomnieraient : « Je sais un bon moyen » de m'en venger, répondit-il froidement : c'est que je serai honnête » homme. » Il répétait souvent la maxime de Plutarque: *Il faut avoir des amis et des ennemis; des amis, pour nous apprendre notre devoir; des ennemis, pour nous obliger à le faire.*

5. *Ériger* ne peut se dire qu'en bonne part, parce qu'il est le synonyme d'*élever*, et que les bonnes qualités, les vertus seules élè-

Plus, croissant en vertu, je songe à me venger.
Imite mon exemple; et lorsqu'une cabale, (1
Un flot de vains auteurs follement te ravale,
Profite de leur haine et de leur mauvais sens;
5 Ris du bruit passager de leurs cris impuissans.
Que peut contre tes vers une ignorance vaine ?
Le Parnasse français, ennobli par ta veine, (2
Contre tous ces complots saura te maintenir,
Et soulever pour toi l'équitable avenir. (3
10 Et qui, voyant un jour la douleur vertueuse
De Phèdre malgré soi perfide, incestueuse, (4

vent l'homme, tandis que les vices et les crimes le rabaissent souvent au-dessous de la brute. *Ériger en criminel* n'est donc pas une expression aussi juste que celle d'*ériger en honnête homme* dans ce vers de l'épître V :

L'argent *en honnête homme érige* un scélérat.

1. Il s'était formé contre Racine une odieuse cabale, dont la fureur éclata surtout à l'occasion de sa *Phèdre*, et qui eut recours aux moyens les plus indignes pour la faire tomber. Madame Deshoulières, entre autres, se signala par un sonnet pitoyable où elle tourne en ridicule toutes les beautés de l'immortel chef-d'œuvre.

2. *Veine* se dit absolument pour Génie poétique.

3. Ce beau vers a été imité par J.-B. Rousseau dans son ode au prince Eugène :

    Mais la déesse de mémoire,
    Favorable aux noms éclatans,
    *Soulève l'équitable* histoire
    Contre l'iniquité des temps.

4. C'est ce *malgré soi* qui fait l'excellence du caractère de Phèdre. Si, comme l'observe L. Racine, elle se livrait sans remords à sa passion honteuse, le spectateur indigné ne pourrait l'écouter. Il fallait, pour nous intéresser, la faire paraître plus malheureuse encore que criminelle, et c'est à quoi n'a pas plus manqué l'Euripide français que l'Euripide grec.

D'un si noble travail justement étonné,
Ne bénira d'abord le siècle fortuné
Qui, rendu plus fameux par tes illustres veilles,
Vit naître sous ta main ces pompeuses merveilles! (1

## IX.

*Les hommes voulant toujours paraître ce qu'ils ne sont pas, et plaisant toujours d'autant moins qu'ils se montrent moins ce qu'ils sont.* EPÎT. IX

Cessons de nous flatter. Il n'est esprit si droit
Qui ne soit imposteur et faux par quelque endroit:
Sans cesse on prend le masque, et, quittant la nature,
On craint de se montrer sous sa propre figure. (2
Par là le plus sincère assez souvent déplaît.
Rarement un esprit ose être ce qu'il est.
Vois-tu cet importun que tout le monde évite,
Cet homme à toujours fuir, qui jamais ne vous quitte?
Il n'est pas sans esprit (3) : mais, né triste et pesant,

---

1. Comme la *pompe* de ces vers répond bien à la *pompe* de ces merveilles!

2. Ces deux vers n'offrent-ils pas une sorte de renversement d'idées? Il me semble que, quand *On prend le masque*, on a déjà quitté la nature, ou que du moins on la quitte alors; il me semble aussi qu'*on ne quitte la nature, et qu'on ne prend le masque*, que parce qu'*On craint de se montrer sous sa propre figure*. Le véritable ordre des idées eût donc été celui-ci: *On craint de se montrer*, etc., *et, quittant la nature, on prend sans cesse le masque*; ou bien, *Et l'on prend sans cesse le masque en quittant la nature.*

3. Voilà, depuis huit ou neuf vers seulement, le mot *esprit* pour

veut être folâtre, évaporé, plaisant:
s'est fait de sa joie une loi nécessaire,
ne déplaît enfin que pour vouloir trop plaire. (1
La simplicité plaît sans étude et sans art.
ut charme en un enfant dont la langue sans fard,
peine du filet encor débarrassée,
it d'un air innocent bégayer sa pensée. (2
faux est toujours fade, ennuyeux, languissant: (3
ais la nature est vraie, et d'abord on la sent;
est elle seule en tout qu'on admire et qu'on aime.
n esprit né chagrin plaît par son chagrin même. (4
acun pris dans son air est agréable en soi:

troisième fois. La seconde fois il est d'autant plus choquant que
vers où il revient ne fait guère que redire en d'autres termes ce
'avaient dit les premiers où il se trouve.

1. « Ce dernier coup de pinceau, dit Le Brun, met le comble à la
perfection d'un portrait aussi juste que délicatement saisi. »

2. La *naïveté* de l'enfance pouvait-elle être peinte par des vers
us *naïfs*? Le Brun observe qu'on ne dit guère *Une langue sans
rd*, mais que la métaphore est ici heureusement hasardée. On dit
en, *Un homme sans fard*, pour dire, *Un homme sans dis-
mulation :* pourquoi donc ne dirait-on pas, *Une langue sans
rd*, en animant la langue, et en lui attribuant la pensée, comme
fait ici le Poëte par ce vers:

Sait d'un air innocent bégayer sa pensée?

3. Pourquoi le *faux* est-il *ennuyeux*? N'est-ce pas autant parce
u'il est *languissant*, que parce qu'il est *fade? Languissant*
urait donc dû aussi précéder *ennuyeux*.

4. « Le *Misanthrope* de Molière, dit Saint-Marc, tout Misanthrope qu'il est, ne laisse pas de plaire et de se faire aimer, parce
» qu'il est honnête homme.

Ce n'est que l'air d'autrui qui peut déplaire en moi. (1
 Ce marquis était né doux, commode, agréable :
On vantait en tous lieux son ignorance aimable.
5 Mais, depuis quelques mois, devenu grand docteur,
Il a pris un faux air, une sotte hauteur : (2
Il ne veut plus parler que de rime et de prose ;
Des auteurs décriés il prend en main la cause ;
Il rit du mauvais goût de tant d'hommes divers,
10 Et va voir l'opéra seulement pour les vers. (3
 Voulant se redresser, soi-même on s'estropie,
Et d'un original on fait une copie.
L'ignorance vaut mieux qu'un savoir affecté. (4
Rien n'est beau, je reviens, que par la vérité. (5

1. » On aurait tort, dit Laharpe, de prendre trop à la lettre ces vé-
» rités morales exprimées avec la précision poétique qui les rend
» plus piquantes. On sent bien qu'il y a des gens qui, pour être désa-
» gréables, n'ont besoin que d'être ce qu'ils sont ; mais cela n'em-
» pêche pas que le principe général ne soit très-juste, et que tout
» le morceau ne soit plein de ce bon sens que nous aimons dans les
» vers d'Horace. »

2. Brossette désigne le personnage par les initiales M. L. C. D. F.,
que l'on croit signifier M. le Comte de Fiesque.

3. Trait de satire contre Quinault, et trait assez piquant. Boileau
était loin de prévoir que ces *vers* par lui persifflés survivraient à cette
musique de Lulli au-dessous de laquelle il semble les mettre. On dit,
pour l'excuser, que ce ne fut que l'année suivante (en 1676), que Quinault fit jouer son *Atys*, le premier de ses opéras qui ait pu donner
une juste idée de son talent.

4. Vers d'une grande vérité, et bien fait pour être proverbe, comme
celui de Gresset, qui y a quelque rapport :

 L'esprit qu'on veut avoir gâte celui qu'on a.

5. L'Auteur rappelle ce vers de la même épitre, devenu si juste-

C'est par elle qu'on plaît, et qu'on peut long-temps plaire.
L'esprit lasse aisément, si le cœur n'est sincère.
En vain par sa grimace un bouffon odieux
À table nous fait rire, et divertit nos yeux :
Ses bons mots ont besoin de farine et de plâtre.
Prenez-le tête à tête, ôtez-lui son théâtre,
Ce n'est plus qu'un cœur bas, un coquin ténébreux :
Son visage essuyé n'a plus rien que d'affreux. (1

## X.

*La Vertu seule aime le grand jour.* Épît. ix.

J'aime un esprit aisé qui se montre, qui s'ouvre,
Et qui plaît d'autant plus, que plus il se découvre.
Mais la seule Vertu peut souffrir la clarté ;
Le Vice, toujours sombre, aime l'obscurité ;
Pour paraître au grand jour, il faut qu'il se déguise;
C'est lui qui de nos mœurs a banni la franchise.

tement proverbe, et consacré comme un des premiers principe de l'art d'écrire :

Rien n'est beau que le vrai ; le vrai seul est aimable.

Voltaire, en citant ce vers célèbre, dit que Boileau lui-même a été le premier à observer cette loi qu'il a donnée : « Presque tous ses » ouvrages respirent le vrai ; c'est-à-dire, qu'ils sont une copie fidèle » de la nature. Ce vrai doit se trouver dans l'historique, dans le mo- » ral, dans la fiction, dans les sentimens, dans les descriptions, » dans l'allégorie. » Ajoutons : et, comme le dit le vers qui fait suite au précédent,

Il doit régner partout, et même dans la fable.

1. Si Boileau, comme le disent Brossette et Monchesnay, a voulu peindre le célèbre Lulli, il faut convenir que le portrait n'est ni flatté ni flatteur.

Jadis l'homme vivait au travail occupé, (1
Et, ne trompant jamais, n'était jamais trompé:
On ne connaissait point la ruse et l'imposture;
10 Le Normand même alors ignorait le parjure. (2
Aucun rhéteur encore, arrangeant le discours,
N'avait d'un art menteur enseigné les détours : (3

1. On peut comparer cette peinture avec celle de l'Épître III, que nous avons donnée, et qui a vingt vers d'étendue :

 Hélas! avant ce jour qui perdit ses neveux,
 Tous les plaisirs couraient, etc.

On pourrait aussi la comparer avec celle de la Satire XI qu'on va voir :

 Sous le bon roi Saturne, ami de la douceur,
 L'Honneur, cher Valincour, et l'Équité sa sœur,
 De leurs sages conseils éclairant tout le monde,
 Régnaient, chéris du Ciel, dans une paix profonde.
 Tout vivait en commun sous ce couple adoré :
 Aucun n'avait d'enclos ni de champ séparé.
 La Vertu n'était point sujette à l'ostracisme,
 Et ne s'appelait point alors un Jansénisme.
 L'Honneur, beau par soi-même, et sans vains ornemens,
 N'étalait point aux yeux l'or ni les diamans;
 Et jamais ne sortant de ses devoirs austères,
 Maintenait de sa sœur les règles salutaires.

Mais ce n'est pas à cette dernière, probablement, que l'on donnerait la préférence.

2. Trait de Satire qui semble s'être placé là de lui-même. Mais y avait-il alors des *Normands*, si, comme l'Auteur le disait à Brossette, c'était deux cents ans avant le déluge?

3. Le Brun dit de ces deux vers, que *L'art savant avec lequel ils sont tournés fait voir tous les détours captieux de l'éloquence*. Ils sont très-bien tournés assurément; mais pour y voir *tous les détours captieux de l'éloquence*, il me faudrait, je l'avoue, les yeux de Le Brun.

Mais sitôt qu'aux humains, faciles à séduire,
L'abondance eut donné le loisir de se nuire,
15 La mollesse amena la fausse vanité.
Chacun chercha pour plaire un visage emprunté :
Pour éblouir les yeux, la Fortune arrogante
Affecta d'étaler une pompe insolente ;
L'or éclata partout sur les riches habits ;
20 On polit l'émeraude, on tailla le rubis : (1
Et la laine et la soie, en cent façons nouvelles,
Apprirent à quitter leurs couleurs naturelles : (2
La trop courte beauté monta sur des patins ; (3
La coquette tendit ses lacs tous les matins ; (4
25 Et, mettant la céruse et le plâtre en usage, (5

---

1. *L'émeraude*, pierre précieuse et diaphane, ou, si l'on veut, transparente, de couleur verte : le *rubis* en est une d'un rouge plus ou moins vif.

2. Virgile avait dit en latin : « la laine n'apprendra plus à mentir » sous de fausses couleurs : »

*Nec varios discet mentiri lana colores.*

3. Le *patin* était une sorte de soulier aussi haut par devant que par derrière, que les femmes portaient autrefois. On appelle encore de ce nom une certaine chaussure garnie de fer par-dessous, dont on se sert pour glisser sur la glace.

4. *Tendit ses lacs*, c'est-à-dire, ses pièges, qui consistent dans les charmes qu'elle cherche à se donner par la parure.

5. La *céruse* est une chaux de plomb de couleur *blanche*. On connaît assez le *plâtre*, qui n'est pas moins *blanc* que la céruse. Mais la *céruse* et le *plâtre* étant blancs l'un et l'autre, comment la coquette peut-elle en *composer les fleurs de son visage*; ces fleurs qui, comme le dit le Poëte dans sa Satire X, sont des *lis* et des *roses* ? Ne faudrait-il pas, avec le *plâtre* ou avec la *céruse*, quelque matière d'une autre couleur, par exemple, du *corail* ?

Composa de sa main les fleurs de son visage. (1
L'ardeur de s'enrichir chassa la bonne-foi :
Le courtisan n'eut plus de sentimens à soi.
Tout ne fut plus que fard, qu'erreur, que tromperie:
30 On vit partout régner la basse flatterie.
Le Parnasse surtout, fécond en imposteurs,
Diffama le papier par ses propos menteurs. (2
De là vint cet amas d'ouvrages mercenaires,
Stances, odes, sonnets, épîtres liminaires, (3
35 Où toujours le héros passe pour sans pareil,
Et, fût-il louche et borgne, est réputé soleil. (4

1. Ces quatre derniers vers ont quelque rapport avec ceux-ci de Regnier, dans sa Satire IV :

> Que le rouge et le blanc par art la fassent belle,
> Qu'elle ente en son palais ses dents tous les matins,
> Qu'elle doive sa taille au bois de ses patins....

2. *Diffamer le papier*: « Belle expression, dit Le Brun ; le men- » songe déshonore jusqu'au papier. » On sait que dans l'*Art poétique*, chant IV, le Poëte rend le papier complice de l'*infâme* écrivain qui *trahit la vertu*.

3. *Liminaire*, vieillit, dit l'Académie : et pourquoi vieillit-il? pourquoi a-t-il même à-peu-près cessé d'être en usage ? C'est que le composé *préliminaire* a fini par l'exclure. *Liminaire* (du latin *limen*, porte, entrée), veut dire, Qui est au commencement, à la tête d'un livre.

4. Le surintendant des finances Abel Servien, marquis de Sablé, n'avait qu'un œil : Ménage disait pourtant de lui dans son Eglogue intitulée *Christine*:

> Le grand, l'illustre Abel, cet esprit sans pareil,
> Plus clair, plus pénétrant que les traits du soleil....

## XI.

*Le travail de l'esprit plus pénible que le travail du corps, mais préférable à l'oisiveté.* ÉPÎT. XI, adressée par le Poëte à Antoine, son jardinier.

Approche donc, et viens; qu'un paresseux t'apprenne, (1
Antoine, ce que c'est que fatigue et que peine.
L'homme ici-bas, toujours inquiet et gêné,
Est, dans le repos même, au travail condamné.
5 La fatigue l'y suit. C'est en vain qu'aux poëtes
Les neuf trompeuses sœurs, dans leurs douces retraites, (2
Promettent du repos sous leurs ombrages frais :
Dans ces tranquilles bois pour eux plantés exprès,
La cadence aussitôt, la rime, la césure,
10 La riche expression, la nombreuse mesure,
Sorcières dont l'amour sait d'abord les charmer,
De fatigues sans fin viennent les consumer.
Sans cesse poursuivant ces fugitives fées, (3

---

1. « Un *paresseux*, est charmant, dit Le Brun : c'est ce *paresseux*
» qui donne des leçons de fatigue et de peine. Le nom d'*Antoine*
» qui vient ensuite, et qui est presque ici poétique, ajoute encore à
» la naïveté du sermon. »

2. Ces *neuf sœurs* sont, comme on le pense bien, les neuf Muses.

3. D'après une note de l'Auteur, ce sont encore les Muses, que ces *fugitives fées*; mais sans cette note ne pourrait-on pas croire que ce sont ces *sorcières* dont il vient d'être question ? Comme elles semblent *fuir*, dans ce vers si rapide, ces *fugitives fées!* et comme dans le vers suivant, qui se traîne avec peine, on croit voir *haleter* les Orphées, c'est-à-dire, les Poëtes! Mais Marmontel a-t-il bien tort de trou-

On voit sous les lauriers haleter les Orphées.
15 Leur esprit toutefois se plaît dans son tourment,
Et se fait de sa peine un noble amusement.
Mais je ne trouve point de fatigue si rude
Que l'ennuyeux loisir d'un mortel sans étude,
Qui, jamais ne sortant de sa stupidité,
20 Soutient, dans les langueurs de son oisiveté,
D'une lâche indolence esclave volontaire,
Le pénible fardeau de n'avoir rien à faire. (1
Vainement offusqué de ses pensers épais, (2
Loin du trouble et du bruit il croit trouver la paix :
25 Dans le calme odieux de sa sombre paresse,
Tous les honteux plaisirs, enfans de la mollesse,
Usurpant sur son âme un absolu pouvoir,
De monstrueux désirs le viennent émouvoir,
Irritent de ses sens la fureur endormie,

ces deux vers au-dessus de la portée d'Antoine, et de dire que *Boileau avait oublié, en les composant, qu'Antoine devait les entendre?*

1. Vers admirable, et dont la beauté consiste dans l'opposition des deux hémistiches. Le Brun rapproche de ce vers celui-ci de Voltaire :
   Je plains l'homme accablé du poids de son loisir,
et dit : « Voltaire a l'air d'avoir mis en prose ce que Boileau avait mis » en vers. » Le vers de Voltaire est tout ce qu'il doit être pour la place qu'il occupe, et il ne saurait être mieux assorti au vers auquel il fait suite :
   Le travail est souvent le père du plaisir.
C'est ce que Le Brun eût dû considérer.

2. On peut remarquer ici, comme dans quelques autres vers de Boileau, l'emploi du mot *penser*, qui, pendant une partie du dernier siècle, a été presque hors d'usage, et que Delille, entre autres, a de nos jours remis en vigueur.

Et le font le jouet de leur triste infamie.
Puis sur leurs pas soudain arrivent les remords,
Et bientôt avec eux tous les fléaux du corps,
La pierre, la colique, et les gouttes cruelles.
Guénaud, Rainssant, Brayer(1), presque aussi tristes qu'elles, (2
5 Chez l'indigne mortel courent tous s'assembler,
De travaux douloureux le viennent accabler;
Sur le duvet d'un lit, théâtre de ses gênes, (3
Lui font scier des rocs, lui font fendre des chênes, (4
Et le mettent au point d'envier ton emploi.
10 Reconnais donc, Antoine, et conclus avec moi,
Que la Pauvreté mâle, active et vigilante,
Est, parmi les travaux, moins lasse et plus contente
Que la Richesse oisive au sein des voluptés. (5

1. Fameux médecins de ce temps-là, mais qui étaient déjà morts.

2. « Boileau, dit Le Brun, faisait cause commune avec Molière pour berner les médecins. »

3. C'est-à-dire, *de ses tortures*: le *duvet d'un lit*, siége ordinaire de la Mollesse, converti en un *théâtre de gênes*. Quelle expression énergique! et comme elle prépare bien au vers suivant, qui va montrer en quoi consistent ces *gênes*!

4. Le célèbre d'Aguesseau condamnait absolument les deux métaphores de ce vers comme trop hardies et trop violentes. Saint-Marc les condamne aussi. Mais ces métaphores n'ont pourtant pas une exagération ridicule. Elles ont, comme l'observe très-bien M. de Saint-Surin, toute l'énergie qui convient au sujet, et elles sont d'autant plus propres à frapper Antoine, que les objets dont elles sont empruntées lui sont plus familiers. Antoine doit sans doute entendre: *Lui font par les tortures, comme scier des rocs, comme fendre des chênes; Ne le font pas moins gémir que s'il fendait des chênes, que s'il sciait des rocs.*

5. La *Richesse* et la *Pauvreté*, heureusement personnifiées, et la *Pauvreté* singulièrement ennoblie par l'épithète de *mâle*.

## DU
# LUTRIN DE BOILEAU,
## POËME HÉROÏ-COMIQUE.

Il existait autrefois à Paris, dans l'enceinte du palais de justice, une riche église appelée la *Sainte-Chapelle*, que desservait un chapitre de chanoines séculiers. La première dignité de ce chapitre était celle de trésorier; la seconde, celle de chantre. Le trésorier, en vertu d'un privilége accordé par Benoît XIII, officiait aux grandes fêtes de l'année, avec toutes les marques de l'épiscopat, quoiqu'il pût n'être pas évêque. En son absence, le chantre le remplaçait à l'église, et pour ses fonctions et pour ses honneurs : il célébrait pontificalement comme lui, et comme lui il donnait des bénédictions.

L'abbé Auvry, ancien évêque de Coutances, avait quitté cet évêché pour la trésorerie de la Sainte-Chapelle. Le chantre d'alors était l'abbé Barrin, distingué par sa naissance et par son mérite. Un énorme lutrin ou pupitre qui, placé dans le chœur devant le chantre, le couvrait tout entier, donna lieu à un différent entre ces deux dignitaires. Le chantre, offusqué du lutrin, le fit ôter : le trésorier voulut le faire remettre. Tel est le sujet du *Lutrin*, poëme d'abord publié en quatre chants, et qui ensuite en a eu six; les uns, il est vrai, assez courts, mais les autres assez longs.

Le *Lutrin* est depuis long-temps regardé comme un petit chef-d'œuvre en son genre. « Cet ouvrage, dit Laharpe, est avec l'Art » poétique, ce qui fait le plus d'honneur à » Boileau; c'est un de ceux où la perfection » de la poésie a été portée le plus loin, » enfin celui où l'Auteur a été plus poëte » que dans tous les autres. Il n'en existait « point de modèle. Qu'est-ce, en compa- » raison, que le *Combat des rats et des grenouilles*, si peu digne d'Homère; et que le » *Sceau enlevé* de Tassonni, production si

» médiocre et si froidement prolixe? Le seul
» défaut de ce chef-d'œuvre, c'est que le
» dernier chant ne répond pas aux autres.
» Il est tout entier sur le ton sérieux, et la
» fiction y change de nature. Le personnage
» allégorique de la Piété est trop grave pour
» figurer agréablement avec la Nuit, la
« Mollesse et la Chicane : la fin du poëme
» ne semble faite que pour amener l'éloge
» du président de Lamoignon. Cette faute
» a été relevée, il y a long-temps : mais un
» sixième chant défectueux n'ôte rien du
« grand mérite des cinq autres, ni du plaisir
» continu qu'on éprouve en les lisant (1).

(1) M. Daunou met le cinquième chant fort au-dessus du sixième; mais il ne le met pas au même rang que les quatre premiers, qu'il compte parmi le monumens dont notre littérature doit être orgueil leuse. Voici ses propres paroles: « Avec *l'Art poé*
» *tique*, Boileau fit paraître, en 1674, les quatre pre
» miers chants du *Lutrin*, les deux derniers furen
» composés *beaucoup trop tard*. Ce n'est pas que le
» cinquième ne plaise encore par l'élégance du style,
» par la gaieté des détails, quoiqu'ils soient peu va
» riés et fort épisodiques. Mais l'aridité du sixième
» est accablante; c'est une production plus terne que

On ne peut qu'adopter ce jugement du célèbre littérateur, si ce n'est toutefois en ce qu'il réduit à un seul tous les défauts du *Lutrin*. Il n'est que trop vrai que *le dernier chant ne répond pas aux autres;* qu'il n'y répond ni pour le genre du merveilleux, ni pour le ton et la couleur du style, ni enfin pour l'intérêt et l'agrément. Mais, à ce défaut, s'en joignent d'autres aussi assez graves. Je me contenterai d'en indiquer deux, que j'ai signalés dans mon Commentaire de la Henriade. L'un est que, au lieu d'une action simple et unique dans le poëme, il s'y en trouve au moins trois bien distinctes, le *Lutrin* étant d'abord rétabli au troisième chant, puis renversé et enlevé de sa place au quatrième, et enfin rétabli encore une fois au sixième, pour être aussitôt enlevé encore une fois. L'autre est que le Poëte met en contact des êtres purement allégoriques avec des personnages

» cette *satire de l'équivoque* et cette *épître sur l'amour*
» *de Dieu*, qui ont été beaucoup plus critiquées. Ja-
» mais Despréaux n'a été plus abandonné de tous ses
» talens, qu'en finissant son plus aimable ouvrage;
» disons plutôt qu'en effet il ne l'a point achevé. »

humains, et les fait agir et converser ensemble comme des êtres de la même nature et de la même espèce : par exemple, ne voit-on pas, au cinquième chant, les chantres et le prélat consulter au palais le monstre de la Chicane, et ce monstre leur rendre en personne ses oracles perfides? ne voit-on pas, au cinquième chant, la Piété s'offrir aux yeux d'Ariste, réclamer son intervention, et le laisser tout couvert de feux et de lumière? Or, quoi de plus contraire à la vraisemblance?

L'éloge donné par Laharpe au style du *Lutrin* est en général très-vrai. Mais il est bon cependant d'observer que ce style n'est souvent, comme le dit Boileau lui-même, qu'une sorte de burlesque, et que, dans les endroits même où il a le plus de noblesse et de dignité, il est assez rarement héroïque. Ce n'est donc pas dans ce poëme qu'il faudrait chercher des modèles du style vraiment héroïque : on les trouverait bien plutôt dans quelques narrations de nos grands tragiques, et surtout dans la *Henriade,* qui, malgré ses défauts et ses imperfections, est encore jusqu'ici, comme l'a dit Laharpe, la seule épopée française.

Faut-il dire un mot du *Lutrin* sous le rapport moral? Heureux le siècle où l'on pouvait, sans craindre de porter atteinte à la Religion, s'amuser aux dépens de ses ministres! Mais dans le temps où nous sommes, de telles plaisanteries seraient-elles tout-à-fait sans conséquence! Peut-on même dire que le poëme de Boileau, dont ne firent que rire eux-mêmes tous les premiers, et le prélat, et le chantre, et les chanoines de la Sainte-Chapelle, n'ait pas eu plus tard quelques funestes effets? Quel abus n'a-t-on pas fait, par exemple, de certains vers, sans doute très-innocens dans l'intention de l'Auteur, mais qui cependant, pris à part, ne pouvaient que trop servir à de malignes applications? Je l'ai dit dans mon *Commentaire* de la *Henriade*, et je le répète ici avec assurance: Boileau, cent ans plus tard, n'aurait pas fait son *Lutrin* en tout point tel qu'il est; ou plutôt, il ne l'eût point fait du tout, parce qu'il eût trop bien senti que ce n'était plus le temps d'un tel badinage, alors que l'Église et le clergé étaient si loin de leurs anciennes prospérités. Il s'ensuit que ce poëme n'a plus guère aujourd'hui que le seul intérêt de la versification. Cet intérêt est toutefois assez grand pour le faire vivre autant que vivra la langue française elle-même, dont il est un des plus aimables et plus charmans chefs-d'œuvre.

# MORCEAUX CHOISIS
## DU LUTRIN.

### I.

*La Discorde, résolue à troubler la paix de la Sainte-Chapelle, va, sous les traits d'un vieux chantre, trouver le trésorier, et lui souffler l'ardeur de la chicane.* CHANT I<sup>er</sup>.

LA Discorde, à l'aspect d'un calme qui l'offense,
Fait siffler ses serpens, s'excite à la vengeance :
Sa bouche se remplit d'un poison odieux,
Et de longs traits de feu lui sortent par les yeux.
5    « Quoi ! dit-elle d'un ton qui fit trembler les vitres, (1
» J'aurai pu jusqu'ici brouiller tous les chapitres,
» Diviser Cordeliers, Carmes et Célestins; (2

---

1. Les vitres de la Sainte-chapelle et du palais de justice, qui, selon le Poëte, était le sien.

2. Leurs divisions donnèrent lieu à un arrêt du parlement, du mois d'avril 1667.

Les CORDELIERS étaient ainsi appelés, parce que, à l'exemple de saint François leur patron, ils avaient une *corde* pour ceinture.

» J'aurai fait soutenir un siége aux Augustins : (1
» Et cette église seule, à mes ordres rebelle,
» Nourrira dans son sein une paix éternelle!
» Suis-je donc la Discorde? et, parmi les mortels,
» Qui voudra désormais encenser mes autels? » (2

A ces mots, d'un bonnet couvrant sa tête énorme,
Elle prend d'un vieux chantre et la taille et la forme : (3

---

Leur couvent à Paris était près l'école de médecine, et leur église a été démolie pour former la place qui est en face de cette école.

Les CARMES étaient des religieux de l'ordre du *Mont-Carmel*, et c'est de là que venait leur nom. Sur l'emplacement de leur couvent a été bâtie la halle qui sert au marché de la place Maubert.

Les CÉLESTINS, institués par le pape Célestin V, étaient sur le quai qui porte leur nom : leurs bâtimens sont devenus la caserne, située près de l'arsenal.

1. Les AUGUSTINS du grand couvent de Paris étaient sur le quai et sur la rue de leur nom : leur église a été remplacée par cette vaste et magnifique halle où se tient le marché de la volaille et du gibier.

En 1658, le parlement de Paris ayant envoyé des archers aux Augustins pour les contraindre à l'exécution d'un arrêt, ces religieux se mirent en défense, sonnèrent le tocsin, tirèrent sur les archers, apportèrent le Saint-Sacrement sur le champ de bataille, et furent pourtant à la fin forcés de capituler.

2. Imitation de ces deux vers de l'*Enéide* ; liv. I<sup>er</sup> :

...... *Et quisquam numen Junonis adoret*
*Præterea, aut supplex aris imponat honorem?*

Vers ainsi rendus par Delille :

Où sont donc mes honneurs? et qui d'un vain encens
Fera fumer encor mes autels impuissans?

3. Dans la poésie épique, les dieux ou les êtres moraux qu'on fait intervenir, ne doivent, comme l'observe très-bien Saint-Marc, se manifester aux hommes que sous la figure humaine : c'est ainsi que l'on concilie le *merveilleux* avec la *vraisemblance*.

15 Elle peint de bourgeons son visage guerrier, (1
Et s'en va de ce pas trouver le trésorier.
   Dans le réduit obscur d'une alcôve enfoncée
S'élève un lit de plume à grands frais amassée :
Quatre rideaux pompeux, par un double contour,
20 En défendent l'entrée à la clarté du jour. (2
Là, parmi les douceurs d'un tranquille silence,
Règne sur le duvet une heureuse indolence :
C'est là que le Prélat, muni d'un déjeûner,
Dormant d'un léger somme, attendait le dîner.
25 La jeunesse en sa fleur brille sur son visage : (3
Son menton sur son sein descend à double étage ;
Et son corps ramassé dans sa courte grosseur
Fait gémir les coussins sous sa molle épaisseur. (4

1. Les ivrognes ont ordinairement le visage *bourgeonné*, et le Poëte fait des ivrognes de tous les chantres.

2. Cette description, que l'Auteur avait faite d'imagination, puisqu'il n'avait vu ni l'alcôve ni le lit du trésorier, se trouve, assure Brossette, conforme à la vérité. Mais, conforme ou non à la vérité, n'en a-t-elle pas toujours la même perfection poétique ? Rien de plus connu ni de plus admiré dans notre langue que ce tableau. Tous les mots sont, comme le dit Laharpe, choisis de manière qu'il n'y a pas une syllabe qui fasse assez de bruit pour réveiller le prélat qui dort.

3. On a rapproché de ce vers celui de la satire X, fait vingt ans après :

Le printemps dans sa fleur sur son visage est peint,

et l'on a trouvé le coloris du dernier plus suave encore que celui du premier : on en a conclu que le Poëte, en se copiant lui-même vingt ans après, s'était surpassé.

4. Ces quatre vers font une sorte de contre-vérité ; car on dit que le trésorier était maigre, vieux et de grande taille : le Poëte

La Déesse, en entrant, qui voit la nappe mise, (1
30 Admire un si bel ordre, et reconnaît l'Église; (2
Et, marchant à grands pas vers le lieu du repos,
Au Prélat sommeillant elle adresse ces mots:
« Tu dors, Prélat! tu dors, et là-haut à ta place, (3
» Le Chantre aux yeux du chœur étale son audace,
35 » Chante les OREMUS, fait des processions,
» Et répand à grands flots les bénédictions! (4
» Tu dors! attends-tu donc que, sans bulle et sans titre,
» Il te ravisse encor le rochet et la mitre?
» Sors de ce lit oiseux qui te tient attaché, (5

a dû, comme l'observe Brossette, faire le portrait physique de son héros conforme au caractère qu'il lui donne.

1. D'après les lois de notre syntaxe, le relatif ne peut pas être séparé de son antécédent par une phrase incidente : ainsi *en entrant* se trouve, sinon *déplacé*, comme le dit Saint-Marc, du moins *mal placé*. *La Déesse, qui, en entrant, voit*; ou *La Déesse qui voit, en entrant;* ou encore, *La Déesse, en entrant, voyant*, etc., voilà les constructions autorisées par l'usage de la langue.

2. Le mot *Église* n'a été imprimé en toutes lettres que dans les éditions qui ont suivi la mort de l'Auteur : il n'était indiqué auparavant que par des étoiles. L'Auteur avait donc senti lui-même l'inconvenance de sa plaisanterie. Mais quel poëte nourri dans la satire fait aisément le sacrifice d'un bon mot?

3. La Sainte-Chapelle haute, où les chanoines faisaient l'office, était beaucoup plus élevée que la maison du trésorier qui était dans la cour du palais.

4. C'était là, dit-on, le principal motif de la jalousie du trésorier contre le chantre.

5. *Oiseux*, en parlant des personnes, signifie, Qui par goût ou par habitude se livre à l'oisiveté, ne fait rien, ou ne fait que des riens; en parlant des choses, il signifie, vain, inutile, qui n'est

40 » Et renonce au repos, ou bien à l'évêché. » (1
    Elle dit, et, du vent de sa bouche profane,
  Lui souffle avec ces mots l'ardeur de la chicane.
  Le Prélat se réveille, et, plein d'émotion,
  Lui donne toutefois la bénédiction. (2
45 Tel qu'on voit un taureau qu'une guêpe en furie
  A piqué dans les flancs aux dépens de sa vie;
  Le superbe animal, agité de tourmens,
  Exhale sa douleur en longs mugissemens: (3
  Tel le fougueux Prélat, que ce songe épouvante,
50 Querelle en se levant et laquais et servante;
  Et d'un juste courroux rallumant sa vigueur,
  Même avant le dîner, parle d'aller au chœur.

bon à rien ou ne sert à rien; mais ce n'est pas là du tout ce qu'il peut signifier ici: il y est, par une sorte de métaphore, pour *Qui sert à l'oisiveté, à des gens oiseux* ou *oisifs*.

1. La dignité de trésorier était par ses priviléges une sorte d'*Evêché*.

2. Excellent trait de caractère, et qui peint bien la manie que le Poète prête au Prélat.

3. Si *Tel que* peut se mettre au commencement du premier membre d'une comparaison, il semble du moins que ce premier membre ne doit former avec le second qu'une seule et même période, comme on le voit dans l'exemple qui commence le second chant de l'*Art poétique*: *Telle qu'une bergère*, etc. Or, ici il en est absolument séparé, et il se trouve même combiné de manière à former à lui seul une période complète. On peut regretter que le Poète, au lieu de *Tel que*, n'ait pas mis *Tel* tout seul, que rien ne l'empêchait de mettre: le vers n'y eût rien perdu pour la mesure, il y eût peut-être gagné de la noblesse, et la construction ne laisserait rien à désirer pour l'exactitude.

## II.

*Brontin, Boirude et le perruquier l'Amour, désignés par le sort pour aller replacer le* Lutrin *dans le chœur, partent tous les trois à la faveur de la nuit pour leur expédition, et la Discorde en pousse des cris de joie qui vont jusque dans Cîteaux réveiller la Mollesse.* Chant II.

Les ombres cependant, sur la ville épandues,
Du faîte des maisons descendent dans les rues; (1
Le souper hors du chœur chasse les chapelains, (2

---

1. Virgile dit dans la première de ses Églogues :

*Majoresque cadunt altis de montibus umbræ;*

et à ce vers du poëte latin correspondent les deux suivans de Racan, que Boileau aimait à citer :

Ou que l'ombre du soir, du faîte des montagnes
  Tombe dans les campagnes.

Mais l'imitation de Boileau vaut bien celle-là sans doute : les vers du *Lutrin* ne semblent-ils pas se déployer et s'étendre en quelque sorte comme les ombres de la nuit ?

*Épandu* n'est plus guère en usage dans la prose, et on l'emploie même assez rarement en poésie; mais c'est mal-à-propos, car il est harmonieux, et il s'en faut que *répandu* le remplace toujours pour la valeur ou pour la force de l'expression.

2. *Le souper chasse* : « Expression hardie, » dit Le Brun. Cette expression, suivant M. de Saint-Surin, est si familière qu'elle ne comportait pas de remarque. Il est vrai que l'on dit proverbialement: *La faim chasse le loup du bois:* mais il n'est pas ordinaire de dire que le *souper* ou le *dîner chasse.* Il y a là d'ailleurs à suppléer

Et de chantres buvans les cabarets sont pleins. (1
Le redouté Brontin, que son devoir éveille,
Sort à l'instant, chargé d'une triple bouteille
D'un vin dont Gilotin (2), qui savait tout prévoir,
Au sortir du conseil eut soin de le pourvoir.
L'odeur d'un jus si doux lui rend le faix moins rude. (3
Il est bientôt suivi du sacristain Boirude;
Et tous deux, de ce pas, s'en vont avec chaleur
Du trop lent perruquier réveiller la valeur.
« Partons, lui dit Brontin : déjà le jour plus sombre,
» Dans les eaux s'éteignant (4), va faire place à l'ombre.
» D'où vient ce noir chagrin que je lis dans tes yeux?
» Quoi! le pardon sonnant te retrouve en ces lieux! (5
» Où donc est ce grand cœur dont tantôt l'allégresse
» Semblait du jour trop long accuser la paresse? (6

une ellipse qui donne de l'énergie à l'expression, en même temps que de l'exercice à l'esprit : *L'idée* ou *l'heure du souper chasse.*

Les *chapelains*, ici probablement pour tous les gens d'église attachés au service de la Chapelle.

1. Ce vers justifie celui où le Poëte peint de bourgeons le visage de la Discorde métamorphosée en chantre. L'épithète *buvans* fait voir les chantres vidant leurs verres.

2. C'était l'aumônier du trésorier : son véritable nom était *Guéronet*. Le trésorier lui donna ensuite la cure de la Sainte-Chapelle.

3. Ce *faix* de *trois bouteilles* dont il *est chargé*.

4. Allusion à l'opinion des anciens poëtes qui supposaient que le soleil, à son coucher, descendait dans la mer.

5. Le *pardon sonnant* : les trois coups de cloche par lesquels on avertit le peuple de réciter l'*Angelus*. On l'appelle indifféremment, *Angelus*, à cause de la prière que l'on dit ; ou *Pardon*, à cause des indulgences qui y sont attachées.

6. Avec *paresse*, *trop lent* eût mieux valu que *trop long*; mais,

» Marche, et suis-nous du moins où l'honneur nous attend.
20 Le perruquier honteux rougit en l'écoutant.
Aussitôt de longs clous il prend une poignée :
Sur son épaule il charge une lourde cognée; (1
Et derrière son dos, qui tremble sous le poids,
Il attache une scie en forme de carquois. (2
25 Il sort au même instant, il se met à leur tête.
A suivre ce grand chef l'un et l'autre s'apprête :
Leur cœur semble allumé d'un zèle tout nouveau; (3
Brontin tient un maillet, et Boirude un marteau.
La lune, qui du ciel voit leur démarche altière,
30 Retire en leur faveur sa paisible lumière.
La Discorde en sourit, et, les suivant des yeux,
De joie, en les voyant, pousse un cri dans les cieux. (4

comme il se trouve quelques vers plus haut, le Poëte a probablement craint de le répéter. Tout le monde ne sentira pas aisément avec Le Brun comment il eût été ici moins poétique que *trop long*.

1. *Sur son épaule il charge* : « Cette heureuse inversion, dit
» Clément, peint l'effort du perruquier, en se chargeant de sa lourde
» cognée. Substituez-y :

   » Il met, sur son épaule, une lourde cognée,
» le vers devient léger et plat. »

2. « Pour mettre la scie en image, dit Le Brun, il fallait trouver
» *En forme de carquois.* » Le *carquois* était un étui à flèches, que l'on portait derrière le dos quand on faisait usage de l'arc.

3. *Allumer* prend-il un régime indirect? Ce n'est pas du moins aujourd'hui qu'on pourrait lui en donner un : on dirait *animé*, *enflammé de zèle*, et non pas *allumé*.

4. *En les voyant* ne peut s'entendre que du premier moment où elle les voit : il est pour *En les apercevant*; et ce qui le prouve, c'est ce cri de joie qu'elle pousse à leur vue. Mais si, comme le dit

L'air, qui gémit du cri de l'horrible déesse,
Va jusque dans Cîteaux réveiller la Mollesse. (1
5 C'est là qu'en un dortoir elle fait son séjour : (2
Les Plaisirs nonchalans folâtrent à l'entour ;
L'un pétrit dans un coin l'embonpoint des chanoines ;
L'autre broie en riant le vermillon des moines :
La Volupté la sert avec des yeux dévots ;
10 Et toujours le Sommeil lui verse des pavots. (3

le premier vers, elle les *suivait* déjà des yeux, comment peut-elle ne faire ensuite que les *apercevoir*, que les voir pour le premier moment ? Il y a donc une sorte de contradiction entre les deux vers ; ou si l'on ne veut pas qu'il y ait contradiction, il faut qu'*En les voyant* signifie à-peu-près la même chose qu'*En les suivant des yeux*, et alors l'une ou l'autre de ces deux expressions, *En les y voyant* et *Les suivant des yeux*, fait nécessairement redondance.

1. *Cîteaux* était une célèbre abbaye de Bernardins, en Bourgogne. Les religieux de Cîteaux n'avaient point embrassé la réforme établie dans quelques maisons de leur ordre : c'est là ce qui donna lieu à l'Auteur de feindre que la Mollesse faisait son séjour dans un dortoir de leur couvent.

2. Voici une anecdote racontée par Brossette. Boileau étant à la suite de Louis XIV, dans un voyage que ce monarque fit à Strasbourg en 1681, passa à Cîteaux. Les moines le reçurent avec beaucoup de distinction, et, quand ils lui eurent fait voir tout leur couvent, l'un d'eux lui demanda qu'il leur montrât le lieu où logeait la Mollesse : « Montrez-la moi vous-mêmes, mes pères, leur répondit-il en » riant : car c'est vous qui la tenez cachée avec grand soin. »

3. Peinture charmante et digne du pinceau de l'Albane, le peintre des grâces. On appelle *embonpoint* le bon état d'une personne grasse, et *vermillon* cette couleur vive et vermeille des lèvres et des joues.

## III.

*Plaintes de la Mollesse en apprenant de la Nuit, la guerre suscitée par la Discorde au sein de la Sainte-Chapelle.* CHANT II.

A ce triste discours, qu'un long soupir achève,
La Mollesse, en pleurant, sur un bras se relève,
Ouvre un œil languissant, et, d'une faible voix,
Laisse tomber ces mots, qu'elle interrompt vingt fois:
5 « O Nuit! que m'as-tu dit(1)? Quel démon sur la terre
» Souffle dans tous les cœurs la fatigue et la guerre? (2

---

1. Ce récit épisodique de la Mollesse est un des plus fameux morceaux de poésie que nous ayons dans notre langue. « Il y a, dit Brossette, trois choses qui marquent l'adresse du Poëte dans ce récit :
» Le choix des mots, la versification, et le détour ingénieux qu'il a
» pris pour louer le Roi. En effet, le Poëte s'est attaché à ne mettre
» dans la bouche de la Mollesse que des termes qui lui conviennent
» particulièrement. Elle ne parle que de *rois fainéans*, de *sommeil*, de *repos*, de *douceurs*, etc. Quant à la versification, elle
» est extrêmement douce; les vers sont presque tous détachés les
» uns des autres; le discours est tout uni; il n'y a ni transitions, ni
» liaisons, ni figures; en un mot, tout y représente naïvement le
» caractère de la Mollesse. Mais rien n'est plus heureux que la manière dont l'éloge du Roi est amené. Les plaintes et les murmures
» que la Mollesse fait contre la valeur active de ce jeune héros, sont
» les plus fines louanges qu'on puisse donner. »

2. *Souffler* est ici dans le sens d'*allumer*, parce que, pour *allumer* le feu, on le *souffle*; ou veut-on qu'il soit pour *souffler* même, alors il faut sous-entendre *le feu de*. Or, soit dans l'un, soit dans l'autre sens, il peut bien convenir avec *la guerre*, mais il ne saurait convenir avec la *fatigue*. Le mot *guerre* pourrait, il est vrai, servir de passeport au mot *fatigue*; mais la liaison des idées exigerait qu'il suivît immédiatement *souffler*, et qu'il précédât *fatigue*, au lieu de le suivre.

» Hélas! qu'est devenu ce temps, cet heureux temps,
» Où les rois s'honoraient du nom de *fainéans*, (1
» S'endormaient sur le trône, et, me servant sans honte,
» Laissaient leur sceptre aux mains ou d'un maire ou
    » d'un comte? (2
» Aucun soin n'approchait de leur paisible cour: (3
» On reposait la nuit, on dormait tout le jour. (4
» Seulement au printemps, quand Flore dans les plaines
» Faisait taire des vents les bruyantes haleines,
» Quatre bœufs attelés, d'un pas tranquille et lent,
» Promenaient dans Paris le monarque indolent. (5
» Ce doux siècle n'est plus. Le Ciel impitoyable
» A placé sur leur trône un prince infatigable.

1. Sous les derniers rois de la première race, toute l'autorité royale était exercée par un maire du palais, et ces rois, que nos historiens ont si justement surnommés *fainéans*, demeuraient enfermés dans quelque maison de plaisance d'où ils ne sortaient qu'une fois l'année dans un chariot traîné par des bœufs.

2. C'est mal-à-propos, observe Brossette en se fondant sur Ducange, que les historiens ont confondu les *Maires* avec les *Comtes du palais* ou *Comtes palatins*: le *Comte du palais* était le second officier de la couronne, et il rendait la justice dans le palais du roi.

3. Il n'est pas ordinaire de personnifier les *soins*; mais *soin* est ici apparemment pour *souci, peine, inquiétude*.

4. On dormait donc continuellement, pourra-t-on dire, car *reposer* ne peut guère signifier là que *dormir*? Oui, il y signifie *dormir*, en effet, et *dormir* dans le sens d'être livré au sommeil; mais ce n'est pas dans ce même sens qu'est le mot *dormir* du second hémistiche: il est pour *Ne rien faire*, ou pour *ne faire que des riens*.

5. « Ces vers, dit Laharpe, marchent aussi lentement que les bœufs qui traînent le char. »

» Il brave mes douceurs, il est sourd à ma voix :
20 » Tous les jours il m'éveille au bruit de ses exploits.
» Rien ne peut arrêter sa vigilante audace :
» L'été n'a point de feux, l'hiver n'a point de glace. (1
» J'entends à son seul nom tous mes sujets frémir :
» En vain deux fois la Paix a voulu l'endormir ;
25 » Loin de moi son courage, entraîné par la gloire,
» Ne se plaît qu'à courir de victoire en victoire.
» Je me fatiguerais à te tracer le cours
» Des outrages cruels qu'il me fait tous les jours. (2
» Je croyais, loin des lieux d'où ce prince m'exile,
30 » Que l'Église du moins m'assurait un asile. (3
» Mais en vain j'espérais y régner sans effroi :
» Moines, abbés, prieurs, tout s'arme contre moi. (4
» Par mon exil honteux la Trappe est ennoblie : (5
» J'ai vu dans Saint-Denis la réforme établie ; (6

1. Allusion à la première conquête de la Franche-Comté, dont le Roi se rendit maître en dix jours, au mois de février 1668.

2. Que d'art dans cette manière détournée de présenter la louange !

3. « Par ce seul vers, dit Laharpe, le Poëte rentre dans son sujet. » Cet art n'est connu que des maîtres. »

4. *Abbés* et *prieurs* sont ici, à ce qu'il paraît, dans leur sens primitif, pour Supérieurs de moines.

5. Abbaye de Saint-Bernard, dans laquelle l'abbé Armand Bouthilier de Rancé mit la réforme en 1662. C'était cette abbaye de la *Trappe*, si célèbre par l'austérité de ses religieux. Elle était située dans le Perche, en un grand vallon environné de collines et de montagnes.

6. Le cardinal de la Rochefoucault, commissaire général pour la réforme des ordres religieux en France, établit la réforme dans l'abbaye de *Saint-Denis* en 1633. On sait que cette abbaye, de l'ordre de Saint-Benoît, était une des plus anciennes et des premières de France.

35 » Le Carme, le Feuillant, s'endurcit aux travaux ; (1
  » Et la règle déjà se remet dans Clairvaux. (2
  » Cîteaux dormait encore, et la Sainte-Chapelle
  » Conservait du vieux temps l'oisiveté fidèle : (3
  » Et voici qu'un lutrin, prêt à tout renverser,
40 » D'un séjour si chéri vient encor me chasser !
  » O toi, de mon repos compagne aimable et sombre,
  » A de si noirs forfaits prêteras-tu ton ombre ?
  » Ah ! Nuit, si tant de fois, dans les bras de l'Amour,
  » Je t'admis aux plaisirs que je cachais au jour,
45 » Du moins ne permets pas... » La Mollesse oppressée,
Dans sa bouche, à ce mot, sent sa langue glacée ; (4
Et lasse de parler, succombant sous l'effort,
Soupire, étend les bras, ferme l'œil, et s'endort. (5

1. Les bâtimens des *Feuillans* ont été démolis depuis la révolution, et ont fait place aux belles rues de Castiglione et de Rivoli.

2. C'était une abbaye fondée par saint Bernard, dans la province de Champagne. Le cardinal de la Rochefoucault avait aussi travaillé à la réformer.

3. « Que ces deux derniers vers sont heureux ! » dit Laharpe. Et qu'est-ce qui en fait surtout le *bonheur* ? C'est cette épithète de *fidèle* jointe à *oisiveté*; ou plutôt, c'est ce tour poétique, *Conservait l'oisiveté fidèle*, pour *Conservait fidèlement l'oisiveté*. Il fait entendre que, si la Sainte-Chapelle était *fidèle* à l'oisiveté, l'oisiveté ne l'était pas moins à la Sainte-Chapelle.

4. Racine, dans *Athalie* :
  Mais sa langue en sa bouche à l'instant s'est glacée.
Les deux vers se ressemblent beaucoup, et c'est dans l'un et dans l'autre à-peu-près la même harmonie imitative.

5. L'harmonie imitative de ce dernier vers avait tellement frappé Henriette d'Angleterre, première femme de Monsieur, frère de Louis XIV, que cette princesse, ayant un jour aperçu de loin Boi-

## IV.

*Pendant que les trois champions se mettent en devoir d'enlever le pupitre du fond de la sacristie, un hibou, sortant tout-à-coup des flancs de la machine, les déconcerte et les met en fuite.* CHANT III.

Mais les trois champions, pleins de vin et d'audace,
Du palais cependant passent la grande place;
Et suivant de Bacchus les auspices sacrés, (1
De l'auguste chapelle ils montent les degrés.

leau dans la chapelle de Versailles, où elle était assise sur un carreau, en attendant que le Roi vînt pour la messe, lui fit signe d'approcher, et lui dit à l'oreille:

Soupire, étend les bras, ferme l'œil, et s'endort.

C'est ce mouvement si lent et si fréquemment interrompu du vers qui, comme l'observe très-bien Condillac, fait l'harmonie imitative, en ce qu'il peint à merveille la lassitude et *l'oppression* de la Mollesse. Tous ces repos qui suivent les syllabes *ire*, *bras*, *œil*, les redoublent en quelque sorte par leur ralentissement, et font que ce vers, arrêté, pour ainsi dire, à chaque mot, paraît beaucoup plus long que celui qui précède. « Le passage au sommeil se peint aussi,
» dit Condillac, dans la prononciation du mot *s'endort*, parce que
» la voix qui s'est soutenue sur le même ton jusqu'à la syllabe *s'en*,
» baisse un peu et se laisse tomber sur la syllabe *dort*. »

1. Ces *auspices sacrés* étaient les bouteilles de vin qu'ils portaient avec eux, et qu'ils avaient déjà commencé à vider : on sait assez que Bacchus est le dieu du vin et des buveurs. Le mot composé *auspice* (*avium inspectio*), qui ne signifiait dans l'origine que l'action de consulter le vol ou le chant des oiseaux, s'emploie assez fréquemment pour signifier la faveur, la protection, la bonne fortune, la direction de quelqu'un.

5  Ils atteignaient déjà le superbe portique
   Où Ribou le libraire, au fond de sa boutique, (1
   Sous vingt fidèles clefs, garde et tient en dépôt
   L'amas toujours entier des écrits de Hainaut : (2
   Quand Boirude, qui voit que le péril approche,
10 Les arrête, et, tirant un fusil de sa poche,
   Des veines d'un caillou, qu'il frappe au même instant,
   Il fait jaillir un feu qui petille en sortant ;
   Et bientôt, au brasier d'une mèche enflammée,
   Montre, à l'aide du soufre, une cire allumée : (3

> 1. La *boutique* de *Ribou* était sur le troisième perron de la Sainte-Chapelle, vis-à-vis la porte de cette église. *Ribou* avait imprimé la *Satire des Satires*, comédie de Boursault contre l'Auteur.
>
> 2. Ce *Hainaut*, l'auteur du sonnet de l'*Avorton*, dont il est parlé dans la neuvième satire.
>
> 3. Imitation d'un passage du premier livre de l'*Énéide*, traduit ainsi par Delille :
>
>> Achate, au même instant, prend un caillou qu'il frappe.
>> La rapide étincelle en pétillant s'échappe.
>> Des feuilles l'ont reçue. Alors, dans son berceau,
>> Achate d'un bois sec nourrit ce feu nouveau ;
>> Et bientôt au brasier d'une souche brûlante,
>> Cherche, attise et saisit la flamme étincelante.
>
> Tous ces vers de Boileau ont été loués sans restriction par Laharpe ; mais d'autres littérateurs y ont trouvé plus ou moins à redire : D'Alembert et Delille, entre autres, ont prétendu, et non sans raison, qu'*au brasier* est, par la construction, le régime de *montre*, tandis que, par le sens, il ne peut l'être que d'*allumée*. Ce que personne toutefois n'a repris, et ce qui pourtant est assez répréhensible, c'est cette construction si embarrassée depuis le vers, *Quand Boirude*, etc. D'après *Et tirant un fusil de sa poche*, on croirait que la période va finir avec le vers, *Il fait jaillir*, et l'on trouve d'ailleurs choquant devant *Fait jaillir*, ce pronom *Il* si peu attendu.

15 Cet astre tremblotant, dont le jour les conduit,
Est pour eux un soleil au milieu de la nuit. (1
Le temple à sa faveur est ouvert par Boirude :
Ils passent de la nef la vaste solitude, (2
Et dans la sacristie entrant, non sans terreur, (3
20 En percent jusqu'au fond la ténébreuse horreur.
C'est là que du lutrin gît la machine énorme; (4
La troupe quelque temps en admire la forme.
Mais le barbier, qui tient les momens précieux :
« Ce spectacle n'est pas pour amuser nos yeux,
25 » Dit-il; le temps est cher, portons-le dans le temple;(5

1. « *Astre*, qui précède *tremblotant*, prête, dit Le Brun, une
» certaine dignité comique à la chose. » M. de Saint-Surin, en
adoptant cette remarque, a retranché du mot *dignité* l'épithète
*comique*: mais mal-à-propos sans doute : le *comique*, dans ce
vers, vient du mot *tremblotant*, qui, comme presque tous nos diminutifs, est du style familier et populaire.

2. Boileau vantait, dit-on, ce vers comme une image merveilleuse d'une église qui, durant la nuit, paraît une vraie solitude. On appelle *nef* la partie d'une église qui s'étend depuis la porte principale jusqu'au chœur : ce mot dérive du latin *navis*, qui signifie *navire, vaisseau*.

3. Le Brun observe avec raison que ce vers ainsi morcelé avec art, donne au suivant l'avantage de se déployer dans toute sa pompe.

4. « Cette épithète, si bien placée à la fin du vers, dit Laharpe,
» présente le *Lutrin* dans toute sa masse. »

5. Suivant Saint-Marc et M. Daunou, le *le* qui suit *portons* dans ce vers, et celui qui, dans les trois suivans, précède *contemple* et *rouler*, est équivoque, puisque, par la construction, il se rapporte nécessairement à *spectacle* du vers précédent, et que, dans l'intention de l'Auteur, il se rapporte à *Lutrin*, employé trois vers plus haut. M. de Saint-Surin pense que l'intention de l'Auteur a été de le faire rapporter à *spectacle*, « parce que, dit-il, ce dernier mot se

» C'est là qu'il faut demain qu'un prélat le contemple. »
Et, d'un bras, à ces mots, qui peut tout ébranler, (1
Lui-même, se courbant, s'apprête à le rouler.
Mais à peine il y touche, ô prodige incroyable!
o Que du pupitre sort une voix effroyable. (2
Brontin en est ému; le sacristain pâlit;
Le perruquier commence à regretter son lit.
Dans son hardi projet toutefois il s'obstine; (3

» disait alors de tout objet extraordinaire qui attire les regards, l'at-
» tention, qui arrête la vue. » *Spectacle* se dit bien encore en ce
sens; mais il ne s'ensuit pas qu'on puisse *porter un spectacle*,
quoique Voltaire, dans la *Henriade*, chant X, fasse *entrer* dans
Paris un *spectacle*, une pompe :

Ce *spectacle* sanglant, cette pompe funeste
*Entre* au milieu d'un peuple interdit, égaré.

Pourquoi ne pas reconnaître que *le* ne se rapporte ni à *spectacle*
ni à *Lutrin* des vers précédens? Dès que le *Lutrin* est devant les
yeux, en présence des trois champions, le barbier ne peut-il pas,
en s'adressant à ses compagnons, leur dire de cet objet, sans même
le nommer, *Portons-le dans le temple*? Tous les jours nous dé-
signons simplement par le pronom un objet présent, et sur lequel
ceux à qui nous parlons ont comme nous les regards fixés.

1. Voilà encore, comme dans un vers du morceau N° 1, le relatif
séparé mal-à-propos de son antécédent par une phrase incidente.

2. *Énéide*, liv. III, traduction de Delille :

Quand du fond du tombeau, j'en tremble encor d'effroi,
Une voix lamentable arrive jusqu'à moi.

Mais dans les vers de Boileau, pourquoi ce *que* après la phrase ex-
clamative incidente, *O prodige incroyable!* Il en résulte que cette
phrase semble excitée, non par cette *voix effroyable* qui sort du
pupitre, mais par l'action même du barbier *touchant à peine* la
machine. Le *que* devrait être avant la phrase incidente, ou il n'en
faudrait point du tout.

3. *Hardi projet* est, comme l'observe Le Brun, plus poétique et
plus soutenu que ne le serait *projet hardi*.

orsque des flancs poudreux de la vaste machine, (1
'oiseau sort en courroux, et, d'un cri menaçant,
chève d'étonner le barbier frémissant :
e ses ailes dans l'air secouant la poussière,
Dans la main de Boirude il éteint la lumière.
Les guerriers à ce coup demeurent confondus ;
Ils regagnent la nef, de frayeur éperdus :
Sous leurs corps tremblotans leurs genoux s'affaiblissent, (2
D'une subite horreur leurs cheveux se hérissent : (3
Et bientôt, au travers des ombres de la nuit,
Le timide escadron se dissipe et s'enfuit. (4
Ainsi lorsqu'en un coin, qui leur tient lieu d'asile,
D'écoliers libertins une troupe indocile,

1. Une autre observation de Le Brun aussi essentielle que juste, et qui se rattache à ce vers, c'est que, lorsque dans une même phrase, deux épithètes accompagnent deux substantifs différens, on doit faire en sorte que l'une suive, et que l'autre précède son substantif, comme Boileau en donne l'exemple : si les deux épithètes étaient également ou avant ou après les substantifs, le tour serait en effet moins varié, et le vers moins poétique.

2. *Tremblans* eût bien moins convenu que *tremblotans*, à un sujet comique.

3. Delille dit moins heureusement, *Énéide*, liv. III :

Et mes cheveux d'horreur sur mon front *sont dressés*.

Par qui *sont-ils dressés*, pourrait-on demander ? Il faudrait *se sont dressés*, ou *se dressent*.

4. Un *escadron* est, au propre, une troupe de cavalerie ordinairement composée de quatre compagnies. Mais ce nom d'*escadron* appliqué avec l'épithète *timide*, à trois hommes à pied et tout atterrés, n'est pas peu comique. Le Poëte, dans sa satire des femmes, appelle non moins plaisamment *escadron coiffé*, une troupe de dévotes volant au secours de leur directeur malade.

Loin des yeux d'un préfet au travail assidu, (1
Va tenir quelquefois un brelan défendu : (2
Si du vaillant Argus la figure effrayante, (3
50 Dans l'ardeur du plaisir à leurs yeux se présente,
Le jeu cesse à l'instant, l'asile est déserté,
Et tout fuit à grands pas le tyran redouté.

## V.

*La Discorde, prenant les traits du vieux Sidrac, va gourmander les trois champions, et leur rend tellement leur première ardeur, qu'ils vont enfin placer le lutrin.* CHANT III.

La Discorde, qui voit leur honteuse disgrace,
Dans les airs cependant tonne, éclate, menace,
Et, malgré la frayeur dont leurs cœurs sont glacés,
S'apprête à réunir ses soldats dispersés. (4

---

1. On appelait autrefois *Préfets*, dans plusieurs colléges, les maîtres surveillans ou Inspecteurs qu'on appelle à-présent *Censeurs* ou *Maîtres d'étude*.

2. Sorte de jeu de cartes. Autrefois on disait indifféremment *Brelan* ou *Berlan* : mais aujourd'hui *Brelan* est seul d'usage.

3. *Argus* était ce surveillant à cent yeux auquel Junon, selon la Fable, avait confié la garde d'Io, changée en vache. Mercure l'ayant endormi au son de sa flûte, lui coupa la tête : Junon alors répandit ses yeux sur la queue du paon, ou même le métamorphosa en cette sorte d'oiseau. *Argus*, ici par *antonomase*, pour *Gardien, inspecteur*.

4. Quels sont ces *soldats dispersés* que la Discorde *s'apprête à réunir* ? Ce sont ces mêmes trois champions dont elle *voit la honteuse disgrâce* et dont les *cœurs* sont *glacés de frayeur*. Cependant on croirait, d'après la construction, que ce sont des personnes

5 Aussitôt de Sidrac elle emprunte l'image : (1
Elle ride son front, allonge son visage,
Sur un bâton noueux laisse courber son corps, (2
Dont la chicane semble animer les ressorts ;
Prend un cierge en sa main, et, d'une voix cassée,
10 Vient ainsi gourmander la troupe terrassée :
« Lâches, où fuyez-vous ? quelle peur vous abat ? (3

toutes différentes ; et si c'étaient des personnes toutes différentes, la construction ne devrait pas être autrement qu'elle n'est. Il est d'autant plus important de signaler ce défaut, qu'il n'est pas rare dans les plus grands écrivains.

1. Brossette avait demandé à l'abbé Boileau, frère du Poëte et chanoine de la Sainte-Chapelle, des renseignemens sur le personnage de Sidrac : l'abbé Boileau lui répondit : « Sidrac est un vrai nom d'un » vieux chapelain, clerc de la Sainte-Chapelle, c'est-à-dire, un » chantre musicien, dont la voix était une taille fort belle ; son per- » sonnage n'est point feint. »

Le portrait du vieux Sidrac se trouve ainsi tracé au premier Chant :

Le zélé Gilotin, qui prend part à sa gloire,
Pour lui rendre la voix, fait rapporter à boire ;
Quand Sidrac, à qui l'âge allonge le chemin,
Arrive dans la chambre, un bâton à la main.
Ce vieillard dans le chœur à déjà vu quatre âges :
Il sait de tous les temps les différens usages ;
Et son rare talent de simple marguillier
L'éleva par degrés au rang de chevecier.

*Marguillier*, ici celui qui a soin des reliques ; *Chevecier*, celui qui a soin des chapes et de la cire. *A vu quatre âges*, apparemment pour *A vu quatre générations, A vu se renouveler quatre fois le chapitre.*

2. « *Laisse* est mis adroitement, dit Le Brun, et peint à merveille » l'action de la vieillesse. »

3. Ce discours de Sidrac est la parodie d'un discours où Nestor, dans l'*Iliade*, chant VII, reproche aux Grecs de n'oser se mesurer avec Hector qui les défie au combat.

» Aux cris d'un vil oiseau vous cédez sans combat !
» Où sont ces beaux discours jadis si pleins d'audace?
» Craignez-vous d'un hibou l'impuissante grimace ?
15 » Que feriez-vous, hélas! si quelque exploit nouveau, (1
» Chaque jour, comme moi, vous traînait au barreau;
» S'il fallait, sans amis, briguant une audience,
» D'un magistrat glacé soutenir la présence,
» Ou d'un nouveau procès hardi solliciteur,
20 » Aborder sans argent un clerc de rapporteur ! (2
» Croyez-moi, mes enfans, je vous parle à bon titre :
» J'ai moi seul autrefois plaidé tout un chapitre; (3
» Et le barreau n'a point de monstres si hagards, (4
» Dont mon œil n'ait cent fois soutenu les regards.
25 » Tous les jours sans trembler j'assiégeais leurs passages.
» L'Église était alors fertile en grands courages :
» Le moindre d'entre nous, sans argent, sans appui,
» Eût plaidé le Prélat, et le Chantre avec lui.
» Le monde, de qui l'âge avance les ruines,
30 » Ne peut plus enfanter de ces âmes divines :
» Mais que vos cœurs, du moins, imitant leurs vertus,
» De l'aspect d'un hibou ne soient pas abattus.
» Songez quel déshonneur va souiller votre gloire,

1. *Exploit* d'assignation, acte d'un huissier ou sergent portant sommation de comparaître en justice.

2. *Rapporteur*, le juge ou le conseiller chargé de faire le rapport d'un procès, c'est-à-dire, d'en déduire, d'en exposer l'état par écrit.

3. *Plaider* quelqu'un, c'est lui faire un procès, l'appeler en jugement.

4. *Hagards,* c'est-à-dire farouches, rudes. Le *barreau*, ici pour tout le palais, pour la robe en général.

» Quand le Chantre demain entendra sa victoire. (1
35 » Vous verrez tous les jours le chanoine insolent,
» Au seul mot de hibou, vous sourire en parlant.
» Votre âme, à ce penser, de colère murmure :
» Allez donc de ce pas en prévenir l'injure;
» Méritez les lauriers qui vous sont réservés,
40 » Et ressouvenez-vous quel prélat vous servez.
» Mais déjà la fureur dans vos yeux étincelle :
» Marchez, courez, volez où l'honneur vous appelle. (2
» Que le Prélat, surpris d'un changement si prompt,
» Apprenne la vengeance aussitôt que l'affront. » (3
45 En achevant ces mots, la déesse guerrière
De son pied trace en l'air un sillon de lumière;
Rend aux trois champions leur intrépidité,
Et les laisse tout pleins de sa divinité.
C'est ainsi, grand Condé, qu'en ce combat célèbre (4

1. C'est-à-dire, le récit de sa victoire; à-peu-près même ellipse que dans le vers du troisième chant de l'*Art poétique* :

Enfin pour abréger un si plaisant prodige :

ou que dans celui-ci de Racine, *Athalie* :

Ont conté son enfance au glaive dérobée.

2. Quelle rapidité dans ce vers, et quelle heureuse gradation du premier verbe au second, du second au troisième !

3. Le Brun croit voir dans ces deux vers une sorte de parodie de ceux de Racine dans *Mithridate* :

Que les Romains pressés de l'un à l'autre bout,

Doutent où vous serez, et vous trouvent partout.

Mais la parodie, si elle existe, n'est que dans le tour, et non dans la pensée.

4. La mémorable bataille de Lens, gagnée contre les Espagnols et les Allemands, le 20 août 1648.

50 Où ton bras fit trembler le Rhin, l'Escaut et l'Èbre, (1
Lorsqu'aux plaines de Lens nos bataillons poussés (2
Furent presque à tes yeux ouverts et renversés,
Ta valeur, arrêtant les troupes fugitives,
Rallia d'un regard leurs cohortes craintives ;
55 Répandit dans leurs rangs ton esprit belliqueux,
Et força la Victoire à te suivre avec eux. (3
    La colère à l'instant succédant à la crainte,
Ils rallument le feu de leur bougie éteinte :
Ils rentrent ; l'oiseau sort : l'escadron raffermi
60 Rit du honteux départ d'un si faible ennemi.
Aussitôt dans le chœur la machine emportée
Est sur le banc du Chantre à grand bruit remontée.
Ses ais demi-pourris, que l'âge a relâchés,

    1. *L'Èbre*, fleuve d'Espagne qui prend sa source dans la Vieille-Castille, traverse l'Aragon et la Catalogne, et va se jeter dans la Méditerranée. Il a été parlé ailleurs du *Rhin* et de *l'Escaut*.

    2. *Lens*, petite ville du département du *Pas-de-Calais*, qui fut cédée à la France par le traité des Pyrénées, et dont les fortifications ont été rasées.

    3. « Magnifique comparaison, dit Le Brun, où l'éloge du grand
» Condé, amené à l'improviste, ressort avec plus d'éclat. L'Auteur
» a si bien choisi ses couleurs qu'il sert à-la-fois son poëme et le
» héros. » Ajoutons que cette comparaison serait digne de la plus haute Épopée, tant elle est noble et pompeuse.

    Cependant ne s'y trouve-t-il rien à reprendre ? Les mots *bataillons*, *troupes* et *cohortes* ne sont-ils pas à-peu-près synonymes, et ne semblent-ils pas ainsi accumulés pour remplir oiseusement la période ? Ce que d'ailleurs on a quelque peine à goûter et même à concevoir, ce sont ces *cohortes craintives* des *troupes fugitives*. Des *cohortes de troupes* ont quelque chose de singulier, parce que, si toutes les *troupes* ne sont pas des *cohortes*, toutes les *cohortes* du moins sont des *troupes*.

Sont à coups de maillet unis et rapprochés.
65 Sous les coups redoublés tous les bancs retentissent ;
Les murs en sont émus, les voûtes en mugissent,
Et l'orgue même en pousse un long gémissement. (1

## VI.

*Le Chantre, ne se possédant point en voyant le Lutrin élevé sur son banc, voudrait à l'instant l'abattre lui-même, et ce n'est pas sans peine qu'on l'en détourne.* Chant iv.

O toi qui, sur ces bords qu'une eau dormante mouille, (2
Vis combattre autrefois le rat et la grenouille ; (3
Qui, par les traits hardis d'un bizarre pinceau,
Mis l'Italie en feu pour la perte d'un seau : (4

1. Peu de vers de notre langue ont été aussi admirés pour l'harmonie imitative que ce dernier, et même que les cinq ou six qui le précèdent ; mais c'est surtout sur le dernier que l'admiration s'est en quelque sorte épuisée. « Ce vers, dit Clément, est au-dessus de tout éloge : il » n'est personne assez mal organisé pour n'en pas sentir l'extrême » beauté. »

2. L'eau d'un lac, d'un marais, d'un étang, séjour ordinaire des grenouilles.

3. On attribue à Homère un poëme grec très-ancien, appelé la *Batrachomyomachie*, et qui a pour sujet une guerre entre les rats et les grenouilles.

4. *La secchia rapita* (Le seau enlevé), poëme italien, qui a pour sujet la guerre qu'entreprirent les Bolonais, afin de recouvrer un seau de sapin que les Modenois avaient fait enlever d'un puits public de la ville de Bologne. L'auteur de ce poëme héroï-comique est Alexandre Tassoni, né à Modène en 1565, mort dans la même ville en 1635.

5 Muse, prête à ma bouche une voix plus sauvage, (1
Pour chanter le dépit, la colère, la rage, (2
Que le Chantre sentit allumer dans son sang
A l'aspect du pupitre élevé sur son banc.
D'abord pâle et muet, de colère immobile,
10 A force de douleur, il demeura tranquille : (3
Mais sa voix s'échappant au travers des sanglots,
Dans sa bouche à la fin fit passage à ces mots:
« La voilà donc, Girot, cette hydre épouvantable
» Que m'a fait voir un songe, hélas! trop véritable! (4
15 » Je le vois ce dragon tout prêt à m'égorger,
» Ce pupitre fatal qui me doit ombrager!
» Prélat, que t'ai-je fait? quelle rage envieuse
» Rend pour me tourmenter ton âme ingénieuse?
» Quoi! même dans ton lit, cruel, entre deux draps,
20 » Ta profane fureur ne se repose pas!
» O ciel! quoi! sur mon banc une honteuse masse
» Désormais me va faire un cachot de ma place!

1. M. de Saint-Surin plaint Saint-Marc de ne pas comprendre ce que peut signifier ici cette *voix plus sauvage*. Je mérite la même pitié que Saint-Marc. Le Poëte a-t-il voulu dire une voix plus forte, plus rude, plus terrible? Une *voix sauvage* ne peut guère se prendre en bonne part, et ce n'est pourtant pas en mauvaise part qu'il paraît devoir être pris.

2. Gradation très-bien observée : le *dépit* peut tourner en *colère*, et la *colère* aller jusqu'à la *rage*.

3. L'effet ordinaire d'une grande douleur est de nous jeter dans une sorte de stupeur et d'immobilité.

4. Le Chantre venait de voir en songe à-peu-près tout ce qu'il voit à présent en réalité.

» Inconnu dans l'église, ignoré dans ce lieu,
» Je ne pourrai donc plus être vu que de Dieu! (1
25 » Ah! plutôt qu'un moment cet affront m'obscurcisse, (2
» Renonçons à l'autel, abandonnons l'office;
» Et, sans lasser le Ciel par des chants superflus,
» Ne voyons plus un chœur où l'on ne nous voit plus.
» Sortons.... Mais cependant mon ennemi tranquille
30 » Jouira sur son banc de ma rage inutile,
» Et verra dans le chœur le pupitre exhaussé
» Tourner sur le pivot où sa main l'a placé!
» Non, s'il n'est abattu, je ne saurais plus vivre.
» A moi, Girot, je veux que mon bras m'en délivre.
35 » Périssons, s'il le faut : mais de ses ais brisés
» Entraînons, en mourant, les restes divisés. »
A ces mots, d'une main par la rage affermie,
Il saisissait déjà la machine ennemie,
Lorsqu'en ce sacré lieu (3), par un heureux hasard,
40 Entrent Jean le choriste, et le sonneur Girard, (4

1. L'ambition de briller pourrait-elle être mieux peinte que par ce trait?

2. *Cet affront m'obscurcisse*, avait été amèrement critiqué par Desmarets, et, suivant M. Daunou, l'expression n'est réellement pas très-heureuse. D'après un autre commentateur, il eût fallu dire, *Obscurcisse ma gloire*. M. de Saint-Surin dit que l'audace de la figure semble excusée par l'égarement de celui qui parle. Peut-être aussi est-elle assez préparée par les trois vers qui précèdent.

3. Cet hémistiche est bien dur. Pour le rendre plus doux, il n'y aurait eu, comme l'observe Saint-Marc, qu'à mettre l'adjectif après le substantif. Mais c'était alors l'usage de le mettre presque toujours avant le substantif, et Racine faisait comme Boileau à cet égard.

4. *Jean le choriste*, personnage supposé. *Le sonneur Girard*

Deux Manseaux renommés (1), en qui l'expérience
Pour les procès est jointe à la vaste science.
L'un et l'autre aussitôt prend part à son affront.
Toutefois condamnant un mouvement trop prompt,
45 « Du lutrin, disent-ils, abattons la machine :
» Mais ne nous chargeons pas tout seuls de sa ruine;
» Et que tantôt (2), aux yeux du chapitre assemblé,
» Il soit sous trente mains en plein jour accablé. »

## VII.

*Le* Lutrin *ayant été abattu par le Grand-Chantre et les chanoines, les amis du Prélat voudraient déserter le chœur; mais le vieux Sidrac les décide à aller bien plutôt consulter la Chicane, et les voilà bientôt, sur ses pas, avec le Prélat lui-même, devant la sibylle du palais.* CH. V.

Mais le vieillard condamne un projet inutile.
« Nos destins sont, dit-il, écrits chez la Sibylle : (3

---

était mort avant la composition du poëme : il se noya dans la Seine, ayant gagé qu'il la passerait neuf fois à la nage.

1. *Manseaux*, c'est-à-dire, Originaires du Mans, le pays des procès.

2. *Tantôt*, ici pour Tout-à-l'heure, Dans quelques momens d'ici.

3. La *Sibylle* est ici la Chicane. Ce nom se donnait chez les Anciens à certaines femmes auxquelles on attribuait la connaissance de l'avenir et le don de prédire. Il vient du grec $\Sigma i\beta \upsilon \lambda \lambda \alpha$, formé, selon quelques-uns, de $\Sigma \iota \acute{o} \varsigma$, employé pour $\Theta \epsilon \acute{o} \varsigma$, Dieu, et de $\beta o \upsilon \lambda \acute{\eta}$, conseil, c'est-à-dire, *conseil divin*, parce qu'on croyait les Sibylles

» Son antre n'est pas loin; allons la consulter,
» Et subissons la loi qu'elle nous va dicter. »
5 Il dit: à ce conseil, où la raison domine,
Sur ses pas au barreau la troupe s'achemine,
Et bientôt, dans le temple (1), entend, non sans frémir,
De l'antre redouté les soupiraux gémir.
Entre ces vieux appuis, dont l'affreuse grand'salle (2
10 Soutient l'énorme poids de sa voûte infernale,
Est un pilier fameux, des plaideurs respecté, (3
Et toujours de Normands à midi fréquenté. (4
Là, sur des tas poudreux de sacs et de pratique, (5
Hurle tous les matins une Sibylle étique :
15 On l'appelle *Chicane*; et ce monstre odieux
Jamais pour l'équité n'eut d'oreilles ni d'yeux.
La Disette au teint blême, et la triste Famine,
Les Chagrins dévorans, et l'infâme Ruine,
Enfans infortunés de ses raffinemens,
20 Troublent l'air d'alentour de longs gémissemens.

inspirées par quelque divinité, au nom de laquelle elles rendaient des oracles.

1. Quel *temple*? Celui de Thémis, c'est-à-dire, le palais de justice.

2. *Dont*, pour *Par lesquels*, mais équivoque jusqu'au second hémistiche du vers qui suit.

3. *Le pilier des consultations*. Anciennement les avocats s'assemblaient auprès de ce pilier, et on venait les y consulter.

4. Les Normands ont la réputation d'aimer les procès.

5. Les pièces d'un procès s'appellent collectivement du nom de *sac*, parce que c'est dans un sac qu'on a coutume de les mettre. On appelle aussi en général du nom de *pratique* des papiers de pratique et de procédure.

Sans cesse feuilletant les lois et la coutume,
Pour consumer autrui le monstre se consume ;
Et, dévorant maisons, palais, châteaux entiers,
Rend pour des monceaux d'or de vains tas de papiers.(1
25 Sous le coupable effort de sa noire insolence,
Thémis a vu cent fois chanceler sa balance. (2
Incessamment il va de détour en détour :
Comme un hibou, souvent il se dérobe au jour :
Tantôt, les yeux en feu, c'est un lion superbe ;
30 Tantôt, humble serpent, il se glisse sur l'herbe. (3
En vain, pour le dompter, le plus juste des rois (4
Fit régler le chaos des ténébreuses lois :
Ses griffes vainement par Pussort accourcies, (5
Se rallongent déjà, toujours d'encre noircies : (6

1. « Ce tableau de la Chicane, dit M. de Saint-Surin, est effrayant
» de ressemblance : le monstre et son cortège, ses occupations et leurs
» effets, tout y est peint avec la plus grande vigueur. »

2. *Thémis*, ou, si l'on veut, la Justice, est représentée avec une
balance à la main.

3. Ces vers rappellent ceux de Virgile sur Protée, dans le quatrième
livre des *Géorgiques*, et que Delille a ainsi rendus en français :

. . . . . . . . . . Il fuit, il prend la forme
D'un tigre furieux, d'un sanglier énorme ;
Serpent, il s'entrelace, et lion, il rugit ;
C'est un feu qui pétille, un torrent qui mugit.

4. Louis XIV, à qui sont dues les célèbres ordonnances de 1667 et
1670, sur la procédure civile et criminelle.

5. *Pussort*, conseiller d'état, oncle maternel de Colbert, passe
pour avoir eu la plus grande part à la rédaction du code dont il s'agit.

6. *Toujours d'encre noircies* : « Ce coup de pinceau, dit Le
» Brun, achève admirablement cette peinture. »

35 Et ses ruses, perçant et digues et remparts,
Par cent brèches déjà rentrent de toutes parts. (1
Le vieillard humblement l'aborde et le salue ;
Et faisant, avant tout, briller l'or à sa vue :
« Reine des longs procès, dit-il, dont le savoir
40 » Rend la force inutile, et les lois sans pouvoir,
» Toi, pour qui dans le Mans le laboureur moissonne, (2
» Pour qui naissent à Caen tous les fruits de l'automne, (3
» Si, dès mes premiers ans, heurtant tous les mortels,
» L'encre a toujours pour moi coulé sur tes autels, (4
45 » Daigne encor me connaître en ma saison dernière.
» D'un prélat qui t'implore exauce la prière.
» Un rival orgueilleux, de sa gloire offensé,
» A détruit le lutrin par nos mains redressé.
» Épuise en sa faveur ta science fatale :
50 » Du Digeste et du Code ouvre-nous le dédale ; (5

1. Et où *rentrent*-elles de *toutes parts* ? Dans le sanctuaire de Thémis, et jusque dans ces lois dont les repoussaient ces sages règlemens que leur avait opposés comme autant de *digues* et de *remparts*, la justice éclairée du monarque.

2. Les *Manseaux* passent pour ne pas le céder aux Normands dans la passion des procès.

3. Caen, la capitale de la Basse-Normandie.

4. Les libations d'encre sont bien sans doute, comme l'observe M. de Saint-Surin, les plus agréables à la Chicane. Otez-lui l'encre, c'est-à-dire les moyens d'écrire, elle ne peut plus rien, et ses griffes ne sont plus à craindre.

5. Le *Dédale*, pour des détours et des embarras tels que ceux d'un *dédale*, ou, si l'on veut, d'un labyrinthe.
Le *Digeste* est un recueil des décisions des plus fameux jurisconsultes romains, composé par ordre de l'empereur Justinien. Son nom

» Et montre-nous cet art, connu de tes amis,
» Qui, dans ses propres lois, embarrasse Thémis. »

## VIII.

*Les chanoines, allant à leur tour avec le Grand-Chantre consulter la Chicane, rencontrent le Prélat et sa troupe auprès de la boutique du libraire Barbin, et là s'engage entre les deux partis un combat furieux, où ils se servent réciproquement de livres pour armes.* CH. V.

Là, le Chantre à grand bruit arrive et se fait place,
Dans le fatal instant que, d'une égale audace,
Le Prélat et sa troupe, à pas tumultueux,
Descendaient du palais l'escalier tortueux.
5 L'un et l'autre rival, s'arrêtant au passage,
Se mesure des yeux, s'observe, s'envisage; (1

lui vient de ce que les matières y sont *digérées*, c'est-à-dire, classées et en ordre. Il se compose de cinquante livres qu'on appelle *Pandectes*, des deux mots grecs, πᾶν, tout, et δέχομαι, contenir, comprendre : *Qui comprend ou contient toutes choses.*

On donne spécialement le nom de *Code* à un recueil de lois que l'empereur Justinien fit publier en 529, et dans lequel étaient refondus tous les codes précédens; savoir : le *Grégorien*, l'*Hermogénien* et le *Théodosien*.

1. Le Poëte a voulu exprimer dans chacun des verbes du second de ces deux vers, l'action réciproque des deux rivaux l'un sur l'autre; il a voulu dire que *Mutuellement ils se mesurent des yeux, ils s'observent, ils s'envisagent*, et point du tout : il n'a fait qu'exprimer l'action réfléchie de chacun d'eux sur lui-même; il n'a fait

Une égale fureur anime leurs esprits :
Tels deux fougueux taureaux, de jalousie épris, (1
Auprès d'une génisse au front large et superbe,
10 Oubliant tous les jours le pâturage et l'herbe, (2
A l'aspect l'un de l'autre embrasés, furieux,
Déjà, le front baissé, se menacent des yeux.
Mais Évrard, en passant coudoyé par Boirude, (3

que dire que *chacun d'eux respectivement se mesure des yeux, s'observe, s'envisage :* la chose est évidente. Il fallait : *Les deux rivaux, s'arrêtant au passage, se mesurent l'un l'autre des yeux,* etc. Les vers n'y eussent pas été, il est vrai ; mais ce n'est pas de quoi il s'agit ici.

1. Comparaison imitée des *Géorgiques* de Virgile, liv. III, et que Delille a ainsi traduite :

Souvent même, troublant l'empire des troupeaux,
Une Hélène au combat entraîne deux rivaux.
Tranquille elle s'égare en un gras pâturage ;
Ses superbes amans s'élancent pleins de rage.
Tous deux, les yeux baissés et les regards brûlans,
Entre-choquent leurs fronts, se déchirent les flancs.
De leur sang qui jaillit les ruisseaux les inondent ;
A leurs mugissemens les vastes cieux répondent.

Mais on sent que cette comparaison devait être plus développée dans les *Géorgiques* que dans le *Lutrin*.

2. Le *pâturage* et l'*herbe* disent un peu trop la même chose, ainsi que l'observe Le Brun. Delille a dit à-peu-près dans le même cas :

Il néglige les eaux et la verdure et l'ombre.

3. Par ce nom d'*Évrard*, le Poëte a voulu désigner l'abbé Danse, gros et gras chanoine, qui aimait plus la bonne chère que l'étude. Il est dit de lui dans le quatrième chant :

Le seul chanoine Évrard, d'abstinence incapable,
Ose encor proposer qu'on apporte la table.

Et comme le *savant Alain* propose de consulter les auteurs au sujet des *Lutrins* :

Ne sait point contenir son aigre inquiétude :
5 Il entre chez Barbin, et, d'un bras irrité,
Saisissant du *Cyrus* un volume écarté, (1
Il lance au sacristain le tome épouvantable.
Boirude fuit le coup : le volume effroyable (2
Lui rase le visage, et, droit dans l'estomac,
10 Va frapper en sifflant l'infortuné Sidrac. (3
Le vieillard, accablé de l'horrible *Artamène*, (4

 Moi, dit-il, qu'à mon âge, écolier tout nouveau,
 J'aille pour un lutrin me creuser le cerveau ?
 O le plaisant conseil ! Non, non, songeons à vivre :
 Va maigrir, si tu veux, et sécher sur un livre.
 Pour moi, je lis la Bible autant que l'Alcoran :
 Je sais ce qu'un Fermier nous doit rendre par an,
 Sur quelle vigne à Reims nous avons hypothèque.
 Vingts muids rangés chez moi font ma bibliothèque.
 En plaçant un pupitre on croit nous rabaisser ;
 Mon bras seul, sans latin, saura le renverser.

1. Ce *Cyrus* est le roman de Mlle de Scudéri, dont il est parlé dans l'*Art poétique*, chant III. Il était en dix énormes volumes in-8º.

2. Que Le Brun admire tant qu'il voudra les épithètes d'*épouvantable* et d'*effroyable* en rime, entre lesquelles cependant il trouve trop d'analogie : nous nous contenterons de n'en rien dire, et nous les passerons à l'Auteur en faveur du sujet. Mais pourquoi ce *volume* du vers précédent est-il un *tome* dans celui-ci, et pourquoi redevient-il un *volume* dans le vers qui suit ? Ce mot *volume* ou son synonyme *tome*, en venant par trois fois et coup sur coup frapper l'œil ou l'oreille, apporte-t-il chaque fois un nouveau plaisir à l'esprit, ou est-il du moins aussi bien goûté une fois que l'autre ?

3. Il est à remarquer que ce vers *siffle* comme le volume, et qu'il a à cet égard quelque rapport avec celui que Racine, dans *Andromaque*, met dans la bouche d'Oreste :
 Pour qui sont ces serpens qui sifflent sur vos têtes ?

4. On sait que *Cyrus*, dans le roman de Mlle de Scudéri, est sous le nom d'*Artamène* ; ce qui a fait dire à notre poète, *Art poét.*, ch. III :
 N'allez pas d'un Cyrus nous faire un *Artamène*.

Tombe aux pieds du Prélat, sans pouls et sans haleine.
Sa troupe le croit mort, et chacun empressé
Se croit frappé du coup dont il le voit blessé.
25 Aussitôt contre Évrard vingt champions s'élancent;
Pour soutenir leur choc les chanoines s'avancent;
La Discorde triomphe, et du combat fatal (1
Par un cri donne en l'air l'effroyable signal.
 Chez le libraire absent tout entre, tout se mêle:
30 Les livres sur Évrard fondent comme la grêle
Qui, dans un grand jardin, à coups impétueux,
Abat l'honneur naissant des rameaux fructueux. (2
Chacun s'arme au hasard du livre qu'il rencontre:
L'un tient l'*Édit d'amour*, l'autre en saisit la *Montre*; (3
35 L'un prend le seul *Jonas* qu'on ait vu relié; (4
L'autre un *Tasse* français, en naissant oublié. (5
L'élève de Barbin, commis à la boutique,
Veut en vain s'opposer à leur fureur gothique: (6

1. L'attaque d'Évrard n'était encore que le prélude du combat : c'est maintenant qu'il va commencer et devenir général.

2. L'*honneur naissant*, c'est-à-dire, les fleurs ou les fruits, et même les feuilles : c'est là en effet l'*honneur* des arbres fruitiers.

3. L'*Édit d'Amour*, petite production obscure de la jeunesse de l'abbé Régnier-Desmarêts. La *Montre d'amour*, par Bonnecorse, recueil de madrigaux qu'une dame envoie à son amant avec une montre, pour lui prescrire l'emploi de toutes les heures de la journée.

4. Poëme de Coras, dont il est parlé, ainsi que de son auteur, dans la Satire IX.

5. Traduction en vers de la *Jérusalem délivrée*, par Michel Leclerc, de l'Académie française. Cette traduction, bornée aux cinq premiers chants, était tombée, dès sa naissance, dans un profond oubli. Leclerc, né à Albi en 1622, mort en 1691.

6. *Gothique*, excellente épithète pour caractériser une fureur

Les volumes, sans choix à la tête jetés,
40 Sur le perron poudreux volent de tous côtés :
Là, près d'un Guarini, Térence tombe à terre : (1
Là, Xénophon dans l'air heurte contre un La Serre. (2
Oh! que d'écrits obscurs, de livres ignorés,
Furent en ce grand jour de la poudre tirés!
45 Vous en fûtes tirés, *Almerinde et Simandre* : (3
Et toi, rebut du peuple, inconnu *Caloandre*, ( 4
Dans ton repos, dit-on, saisi par Gaillerbois, (5
Tu vis le jour alors pour la première fois.

digne de celle que les Goths et les Vandales firent autrefois éclater contre les monumens des Lettres et des Arts.

1. *Guarini*, poëte italien du seizième siècle, auteur d'une célèbre tragi-comédie-pastorale, intitulée, *Pastor fido* (le berger fidèle). Voir pour Térence les notes du troisième chant de l'*Art poétique*.

2. *Xénophon*, célèbre écrivain grec, auteur de divers ouvrages très-estimés, et qui lui avaient fait donner par ses compatriotes le surnom d'*Abeille grecque* et de *Muse athénienne*.

*La Serre*, écrivain célèbre pour son galimatias, dit Boileau, dans ses notes : auteur de plusieurs tragédies, dont une, *Thomas Morus*, avait attiré à la première représentation une si grande affluence de spectateurs, que l'on étouffa quatre portiers. « Je ne le céderai à » M. Corneille, disait La Serre en plaisantant, que lorsqu'il aura » fait tuer cinq portiers en un jour. »

3. *Almerinde et Simandre*, petit roman publié en 1646, et dont l'auteur ne se trouve partout désigné que par les lettres D. S.

4. *Caloandre*, roman italien de Marini, traduit et allongé par Scudéri d'une manière ennuyeuse et fatigante. On croit que c'est cette traduction, et non le roman en lui-même, que Boileau avait en vue.

5. Ce *Gaillerbois* par qui *l'inconnu Caloandre* fut saisi *dans son repos*, était mort dès l'année 1656 ; mais il avait été réellement chanoine de la Sainte-Chapelle, et son nom était fort connu

Chaque coup sur la chair laisse une meurtrissure ;
50 Déjà plus d'un guerrier se plaint d'une blessure.
D'un le Vayer épais Giraut est renversé : (1
Marineau, d'un Brébeuf à l'épaule blessé, (2
En sent par tout le bras une douleur amère,
Et maudit la Pharsale aux provinces si chère.
55 D'un Pinchêne in-quarto Dodillon étourdi, (3
A long-temps le teint pâle et le cœur affadi.
Au plus fort du combat le chapelain Garagne,

---

1. *La Mothe-le-Vayer*, très-savant écrivain, né en 1588, mort en 1672. Suivant Brossette, l'épithète d'*épais* désigne tout-à-la-fois et la grosseur du volume et le style de l'auteur ; mais, suivant M. de Saint-Surin, elle ne peut désigner que l'épaisseur du volume, l'auteur n'étant pas un écrivain méprisable.

Quant à *Giraut*, ce n'est qu'un personnage imaginaire.

2. *Marineau*, vrai nom d'un chantre qui était déjà mort. Voir pour *Brébeuf* et pour la *Pharsale*, les notes de l'*Art poétique*, chant II.

Le Brun aime à voir le mot *blessé*, ainsi rapproché de *blessure*, employé de même en rime dans l'avant-dernier vers. Il trouve que *cette répétition complète l'image*, et il croirait que l'Auteur y a mis une intention secrète. M. de Saint-Surin n'ose assurer que l'effet de cette répétition soit heureux et prévu. Pour moi, plus hardi que lui, j'ose assurer qu'il ne l'est pas. *Froissé* me plairait mieux là, je l'avoue, que *blessé*, et il vaudrait bien autant pour la circonstance.

3. Il est parlé de *Pinchéne* dans le quatrième chant de l'*Art poétique* :

Boyer est à *Pinchéne* égal pour le lecteur.

Voir la note qui le concerne.

*Dodillon* avait été, comme Marineau, un des chantres de la Sainte-Chapelle, et, comme lui, était mort avant l'événement du *Lutrin*. Ce nom de *Dodillon* vient bien ici au secours de la plaisanterie, ainsi que l'observe Le Brun.

Vers le sommet du front atteint d'un *Charlemagne*, (1
( Des vers de ce poëme effet prodigieux ! )
30 Tout prêt à s'endormir, bâille, et ferme les yeux.
A plus d'un combattant la *Clélie* est fatale : (2
Girou dix fois par elle éclate et se signale. (3
Mais tout cède aux efforts du chanoine Fabri. (4
Ce guerrier, dans l'église aux querelles nourri, (5
35 Est robuste de corps, terrible de visage,
Et de l'eau dans son vin n'a jamais su l'usage.
Il terrasse lui seul et Guibert et Grasset,
Et Gorillon la basse, et Grandin le fausset, (6

1. Poëme épique de Louis le Laboureur, mis par Boileau au même rang que le *Childebrand* de Carel de Sainte-Garde.

*Garagne*, personnage supposé comme celui de *Giraut*.

2. Autre roman de Mlle de Scudéri en dix gros volumes in-8°.

3. *Girou*, nom inventé.

4. Son véritable nom était *Lefèvre*.

5. On peut voir au sujet de ce vers ce qui est dit sur celui de l'*Épître* VI, n°. VII :

Sur les bords de la Seine aux louanges nourris.

6. Tous ces noms de chantres dans ces trois derniers vers sont des noms inventés à plaisir : « Cependant, dit Brossette, après la publica-
» tion du *Lutrin*, l'Auteur reçut des plaintes de quelques per-
» sonnes qui portaient ces mêmes noms. »

On entend assez les épithètes d'*agréable* et d'*insipide*, données, l'une à *Gerbais*, l'autre à *Guérin* ; mais il pourrait n'en être pas de même des surnoms *la Basse* et *le Fausset* joints, l'un au nom de *Gorillon*, et l'autre au nom de *Grandin* : *la Basse*, c'est-à-dire, qui chante cette partie de la musique qu'on appelle *la Basse*, parce qu'elle est en effet la plus basse de toutes ; *le Fausset*, c'est-à-dire, qui chante en fausset. Le *Fausset* est un dessus aigre, et ordinairement forcé : le *Dessus*, en musique, est la partie la plus haute, la partie opposée à la *Basse*.

Et Gerbais l'agréable, et Guérin l'insipide.
70 Des chantres désormais la brigade timide
S'écarte, et du palais regagne les chemins.
Telle, à l'aspect d'un loup, terreur des champs voisins,
Fuit d'agneaux effrayés une troupe bêlante :
Ou tels devant Achille, aux campagnes du Xanthe,
75 Les Troyens se sauvaient à l'abri de leurs tours.
Quand Brontin à Boirude adresse ce discours :
« Illustre porte-croix, par qui notre bannière
» N'a jamais en marchant fait un pas en arrière,
» Un chanoine lui seul triomphant du Prélat,
80 » Du rochet à nos yeux ternira-t-il l'éclat ? (1
» Non, non : pour te couvrir de sa main redoutable,(2
» Accepte de mon corps l'épaisseur favorable.
» Viens, et, sous ce rempart, à ce guerrier hautain
» Fais voler ce Quinault qui me reste à la main. »
85 A ces mots, il lui tend le doux et tendre ouvrage.
Le sacristain, bouillant de zèle et courage,

1. Le *Rochet*, sorte de surplis à manches étroites : il est ici, par *métonymie du signe*, pour la prélature, parce qu'il n'y avait guère que les prélats qui eussent droit de le porter. Cependant le chantre de la Sainte-Chapelle le portait, aussi-bien que le trésorier : seulement il l'avait un peu plus court, ainsi qu'il est dit dans le chant IV :

Et saisit en pleurant ce rochet qu'autrefois
Le Prélat trop jaloux lui rogna de trois doigts.

2. *Couvrir* est ici pour *mettre à couvert*, pour *garantir, défendre*. Or, il n'est susceptible d'aucun de ces sens ; ou, supposé qu'il pût les prendre dans certains cas, *de* qui le suit ne signifiera pas *contre*, comme il le faut ici, mais *avec*, *au moyen de*, c'est-à-dire tout le contraire de ce qu'il faut. Que conclure donc ? Que *couvrir*, dans le cas présent, est un terme impropre.

Le prend, se cache, approche, et, droit entre les yeux,
Frappe du noble écrit l'athlète audacieux. (1
Mais c'est pour l'ébranler une faible tempête;
Le livre sans vigueur mollit contre sa tête. (2
Le chanoine les voit, de colère embrasé:
« Attendez, leur dit-il, couple lâche et rusé,
» Et jugez si ma main, aux grands exploits novice,
» Lance à mes ennemis un livre qui mollisse. »
A ces mots, il saisit un vieil *Infortiat*, (3
Grossi des visions d'Accurse et d'Alciat, (4
Inutile ramas de gothique écriture,
Dont quatre ais mal unis formaient la couverture;
Entourée à demi d'un vieux parchemin noir,

1. Le *robuste* et *terrible* chanoine Fabri,
  Ce guerrier, dans l'Église aux querelles nourri.

2. « Vers malin, dirigé contre Quinault, sans aucune trace de méchanceté, » dit Le Brun. Sans *aucune trace de méchanté*! Le Brun était donc lui-même bien doux et bien bénin, quoiqu'il lui soit échappé tant de traits de satire!

3. Livre de droit d'une grosseur énorme: c'est le nom que l'on donne à la seconde partie du *Digeste*.

4. Deux fameux jurisconsultes italiens. *Accurse*, né à Florence 1151, d'après l'opinion la plus vraisemblable, fut le premier qui réunit les décisions éparses de ses prédécesseurs; collection immense, intitulée: *Grande Glose* ou *Glose continue d'Accurse*. *Alciat*, né à Milan en 1492, composa plus de trente traités relatifs à la Jurisprudence; mais il savait associer le droit à la littérature. Corneille fait dire à Dorante dans le *Menteur*, acte Ier:

Si vous avez besoin de lois et de rubriques,
Je sais le *Code* entier avec les *Authentiques*,
Le *Digeste* nouveau, le vieux, l'*Infortiat*,
Ce qu'en a dit Jason, Balde, Accurse, Alciat.

17

Et Gerbais l'agréable, et Guérin l'insipide.
70 Des chantres désormais la brigade timide
S'écarte, et du palais regagne les chemins.
Telle, à l'aspect d'un loup, terreur des champs voisin
Fuit d'agneaux effrayés une troupe bêlante :
Ou tels devant Achille, aux campagnes du Xanthe
75 Les Troyens se sauvaient à l'abri de leurs tours.
Quand Brontin à Boirude adresse ce discours :
« Illustre porte-croix, par qui notre bannière
» N'a jamais en marchant fait un pas en arrière,
» Un chanoine lui seul triomphant du Prélat,
80 » Du rochet à nos yeux ternira-t-il l'éclat ? (1
» Non, non : pour te couvrir de sa main redoutable
» Accepte de mon corps l'épaisseur favorable.
» Viens, et, sous ce rempart, à ce guerrier hauta
» Fais voler ce Quinault qui me reste à la main. »
85 A ces mots, il lui tend le doux et tendre ouvrage.
Le sacristain, bouillant de zèle et courage,

1. Le *Rochet*, sorte de surplis à manches étroites : il est ici, *métonymie du signe*, pour la prélature, parce qu'il n'y avait g
que les prélats qui eussent droit de le porter. Cependant le chantr
la Sainte-Chapelle le portait, aussi-bien que le trésorier : seule
il l'avait un peu plus court, ainsi qu'il est dit dans le chant IV :

Et saisit en pleurant ce rochet qu'autrefois
Le Prélat trop jaloux lui rogna de trois doigts.

2. *Couvrir* est ici pour *mettre à couvert*, pour *garantir*, *fendre*. Or, il n'est susceptible d'aucun de ces sens ; ou, sur
qu'il pût les prendre dans certains cas, *de* qui le suit ne signifie
pas *contre*, comme il le faut ici, mais *avec*, *au moyen de*, c
à-dire tout le contraire de ce qu'il faut. Que conclure donc ?
*couvrir*, dans le cas présent, est un terme impropre.

Le prend, se cache, approche, et, droit entre les yeux,
Frappe du noble écrit l'athlète audacieux. (1
Mais c'est pour l'ébranler une faible tempête ;
90 Le livre sans vigueur mollit contre sa tête. (2
Le chanoine les voit, de colère embrasé :
« Attendez, leur dit-il, couple lâche et rusé,
» Et jugez si ma main, aux grands exploits novice,
» Lance à mes ennemis un livre qui mollisse. »
95 A ces mots, il saisit un vieil *Infortiat*, (3
Grossi des visions d'Accurse et d'Alciat, (4
Inutile ramas de gothique écriture,
Dont quatre ais mal unis formaient la couverture,
Entourée à demi d'un vieux parchemin noir,

1. Le *robuste* et *terrible* chanoine Fabri,

Ce guerrier, dans l'Église aux querelles nourri.

2. « Vers malin, dirigé contre Quinault, sans aucune trace de » méchanceté, » dit Le Brun. Sans *aucune trace de méchanceté!* Le Brun était donc lui-même bien doux et bien bénin, quoiqu'il lui soit échappé tant de traits de satire !

3. Livre de droit d'une grosseur énorme : c'est le nom que l'on donne à la seconde partie du *Digeste.*

4. Deux fameux jurisconsultes italiens. *Accurse*, né à Florence en 1151, d'après l'opinion la plus vraisemblable, fut le premier qui réunit les décisions éparses de ses prédécesseurs; collection immense, intitulée : *Grande Glose* ou *Glose continue d'Accurse. Alciat*, né à Milan en 1492, composa plus de trente traités relatifs à la Jurisprudence; mais il savait associer le droit à la littérature. Corneille fait dire à Dorante dans le *Menteur,* acte I*er* :

Si vous avez besoin de lois et de rubriques,

Je sais le *Code* entier avec les *Authentiques,*

Le *Digeste* nouveau, le vieux, l'*Infortiat*,

Ce qu'en a dit Jason, Balde, Accurse, Alciat.

100 Où pendait à trois clous un reste de fermoir. (1
Sur l'ais qui le soutient auprès d'un Avicenne, (2
Deux des plus forts mortels l'ébranleraient à peine :
Le chanoine pourtant l'enlève sans effort,
Et, sur le couple pâle et déjà demi-mort,
105 Fait tomber à deux mains l'effroyable tonnerre. (3
Les guerriers de ce coup vont mesurer la terre,
Et, du bois et des clous meurtris et déchirés,
Long-temps, loin du perron, roulent sur les degrés.

1. Laharpe, en rapportant cette description dans une séance du Lycée, demandait si, avant Boileau, on avait su faire descendre si heureusement la poésie à de semblables détails : on eût pu répondre hardiment que non.

2. Auteur Arabe, né vers la fin du neuvième siècle, et dont les études s'étendaient sur toutes les branches des connaissances cultivées de son temps, et particulièrement sur la médecine : c'est surtout comme médecin qu'il fut célèbre en Europe.

3. Tous ces dix ou onze derniers vers sont regardés comme une parodie de ceux où Virgile, dans l'*Énéide*, liv. XII, peint Turnus enlevant une pierre pour la lancer à Énée : voici ce passage traduit par Delille :

> Il dit, et près de lui voit une énorme pierre,
> Antique monument qui, partageant la terre,
> Marque des champs voisins les bords litigieux,
> Et conserve aux enfans les champs de leurs aïeux.
> Douze hommes tels que ceux que notre siècle enfante,
> Douze hommes fléchiraient sous sa charge pesante.
> Il l'enlève, et soudain sur ses pieds se dressant,
> Sur son fier ennemi fond d'un air menaçant.

FIN.

# TABLE DES MATIÈRES.

|  | Pag. |
|---|---|
| Avertissement. | v |
| Notice sur Boileau. | ix |
| Supplément à la notice. | xvj |

## L'ART POÉTIQUE.

| | |
|---|---|
| Préambule du Commentateur. | 1 |

### CHANT PREMIER. — *Règles générales de la Poésie.*

| | |
|---|---|
| Argument du chant. | 11 |
| Texte du chant (232 vers). | 13 |
| Supplément aux notes du premier chant. Imitations. | 31 |
| Observations générales. | 34 |

### CHANT SECOND. — *Les petits genres de poésie.*

| | |
|---|---|
| Argument du chant. | 39 |
| Texte du chant (204 vers). | 41 |
| Supplément aux notes du second chant. Imitations. | 59 |
| Observations générales. | 60 |

### CHANT TROISIÈME. — *Les grands genres de poésie.*

| | |
|---|---|
| Argument du chant. | 67 |
| Texte du chant (428 vers). | 71 |

Supplément aux notes du troisième chant. Imitations. 105
Observations générales. 111

## CHANT QUATRIÈME. — *Conseils aux poëtes.*

Argument du chant. 116
Texte du chant (236 vers). 118
Supplément aux notes du quatrième chant. Imitations. 139
Observations générales. 141

## DES SATIRES DE BOILEAU.

Préambule du Commentateur. 144

### MORCEAUX CHOISIS DES SATIRES.

I Combien il est difficile d'accorder la raison avec la rime : *Sat. II* (64 vers). 149
II. Le festin ridicule : premier service : *Sat. III* (44 v.). 153
III. Le festin ridicule : second service : *Sat. III* (60 v.). 158
IV. Tous les hommes plus ou moins fous, et tous érigeant leur propre folie en sagesse : *Sat. IV* (53 v.). 162
V. Ce n'est qu'à l'héroïsme qu'on peut reconnaître le fils des héros : *Sat. V* (42 v.). 166
VI. L'homme esclave de ses passions : *Sat. VIII* (41 v.). 169

# TABLE DES MATIÈRES.

Pag.

VII. La raison de l'homme souvent moins sûre que l'instinct de la brute : *Sat. VIII* (40 v.). 172

VIII. Le Poëte gourmandant son esprit sur sa fureur de médire : *Sat. IX* (52 v.). 175

IX. L'esprit du Poëte se prétendant en droit, ainsi que tout le monde, de critiquer les mauvais auteurs : *Sat. IX* (62 v.) 180

X. L'esprit du Poëte justifiant son goût pour la satire, et montrant l'utilité de ce genre de poésie : *Sat. IX* (41 v.). 184

XI. Histoire comique d'un couple avare : *Sat. X* (92 v.). 192

## DES ÉPITRES DE BOILEAU.

Préambule du Commentateur. 193

### MORCEAUX CHOISIS DES ÉPITRES.

I. La paix préférable à la guerre pour un roi vraiment roi. *Épit. I*re *adressée au Roi* (70 v.). 198

II. Les bienfaits de Louis XIV. *Épit. I*re (44 v.). 203

III. La mauvaise honte, cause et principe de tous nos maux. *Épit. III* (60 v.). 207

IV. Le passage du Rhin. *Épit. IV* (102 v.). 211

V. Le bonheur dans la paix du cœur et dans la modération. *Épit. V* (66 v.). 219

VI. Le Poëte oubliant à la campagne les chagrins de la ville. *Épit. VI, adressée à M. de Lamoignon* (42 v.). 223

Pag.

VII. Le séjour de la campagne désormais nécessaire à la muse du Poëte. *Épît. VI* (44 v.). 227
VIII. L'Envie et la Critique utiles au génie. *Épît. VII, adressée à Racine* (45 v.). 230
IX. Les hommes voulant toujours paraître ce qu'ils ne sont pas, et plaisant toujours d'autant moins qu'ils se montrent moins ce qu'ils sont. *Épît. IX* (40 v.). 234
X. La Vertu seule aime le grand jour. *Épît. IX* (36 v.). 237
XI. Le travail de l'esprit plus pénible que le travail du corps, mais préférable à l'oisiveté. *Épît. XI, adressée par le Poëte à Antoine, son jardinier* (43 v.) 241

## DU LUTRIN DE BOILEAU,

*poëme héroï-comique.*

Préambule du Commentateur. 244

### MORCEAUX CHOISIS DU LUTRIN.

I. La Discorde, résolue à troubler la paix de la Sainte Chapelle, va, sous les traits d'un vieux chantre, troubler le trésorier, et lui souffler l'ardeur de la chicane. *Chant I<sup>er</sup>* (52 v.). 251
II. Brontin, Boirude et le perruquier l'Amour, désignés par le sort pour aller replacer le *Lutrin* dans le chœur, partent tous les trois à la faveur de la nuit pour leur expédition,

et la Discorde en pousse des cris de joie qui vont jusque dans Citeaux réveiller la Mollesse. *Chant II* (40 v.). 256

III. Plaintes de la Mollesse en apprenant de la Nuit la guerre suscitée par la Discorde au sein de la Sainte-Chapelle. *Chant II* (48 v.). 260

IV. Pendant que les trois champions se mettent en devoir d'enlever le pupitre du fond de la sacristie, un hibou, sortant tout-à-coup des flancs de la machine, les déconcerte et les met en fuite. *Chant III* (52 v.). 164

V. La Discorde, prenant les traits du vieux Sidrac, va gourmander les trois champions, et leur rend tellement leur première ardeur, qu'ils vont enfin placer le *Lutrin*. *Chant III* (67 v.). 269

VI. Le Chantre, ne se possédant point en voyant le *Lutrin* élevé sur son banc, voudrait l'abattre lui-même à l'instant, et ce n'est pas sans peine qu'on l'en détourne. *Chant IV* (48 v.). 264

VII. Le *Lutrin* ayant été abattu par le Grand-Chantre et les chanoines, les amis du Prélat voudraient déserter le chœur; mais le vieux Sidrac les décide à aller bien plutôt consulter la Chicane, et les voilà bientôt sur ses pas, avec le Prélat lui-même, devant la Sibylle du palais. *Chant V* (52 v.). 277

VIII. Les chanoines, allant à leur tour avec le Grand-Chantre consulter la Chicane, rencontrent le Prélat et sa troupe auprès de la boutique du libraire Barbin, et là s'engage entre les deux partis un combat furieux où ils se servent réciproquement de livres pour armes. *Chant V* (108 v.). 280

FIN DE LA TABLE.

# AUTRES OUVRAGES DE M. FONTANIER,

*Qu'on peut se procurer chez le même libraire.*

---

1°. MANUEL CLASSIQUE POUR L'ÉTUDE DES TROPES, *ou élémens de la science du sens des mots.* Troisième édition, plus soignée et plus complète que les deux précédentes : 1 vol. in-12. Prix : 2 fr. 50 c.

Ouvrage adopté par l'Université pour la seconde des colléges, et recommandé à Paris, pour les pensionnats de demoiselles, par le Jury d'examen des institutrices.

2°. LES TROPES DE DUMARSAIS, avec un *Commentaire raisonné et critique :* 2 vol. in-12. Prix : 5 fr.

3°. ÉTUDES DE LA LANGUE FRANÇAISE SUR RACINE, ou *Commentaire général et comparatif sur ce grand classique :* 2 vol. in-8°, qui peuvent être reliés en un seul. Prix : 10 fr.

4°. LA HENRIADE, avec un *Commentaire classique,* dédiée à S. A. R. M$^{gr}$ le duc de Bordeaux : 1 vol. in-8°, avec une belle gravure représentant l'entrée de Henri IV à Paris, d'après le tableau de Gérard. Prix : papier ordinaire, 6 fr.; et papier fin des Vosges, 8 fr.

5°. LA RELIGION, poëme de L. Racine, mis à la portée d'un plus grand nombre de lecteurs, et enrichi, à la suite de chaque chant, d'un *Appendice* consistant en divers morceaux choisis de prose ou de poésie : 1 vol. in-8°. Prix : 5 fr.; ou 1 vol. in-12. Prix : 3 fr.

6°. LA CLEF DES ÉTYMOLOGIES, pour toutes les langues en général, et pour la langue française en particulier : 1 vol. in-12. Prix : 3 fr.

N. B. *La Henriade* et le *Poëme de la Religion*, format in-8°, sont deux des plus beaux ouvrages en un seul volume qui puissent être donnés en prix, en cadeau ou en étrennes.

www.ingramcontent.com/pod-product-compliance
Lightning Source LLC
Chambersburg PA
CBHW060417170426
43199CB00013B/2175